青少年必读经典书系

一生必读的经典

山海经故事

文思哲 ◎ 编著

中国华侨出版社
·北京·

图书在版编目（CIP）数据

一生必读的经典山海经故事 / 文思哲编著. — 北京：中国华侨出版社，2019.10
ISBN 978-7-5113-8015-9

Ⅰ. ①一… Ⅱ. ①文… Ⅲ. ①历史地理－中国－古代 Ⅳ. ①K928.631

中国版本图书馆 CIP 数据核字（2019）第 195527 号

● 一生必读的经典山海经故事

编　　著 / 文思哲
责任编辑 / 王　委
责任校对 / 孙　丽
封面设计 / 环球设计
经　　销 / 新华书店
开　　本 / 670 毫米×960 毫米 1/16　印张 /18　字数 /240 千字
印　　刷 / 香河利华文化发展有限公司
版　　次 / 2020 年 3 月第 1 版　2020 年 3 月第 1 次印刷
书　　号 / ISBN 978-7-5113-8015-9
定　　价 / 45.00 元

中国华侨出版社　北京市朝阳区西坝河东里 77 号楼底商 5 号　邮编：100028
法律顾问：陈鹰律师事务所　　编辑部：(010) 64443056　　64443979
发行部：(010) 64443051　　传　真：(010) 64439708
网　　址：www.oveaschin.com　　E-mail：oveaschin@sina.com

前言

论及神话故事,人们立刻会想到古希腊、古罗马,想起雅典娜、阿波罗,想起维纳斯、丘比特。其实,中国也有丝毫不逊色于世界任何地方或瑰丽或悲壮或奇诡或缠绵的神话传说,这些神和神性英雄的故事,大多集中于《山海经》一书。

《山海经》是一部内容丰富、风貌奇特的古代佳作,涉及历史、地理、民族、宗教、神话、生物、医学、水利、矿产等方面内容。它是一部奇书,在先秦古籍中独具特色。作者无法考证,有人推测是禹、伯益,后经西汉刘向、刘歆等人编撰成书。学界公认的是,这部著作成书并非一时,作者也并非一人。

《山海经》保存了大量的远古神话,比如夸父逐日、女娲补天、精卫填海等,它是中国古代典籍中记录神话最多的著作,也是远古地理知识方面的百科全书。而对矿物的记录,更是世界上最早的。可以说,它是古代文学的史话,堪称现代文学之母。如果你想了解古代的奇异世界,全面了解中国的神话传说,那就读一读《山海经》吧。通过它的文字与形象的绘画,让我们依稀解读那些或已进化或已绝迹的远古生命;了解我们的祖先几千年前的生活和思想;感悟那天、地、人、兽的无穷奥秘。本书以《山海经》原著为蓝本,以故事传说的形式,通俗地记述了它的精华内容，原著文字的晦涩难懂，让人在轻松愉悦中了解中国古代神话传说与古人的思想精华。它最大限度地尊重原著内容，全面呈现这部中国上古时代人们对于世界的客观认知与瑰丽想象，以温馨婉转的小故事，告诉我们中国古人眼中世界的风貌，给人以丰富的想象力和真善美的享受。

本书中的介绍文字，每篇都是在广泛参阅古今资料，并且取其精华、博采众长的基础上编写而成的。由于作者水平有限，书中难免会有疏漏及不当之处，欢迎广大读者批评指正。

愿本书能为读者带来神秘奇幻的艺术享受！

目录

上篇　人神篇

女娲：人类之母 …………… 1
羿：勇射九日的正义英雄 …… 4
西王母：掌管仙药的女神 …… 6
三青鸟：仙山与世间的使者 … 7
少昊：鸟国首领 …………… 8
颛顼：黄帝曾孙……………… 10
老童：颛顼之子 …………… 12
祝融：乘龙的火神 ………… 13
炎帝：农神、商神、药神的
　　化身 ………………… 14
夸父：永不放弃的"追日"
　　英杰 ………………… 16
蚩尤：远古时期的战神 …… 19
精卫：矢志不渝的精神
　　象征 ………………… 20

九凤：人面凤身的神鸟 …… 22
瑶姬：爱与美之神 ………… 23
陆吾：昆仑山山神 ………… 25
疆良：虎首人身神 ………… 26
鲧：上古时期的悲情英雄 …… 27
禹：治洪水定九州的圣贤
　　君王 ………………… 29
娥皇与女英：上古时期的
　　"美人泪" ……………… 31
英招：马身人面鸟翼 ……… 32
长乘：九德之身 …………… 33
帝江：无面之神 …………… 34
女丑：祈雨女巫 …………… 35
烛阴：钟山之神 …………… 37
禺强：鲲鹏之原型 ………… 38

1

禺虢：东海海神……… 39
不廷胡余：南海海神……… 40
弇兹：西海海神……… 41
天吴：吴人的族神……… 42
句芒：东方之神……… 43
巴蛇：能吞象的贪心蛇…… 44
相柳：共工之臣……… 46
贰负神：杀戮之神……… 47
冰夷：自在的河伯……… 48
王子夜尸：尸分异处…… 49
雷神：龙身人头神……… 50
应龙：黄帝最忠诚的属下…… 51
刑天：不屈的战神……… 53
羲和：太阳之母……… 54
常羲：月亮之母……… 55
夏后启：亦神亦人……… 56
结匈国：胸部凸起的国度…… 57
羽民国：身长羽毛的国度…… 59
讙头国：以捕鱼为食的
　国度 ……… 60
厌火国：口能吐火的国度…… 61
不死国：长寿之乡……… 62
一目国：只长一只眼睛的
　国度 ……… 63
青丘国：九尾狐部族的
　居所 ……… 64

三苗国：身长翅膀的国度…… 66
无肠国：无肠子的国度…… 67
寿麻国：炎热异常的国度…… 68
聂耳国：长有大耳朵的
　国度 ……… 69
氐人国：美人鱼的国度…… 70
君子国：斯文人的国度…… 71
三身国：一首三身的国度…… 73
毛民国：全身长毛的国度…… 74
女子国：女人为王的国度…… 75
丈夫国：无女人的国度…… 76
枭阳国：大嘴唇的国度…… 77
大人国：体型庞大的国度…… 78
小人国：侏儒之国……… 79
长臂国：极擅捕鱼的国度…… 81
长股国：腿长的国度…… 82
犬封国：男如犬女如美的
　国度 ……… 83
环狗国：狗头人身国…… 84
巫咸国：以贩盐为生的
　国度 ……… 85
轩辕国：长寿之国……… 87
肃慎国：树皮国……… 88
蜮民国：食蜮的国度…… 89
儋耳国：以割耳为美的
　国度 ……… 90

中篇　异兽篇

狌狌：知人名的异兽 …… 91
鹿蜀：虎头马尾 …… 93
旋龟：鸟头蛇尾 …… 94
𤟤狼：九尾四耳羊 …… 95
类：长毛发猫 …… 96
狸力：挖掘高手 …… 97
长右：水灾的预示者 …… 98
猾褢：繁重徭役的预示者 …… 99
鴸：丹朱的化身 …… 101
凤凰：瑞祥的象征 …… 102
颙：水灾的预测者 …… 103
䍶：能长生的羊 …… 104
蛊雕：会吃人的雕 …… 105
㺊羊：马尾羊 …… 106
葱聋：红胡须羊 …… 108
豪彘：多刺的猪 …… 109
嚻：长臂猿猴 …… 110
䶐边：能避邪的兽类 …… 111
朱厌：引发战乱的凶兽 …… 112
举父：文臂猿 …… 114
土蝼：吃人的山羊 …… 115
狡：西王母身边的瑞兽 …… 116
狰：以虎豹为食的凶兽 …… 117
天狗：外形如猫的神犬 …… 118

谨：一眼三尾兽 …… 120
驳马：独角兽 …… 121
穷奇：食人的凶兽 …… 122
孰湖：人面蛇尾鸟翼马 …… 123
水马：文臂牛尾巴 …… 125
獴疏：能避邪的神兽 …… 127
孟槐：避除凶邪之气的兽类 …… 128
孟极：白身豹 …… 129
幽鴳：嬉笑猴 …… 130
足訾：长有牛尾文臂马蹄的猴 …… 132
诸犍：人首豹 …… 133
那父：白尾牛 …… 134
旄牛：长毛牛 …… 136
𡨦䍽：马足人面兽 …… 137
诸怀：四角猪 …… 138
𩳁马：独角马 …… 139
狍鸮：羊身人面凶兽 …… 141
独狢：四种动物的合体 …… 142
居暨：红毛老鼠 …… 143
𩥒：四角马 …… 144
天马：祥和的神兽 …… 146
飞鼠：会飞的鼠 …… 147

3

领胡：高脖瘤牛 …………… 148
辣辣：一角一目羊 …………… 150
獂：三脚牛 …………………… 151
罴九：州在尾上的麋 ………… 152
从从：六脚狗 ………………… 156
狪狪：泰山之兽 ……………… 157
軨軨：长有虎纹的牛 ………… 158
朱獳：鱼翼狐 ………………… 159
㺩㺩：长有翅膀的狐 ………… 161
蠪蛭：九首九尾狐 …………… 162
峳峳："四不像"马 …………… 163
獙胡：鱼目麋 ………………… 165
精精：马尾牛 ………………… 166
猲狙：红头鼠目的狼 ………… 167
当康：猪形的长牙兽 ………… 168
合窳：人面猪身 ……………… 169
蛮：目蛇尾牛 ………………… 170

戁：头上长有花纹的鼠 ……… 171
朏朏：白尾猫 ………………… 172
蚩蚳：长角的猪 ……………… 173
马腹：人面虎身 ……………… 174
夫诸：四角白鹿 ……………… 175
犀渠：食人牛 ………………… 177
山膏：骂人红猪 ……………… 178
文文：分叉尾蜂 ……………… 179
雍和：预示衰败之兽 ………… 180
獬：全身长鳞的异兽 ………… 181
狙如：战争的预示者 ………… 182
戾：疫病的传播者 …………… 184
闻獜：黄身白头白尾猪 ……… 185
蜼：可以御火的龟 …………… 186
并封：双头猪 ………………… 187
夔：一条腿的牛 ……………… 188

下篇　鱼鸟篇

比翼鸟：蛮蛮鸟 ……………… 191
旋龟：驮息壤的神龟 ………… 192
鯥鱼：蛇尾型的鱼 …………… 194
鶓䳋：三头三翅鸟 …………… 195
灌灌：叫声如谩骂声的鸟 …… 196
赤鱬：人面鱼 ………………… 197
瞿如：人面鸟 ………………… 198

凤皇：德义礼仁信 …………… 199
虎蛟：鱼身蛇尾 ……………… 201
颙：人面四目鸟 ……………… 202
肥遗：六足四翼蛇 …………… 203
肥遗：黄身红嘴鸟 …………… 204
鲜鱼：会叫的河蚌 …………… 205
数斯：人足鸟 ………………… 206

鹦鹉：会说人话的鸟 ……… 207
鸾鸟：和平的使者 ………… 209
䴅鸟：避火的神鸟 ………… 211
凫徯：人面雄鸡 …………… 212
𪃥鸟：红足直喙鸟 ………… 213
大鹗：红嘴虎爪鸟 ………… 214
文鳐鱼：鱼身鸟翼 ………… 215
钦原：带毒的鸟 …………… 216
鹖鸟：极善斗的鸟 ………… 217
鳛鱼：长着鸟翅的鱼 ……… 219
胜遇：全身呈红色的鸟 …… 220
毕方：玩火的神鸟 ………… 222
𪃹：一首三身鸟 …………… 223
𪈿𪇱：三首六尾鸟 ………… 224
当扈：山鸡鸟 ……………… 225
冉遗鱼：鱼身蛇首六足 …… 227
鳋鱼：战争的预示者 ……… 228
人面鸮：人面狗尾猫头鹰 … 229
何罗鱼：一首而十身鱼 …… 230
䱱䱱鱼：长有十个翅膀
　的鱼 ……………………… 231
㝢：长着鼠身子的鸟 ……… 232
鴼：解毒的奇鸟 …………… 233
白䳄：文首白翼黄足鸟 …… 234
𢻱斯：人面雉 ……………… 236

鯥鱼：半龙半鱼 …………… 237
鲑鱼：鱼身犬首 …………… 238
鳘鱼：赤鳞 ………………… 239
𪂺鸟：四翼一目鸟 ………… 240
人鱼：四足美人鱼 ………… 241
䴅鹕：身青足黄鸟 ………… 243
象蛇：五彩鸟 ……………… 244
䱿父鱼：鱼头猪身 ………… 245
酸与：四翼六目三足
　蛇状鸟 …………………… 246
䴅鼠：鸡状鼠尾鸟 ………… 247
箴鱼：针头鱼 ……………… 248
珠鳖鱼：鳖类的后裔 ……… 249
鯈䱇：会发光的鱼 ………… 250
絮䩵：鼠尾鸭 ……………… 252
鸳鹕：长有人脚的鸳鸯 …… 254
鲐鲐鱼：六足鸟尾鱼 ……… 255
䴅雀：吃人的怪鸟 ………… 256
鳡鱼：大头的鲤鱼 ………… 257
茈鱼：一头十身鱼 ………… 259
薄鱼：一目鳣鱼 …………… 260
鹠：青身赤尾鸟 …………… 261
鸰鹋：长尾巴鸟 …………… 263
䰾鸟：三目鸟 ……………… 264
脩辟鱼：白嘴娃 …………… 265

鮯鱼：黑纹鱼 …………… 266
鰧鱼：红尾鱼 …………… 267
窃脂：白首红身鸟 ……… 268
跂踵：一足猪尾鸟 ……… 268
鸩：剧毒之鸟 …………… 270

青耕：青身白喙鸟 ……… 271
䴅䳄：赤足鸟 …………… 272
翳鸟：能遮天蔽日的彩鸟 … 273
龙鱼：黄帝的坐骑 ……… 274

上篇 人神篇

《山海经》最为精彩的部分就是人神篇，它是中国神话的起源，它生动地记述了许多上古时期的神以及关于他们的种种传说，如女娲造人、夸父逐日、羿射九日等，这些上古神话的神秘诡谲和璀璨多彩，至今仍令人心驰神往。本章以《山海经》为蓝本，罗列了诸多关于人神的种种记载以及他们的神话传说，令你全面了解中国古代神话故事的同时，展开想象的翅膀，去领略上古时期人神的精彩经历。

女娲：人类之母

寻根求源：

本故事出自《山海经·大荒西经》，原文为："有神十人，名曰女娲之肠，化为神，处栗广之野，横道而处。"

注：女娲是华夏民族的创世女神，是福佑社稷之正神。她是一位美丽的女神，蛇身人头，她靠辛苦的劳作和奋力的拼搏重整宇宙，

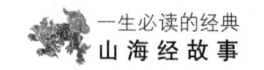

造福先民，体现的是古老中华的一种民族精神。

故事传说：

自天地被开辟之后，天上便有了太阳、月亮和星星，地上也有了山川草木，甚至有了鸟兽虫鱼，可单单却没有人类。放眼世间显得极为荒凉和寂寞。

但不知何时，出现了一个神通广大的女神，叫作女娲。据说，她一天当中能够变化七十次。有一天，大神女娲行走在这片莽莽榛榛的原野上，看着四周的景象，感到落寞孤独。她觉得应该在这天地间添点什么，让它生机蓬勃起来才行。

那该添一点什么进去呢？她边走边想，一会儿顿觉有些疲倦了，偶尔在一个池子旁边蹲下来。澄澈的池水照见了她的面容和身影；她笑，池子里的影子也向着她笑；她故装严肃，池子里的影子也跟着她严肃。她忽然灵机一动："虽然这世间各种生物都有了，可单单没有如自己一般的生物，那为何不创造一种与自己一样的生物加入世间呢？"

这样想着，她便顺手从池边掘起一团黄泥，掺和了水，开始捏起小人来。一会儿，她就把这个小家伙放在地面上。说来也奇怪，这个泥捏的小家伙刚一接触地面，便活了起来，并且开口喊道："妈妈！"接着便一阵兴高采烈地跳跃和欢呼，表示他获得生命的愉悦。

女娲看着她亲手创造的这个聪明且美丽的生物，又听见"妈妈"的叫喊声，不由得满心欢喜，眉开眼笑。

她给她心爱的孩子取了一个名字，叫作"人"。

人的身体固然矮小，但因为他是由神创造的，其相貌和举动与神、飞鸟、爬兽等生物都不同。如此一来他们似乎有一种管理宇宙的非凡气概。

女娲对于其作品，感到极为满意。于是，她又继续开始动手做她的工作，她用黄泥做了许多能说会走的可爱的小人儿。这些小人儿在她的周围跳跃欢呼，使她精神上有种说不出的喜悦与安慰。从此，她也不感到孤独和寂寞了。

就这样，她不停地工作着，从早晨到黄昏，直到星星和月亮射出幽光。夜深了，她只把头枕在山崖上面，小憩一番，第二天，天刚微微亮，她便又会起来继续工作。

她一心要让这些灵敏的小生物布满大地，但大地毕竟太大了，她工作了许久，还未达到她的意愿，而她本人已经疲倦不堪了。

最后，她想出了一个绝妙的创造人类的方法。她从崖壁上面拉下一条枯藤，伸入一个泥潭里，搅成了浑黄的泥浆，向地面一挥洒，泥点溅落的地方，就出现了诸多小小的叫着跳着的人儿，与先前用黄泥捏成的小人儿，模样一般无二。用这种方法造人，果然简单省事。她只需挥一下藤条，就有很多的活人出现，不久，大地上便布满了人类。

大地上有了人类，他们自由地生活着。谁料水神共工与天帝颛顼之间发生了争斗，输了的共工一怒之下撞倒了不周山。不周山是天地之间的支柱，它的坍塌，导致天空倾斜，大地也裂开了，洪水从地底下面喷涌而出，龙蛇猛兽即出来吞食人类。女娲不忍见自己的子民如此受苦，就将五色石熔化成浆液，用它将天补好。随后又斩下一只大鳌的四脚，将它当成柱子将倒塌的半边天支撑起来。最后，她又擒杀了残害人类的龙蛇猛兽，人类这才得以拯救。

等做完了这一切，女娲身心疲惫，便沉睡过去，再也没有醒来。据说她的肠子化作十位神，居住在叫作栗广的原野上面。

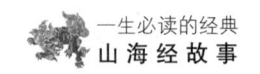

羿：勇射九日的正义英雄

寻根求源：

羿，这位英雄，最早见于《山海经·海内经》，原文为："帝俊赐羿彤弓素矰，以扶下国，羿是始去恤下地之百艰。"

注：山海经所记载的羿是一个在接受天帝帝俊所赐的彤弓、素矰（箭）之后，奉命从天上下到人间，体恤并解除人间疾苦的天神。后来《淮南子·本经训》对上述的资料做了延伸，详细记述了羿射掉九个太阳，解除民间疾苦的事例经过。

羿勇射九日，替天行道的壮义之举，反映了我国古代劳动人民想要战胜自然、改造自然的美好愿望。

故事传说：

据传在古时候，天空中曾有十个太阳，他们都是东方天帝的儿子。这十个太阳跟他们的母亲——天帝的妻子共同住在东海的边上。她经常将十个孩子放在东海里面洗澡。洗完澡后，让他们像小鸟那样栖息在一棵大树上面。当黎明来临时，栖息在树梢的太阳便坐着两轮车，穿越天空，照射人间，将光与热洒遍世界的每一个角落。十个太阳每天轮流当值，秩序井然，天地万物一片和谐。

但时间久了，这十个太阳便觉得无聊，他们想要一起周游天空，觉得这肯定很有趣。于是，当黎明来临时，十个太阳一起爬上两轮车，踏上了穿越天空的征程。这一下，大地上的人与万物就受不了了。十个太阳像十个大火球，他们放射出的热量烤焦了大地，烧死许许多多的人和动物。森林着火了，所有的树木庄稼和房子都被烧成了灰烬。那些在大火中没有被烧死的人与动物，四处流窜，发疯似地寻求可以躲避灾难的地方和能救命的水与食物。

河流干枯了，大海也要面临干涸，所有的鱼类也都死光了，水中的怪物便爬上岸偷窃食物。农作物和果园烧焦枯萎，供给人与家畜的食物源断绝了。人们不是被太阳的高温活活烧死就是成了野兽口中的食物。人们在火海灾难中苦苦地挣扎，祈求上苍的恩赐！

这时，有位年轻英俊的英雄叫后羿，是个神箭手，箭法超群，百发百中。他被天帝召唤，领受驱赶太阳的使命。他看到人们生活在火难中，心中很是不忍，便暗下决心要射掉那多余的九个太阳，帮助人们脱离苦海。

于是，后羿爬过了九十九座高山，迈过了九十九条大河，穿过了九十九个峡谷，来到了东海边上，登上了一座大山，山脚下就是茫茫的大海。后羿拉开了万斤力弓弩，搭上千斤重利箭，瞄准天上火辣辣的太阳，嗖地一箭射去，第一个太阳就被射落了。后羿又拉开弓弩，搭上利箭，嗖的一声射去，同时射落了两个太阳。这时，天上还有七个太阳。后羿感到这些太阳仍旧很焦热，便又狠狠地射出了第三支箭。这一箭射得很有力，一箭射落了四个太阳。其他的太阳吓得全身打战，团团旋转。就这样，后羿一支接着一支地将箭射向太阳，无一虚发，共射掉了九个太阳。中了箭的九个太阳一个接一个地死去。他们的羽毛纷纷地落在地上，他们的光和热一点点地消失了。最后剩下的一个太阳怕极了，就按照后羿的吩咐，老老实实地为大地和万物继续贡献光和热。

从此，这个太阳每天从东方的海边升起，晚上从西边山上落下，温暖着人间，维持着万物的生存。从此人们安居乐业。

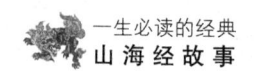

西王母：掌管仙药的女神

寻根求源：

"西王母"其神，早见于《山海经·西山经》，原文为："西王母其状如人，貌尾虎齿而善啸，蓬发戴胜，是司天之厉及五残。"《山海经·大荒西经》，原文为："有人戴胜，虎齿，有貌尾，穴处，名曰西王母。"

注：西王母是成仙灵药的掌管者，有着"化凡为仙"的非凡能力，可见她在诸神中的尊贵与权威地位。

故事传说：

西王母是中国古代神话故事中重要的人物之一，我们一般了解的西王母是玉皇大帝的妻子。但是西王母的原型，并非是眉善目慈的女子，而是长着豹子尾巴、老虎牙齿，披着蓬蓬的头发，长相极为怪异的天神，掌管着人间的灾疫与刑杀大权。也是玉山与昆仑山的山神。

昆仑山上有棵不死树，不死树上的果子能够炼成不死仙药，吃了这种药的，便可以长生不死。西王母作为昆仑山的山神，自然也掌管着这种仙药。因此，西王母既能用灾疫和刑杀惩罚坏人，也能用不死仙药去拯救好人的性命，因此她在诸神中拥有着十分尊贵的地位。

据传，西王母所住的昆仑山和玉山，地势都极为险要，其身边又有三足鸟、九尾狐、三青鸟、金蟾等诸位神灵护法，因此一般人极难成功到达山顶并见到西王母,更别说从她手中拿到不死仙药了。那么,嫦娥吃的仙药又是怎么来的呢?

原来,嫦娥的丈夫后羿与西王母有些交情,西王母便给了他一些不死仙药。西王母将不死仙药郑重地交给后羿,并告诉他说:"这药吃了能使人长生不老,并且还能助人升仙。"后羿不忍心一人升仙才将药给了嫦娥。后来嫦娥被心术不正的蓬蒙所威逼,无奈之下,吞下了仙药,便独自一人化仙飞天了。

三青鸟:仙山与世间的使者

寻根求源:

《山海经·西山经》中有语:"又西二百二十里,曰三危之山,三青鸟居之。"

《山海经·海内西经》又有语:"其南有三青鸟,为西王母取食。"

《山海经·大荒西经》中也有记载:"有三青鸟,赤首黑目,一名曰大鵹,一名曰少鵹,一名曰青鸟。"

注:三青鸟是凤凰的前身,本为多力健飞的猛禽,后渐被传为色泽亮丽、体态轻盈的小鸟,是具有神性的吉祥之物。后人将它视为传递幸福佳音的使者。

故事传说:

在三危山上,住着一只神鸟,名字分别是大鵹、少鵹和青鸟。三青鸟是西王母驯养的神鸟,负责为西王母找食物,还兼任西王母的使者。它色泽鲜亮,体态轻盈,头上的羽毛是红色的,眼睛漆黑。三青鸟原本是凤凰的一种,勇猛健飞,后被西王母驯化之后,才渐

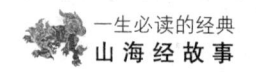

渐地变得温顺和善。

相传东海的海面上有三座仙山，分别为蓬莱、方丈、瀛洲，它们被九只大鳌驮着，在茫茫的大海中四处地漂泊，经常不知道漂到哪里。住在仙山上的神仙都无欲无求，不理世间的诸事，从不主动与外界进行联系。而三青鸟有一种极为奇异的能力，无论这三座仙山漂到哪里，都能够径直地找到它们。因此，这三座仙山与世间的通信就由这三青鸟来传达。

据传，大禹当年治水曾经得到过西王母的诸多帮助，他想当面感谢西王母之事，也是由三青鸟帮忙禀告的。

少昊：鸟国首领

寻根求源：

《山海经·西山经》中有关于少昊的记载，原文为："其兽皆文尾，其鸟皆文首。是多文玉石。实惟员神磈氏之宫。是神也，主司反景。"

《山海经·大荒东经》，原文为："东海之外大壑，少昊之国。少昊孺帝颛顼于此，弃其琴瑟。"

注：少昊建立了鸟的王国，他能根据不同的鸟类的个性特征，进行职位分工，表现了他非凡的管理才能。

故事传说：

少昊是西方的天帝之神，黄帝的长子，也是中国神话中的三皇五帝之一，据传他住在长留山。这座山上的兽类的尾巴上，以及鸟类的脑袋上面都长着花纹，山上出产大量带有彩色花纹的玉石。

相传在少昊出生时，天空中曾出现了五只凤鸟，颜色各不相同，依五方的颜色红、黄、青、白、玄排列，落在其出生的院落中，因此他又被称为凤鸟氏。

少年时期的少昊具有神奇的禀赋和超凡的本领。少昊少年即被黄帝送到东夷部落联盟里最大的部落——凤鸿氏部落里历练，并娶凤鸿氏之女为妻，成为凤鸿部落的首领。他所建立的部落，与其他的部落有所不同，他的臣僚百官，全部都是各种各样的鸟儿，他可以说是鸟的首领。在这些官员中，凤凰总管百官。又有燕子、伯劳、鹦雀、锦鸡，分管一年四季的天时。又有五种鸟，分别掌管国家的政事：孝顺的鹁鸪掌管教育，凶猛的鸷鸟掌管军事，公平的布谷掌管建筑，威严的雄鹰掌管法律，善辩的斑鸠掌管言论。五种野鸡分别掌管木工、漆工、陶工、染工、皮工等五个工种。又有九种扈鸟，管理农业上的耕种与收获，使人民不至于淫佚放荡。

在这个鸟的国度里，朝堂上议会十分有趣：五彩缤纷的羽毛乱飞，叽叽啾啾的声音齐鸣。

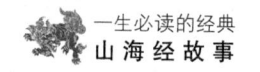

颛顼：黄帝曾孙

寻根求源：

颛顼是黄帝的曾孙，《山海经·海内经》有这样的记载："流沙之东，黑水之西，有朝云之国、司彘之国。黄帝妻雷祖，生昌意。昌意降处若水，生韩流。韩流擢首、谨耳、人面、豕喙、麟身、渠股、豚止，取淖子曰阿女，生帝颛顼。"

《山海经·大荒东经》，原文为："东海之外大壑，少昊之国。少昊孺帝颛顼于此，弃其琴瑟。"

《山海经·大荒北经》，也有关于其相关的记载："东北海之外，大荒之中，河水之间，附禺之山，帝颛顼与九嫔葬焉。"

注：颛顼不仅有着非凡的才能，他身上也有着中华民族的坚强、勇敢，愿意牺牲自我来改造山河的大无畏精神。

故事传说：

颛顼是少昊的侄子，是黄帝的曾孙，也是三皇五帝中的"五帝"之一，他的父亲叫作韩流。韩流长相很是奇特，长脖子、小眼睛，人的脑袋，猪的嘴巴，两条腿没有分岔，是连在一起的，脚也是猪脚。颛顼也继承了父亲的奇异长相。

身为少昊的侄子，自少昊建立起鸟王国之后，颛顼便去帮助他处理政务。颛顼虽然极有才干，但因为其年纪尚幼，很是喜欢娱乐嬉戏。于是少昊为了让他玩得尽兴，便为他制作了琴与瑟。后来颛顼长大后，就回到自己的国家去了，琴瑟没有了用处，少昊便将它们丢弃在东海外的大壑之中。

说来也是十分奇怪，每当夜静月明、碧海无波的时候，自那大壑深处便会传来悦耳动听的琴瑟之声。直到许多年后,乘船过海之人每每经过那里,偶尔还能听到神秘的动听的音乐演奏之声。

长大后的颛顼先是做了北方的天帝,他有一个极为重要的助手就是北方的海神禺强。他们俩齐心协力掌管着北方大地一万二千里的荒野。据传,在他掌管的土地上曾出现过一个黄水怪,经常口吐黄水淹没农田、冲毁房屋。颛顼听说后就决心降服它。可黄水怪神通广大,二人激战九九八十一天不分胜败。颛顼便上天求女娲帮忙。女娲借来天王宝剑交给颛顼并教他使用方法。颛顼用天王宝剑打败了黄水怪。为了造福人间,他用天王宝剑把大沙岗变成了一座山,取名付禺山,又用剑在山旁划开了一道河,取名硝河。从此这里有山有水,林茂粮丰,人们过上了好日子。

颛顼生前能够惩治黄水怪,死后仍可退水救民。因他在人们心中有着崇高的地位,所以其死后被人尊称为"高王爷"。一次,这位高王爷显灵变成一位白发苍苍的老人,坐在高王庙的台阶上闭目养神。不久。天降大雨,洪水滚滚而来,田毁庄淹。洪水流到白发老人面前不再向前流了,从水中钻出两个怪物。白发老人一挥手,怪物便乘乘地沉下水去,随后,洪水便退走了。

正是凭借其非凡的治理才能,黄帝在年老的时候便将中央天帝之位让给了他。

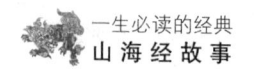

老童：颛顼之子

寻根求源：

《山海经·西山经》有语："神耆童居之，其音常如磬。其下多积蛇。"

《山海经·大荒西经》中也有记载："颛顼生老童，老童生重和黎。"

注：关于老童的才能，古书中记载不多，但他的几个儿子个个都神通广大，拥有非凡的才能。

故事传说：

老童生活的地方叫騩山，山上到处都是精美绝伦的玉石，没有一块杂乱的石头。老童是黄帝的玄孙，颛顼的儿子，死后被奉为天神。

少昊执政的后期，国势衰微，朝纲混乱，人神混杂而居，国内十分混乱。少昊死后，其侄儿颛顼继位，共工曾与其争帝位，两人发生了大战。共工一怒之下，撞倒了不周山。从此之后，天地不再相通，人神也不再混居。紧接着，颛顼就任命老童的儿子南正重主管天，另一个儿子火正黎（即为火神祝融）主管地，这才恢复了正常的天地秩序。

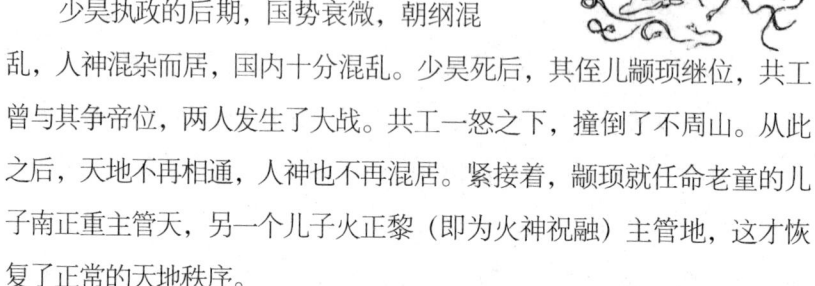

其实，所谓管天，主要是祭祀上天、观察天象和修订历法。南正重是颛顼的孙子，老童的儿子，接管了这个职务。所谓管地，其实就管火历。进入秋天，大家就在火正黎的带领下，将火种收起来，进行祭祀，答谢上天赐予粮食。这就是历史上指导先民耕种的"火历"。而火正黎正是掌管和制订这个历法的人。

老童有一个孙子，也就是火正黎的儿子太子长琴。相传太子长琴出生时怀抱着一把小琴，天地都为之欢唱。长大后的太子长琴精于乐道，被称为中国的"乐神"。

祝融：乘龙的火神

寻根求源：

《山海经·海外南经》有语："南方祝融，兽身人面，乘两龙。"

注：祝融是管火能手，他靠一技之长，被封为火神。

故事传说：

祝融是神话传说中的火神，据传他长着野兽的身子，人的面孔，出入时都会乘坐着两条龙，威风凛凛。据传，在上古时期，人类发明了钻木取火，但是在取火之后，根本不懂得如何保留火种，也不懂得如何控制火。而唯独祝融与火比较亲近，在长期的钻研中，他成了管火、用火的能手，于是黄帝便命他为火正官。

后来，黄帝南巡时，分不清楚方向，因为祝融熟悉南方的地形，黄帝便请教于他。于是，祝融领路，带着黄帝到了南岳衡山。黄帝因为他领路有功，加封他为司徒，负责管理南方一万二千里地界内的事务。

尧在位的时候，洪水滔天，浸山灭陵，黎民百姓生活在水深火热之中。大鲧去治理洪水，九年都毫无成效。后来，鲧就到天上偷

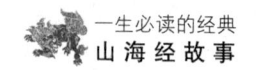

了息壤到人间来。息壤是一种神土，投一点在地上，马上就生长起来，积成山，堆成堤。用它堵塞洪水，洪水最终才得以控制。但是，天帝知道息壤被窃，便派火神祝融在羽山把鲧杀死，并夺回余下的息壤。

炎帝：农神、商神、药神的化身

寻根求源：

《山海经·北山经》中有关于炎帝的记载，原文为："是炎帝之少女名曰女娃，女娃游于东海，溺而不返，故为精卫，常衔西山之木石，以堙于东海。"

《山海经·海内经》，原文为："炎帝之孙伯陵，伯陵同吴权之妻阿女缘妇，缘妇孕三年，是生鼓、延、殳。殳始为侯，鼓、延是始为钟，为乐风。"

注：中国人还有一个称谓叫作"炎黄子孙"，其中的"炎"便是指炎帝，它是中华的始祖，也是中国文化、技术的始祖，更是智慧的象征，相传他以及他的臣子、后代创造了上古几乎所有的重要发明。

故事传说：

自女娲补天之后，天地间又轮转了不计其数的春夏寒暑，在历史长河的一个普通的黄昏，西边残阳如血，东边的锃亮的月亮已经爬上了树梢，少典氏娶于有𪉢氏的新娘任姒仍在姜水岸边踟蹰，好似有心事的样子。

突然，一道红光自碧波深处激射而出，任姒猛地抬头，见一条赤发神龙升到半空中，双目发出两道神光，与她的目光交接。刹那间，任姒只觉得心灵悸动，似有所感，她用手拭一拭眼睛，定一定神，再定睛望去，但见暮色渐合，天空河水，都黑幽幽的，哪有什么神龙呀！所谓的神龙见首不见尾，任姒却就此怀孕了，足月产下一子，牛首人身，即以姜水之姜为姓。此子是南方火德之帝，故为炎帝。

炎帝是极仁慈、极具爱心的神灵。他见天地间人口日趋繁多，自然资源匮乏，顿为人类的未来担忧。毕竟，自然界的禽兽、果实自然生长的脚步是赶不上人类繁衍的速度的。一旦自然界的动物与植物被人食尽，天下苍生岂不要饿死？炎帝充满了忧愁，他不断开动脑筋想办法，直到九九八十一个昼夜后，他终于豁然开朗：何不教民种植，用劳动的汗水来换取生存必需的资料呢？念及此，天空中便纷纷扬扬飘落下无数的黍、稷、麻、麦、豆。炎帝将这些谷种命名为五谷，吩咐百姓到春季的时刻播种在开垦过的土地里，待其出苗，移栽于潮湿之地，再施肥滋养，拔除芜草，依此而行，必能获致丰收；后见耕作栽插十分辛苦，就断木作耜，揉木作耒，创制农具，令民间依式造用；并委任仙人赤松子为雨师，观测气象，调节晴雨。于是年年五谷丰登。民众都鼓腹而歌，感念炎帝的功德，尊称他为"神农"。

炎帝不单单是农业神，同时也是医药神、商业神。他巡视四方，见百姓面多黄肿，有风湿之病，心中又不安起来。当即踏遍三山五岳，采集天下异草，用赭鞭逐一抽打，药草经过鞭挞，无论有毒无毒，或寒或热，各种性质都会暴露出来。他就依据药草的不同赋性，给病人疗疾。

为了进一步辨识药物的性味与功能，便利于救死扶伤，炎帝又亲自尝百草，并且以身试药。他先尝甘草，味甘性平能泻火解毒；次嚼乌梅，齿酸生津且涩肠敛肺；啮花椒而气开，啖辣芥则涕泪；

诸如此类，不胜枚举。平均一天之内，中毒十二次，幸亏他的身体玲珑透明，从外面即可看清楚五脏六腑，所以能够马上知晓中毒的部位，找出解救的方法。炎帝试毕百草的药性，并撰写成医书药方，以造福人类。医学一科，至此方始建立。

炎帝还提倡贸易，开辟商道，鼓励民众互通有无，调剂余缺，以提升生活质量，开了经商的先河。

炎帝的夫人是赤水氏之女听沃，她与炎帝所生的男孩叫炎居。炎居生节并，节并生戏器，戏器（即为老童）生火神祝融。祝融被贬谪到长江流域，生下了后来怒触不周山的水神共工。共工的一个儿子叫术器，生有异相，他的头顶平整如削；另外一个叫后土，就是土地之神。后土生下时间神噎鸣，噎鸣有十二个孩子，他们是困敦（子年）、赤奋若（丑年）、摄提格（寅年）等十二太岁神。后土还有位孙儿，即逐日的夸父。

夸父：永不放弃的"追日"英杰

寻根求源：

夸父逐日故事本出自《山海经·海外北经》，原文为："夸父与日逐走，入日。渴欲得饮，饮于河渭，河渭不足，北饮大泽。未至，道渴而死。弃其仗。化为邓林。"

注：这则神话故事代表了中国古代人们与自然界斗争的一种不屈的大无畏精神。

故事传说：

在远古时期，在北方的荒野之中，有位巍峨雄伟、高耸入云的高山，叫作成都载天。在山林深处，生活着一群力大无穷的巨人。

他们的首领，是幽冥之神后土的孙儿，信的儿子，名字叫作夸父。因此这群人就叫夸父族。他们身强力壮，气宇轩昂，意志力强。而且还心地善良，勤劳勇猛。那个时期，天地荒凉，毒物野兽横行，民众生活凄苦。夸父为让本部落的人能够活得下去，每天都会率领众人跟洪水猛兽进行搏斗。

勇猛的夸父对猛兽并不畏惧，他常将捉到的凶恶的毒蛇挂在自己的耳朵上面作装饰，抓在手上四下挥舞、嬉戏。

有一年，天气炎热难耐，火辣辣的太阳直射在地面上，烤死无数庄稼，晒焦了树木，致使河流干枯，人们热得也难以忍受，族人纷纷死去。

看到如此凄惨的景象，夸父极为难过，他仰头望着太阳，告诉族人："这太阳实在可恶，我要追上它，并捉住它，让它听命于我。"族人听罢，纷纷劝阻。

有的人说："你不要去，太阳距我们太过遥远，你会累死的！"

有的人说："太阳温度很高，你会被烤死的。"

可勇猛的夸父丝毫不畏惧，发誓要将太阳捉住，让它听从民众吩咐，为大家服务。他看着愁苦不堪的族人，说："为了大家的幸福，我一定要去！"

太阳刚从海上升起，夸父便告别族人，向东海边上太阳升起的方向迈开大步追去，开始他的逐日征程。

太阳在空中飞快地移动，夸父在地上如疾风一般，拼命地追逐。他穿过一座座大山，跨过一条条大河，大地被他的脚步震得"轰轰"作响，来回地摇摆。

夸父跑累的时候，就会停下来稍作歇息，他将鞋里的沙土抖落，这些抖落的沙土便形成了大山。饿的时候，他会采摘野果充饥。有时候，夸父也会煮饭，他用五块石头架起了锅，而这五块石头，就成了五座鼎足而立的高山，有几千米高，便是五岳高山。

夸父不停地追逐太阳，眼看距太阳越来越近，他的信心也越来越强。但是越接近太阳，就渴得越厉害，江河里的水都不够他解渴。

但他却没有退缩，并一直鼓励自己："只要追上太阳，族人便能获救。"

九天九夜之后，在太阳落山的地方，夸父终于追上了它。那个红彤彤、热辣辣的太阳就在夸父的眼前，它发出万道金光，射在他身上。

这时的夸父无比欢欣地张开双臂，想将它抱在怀里。可太阳温度很高，夸父感到又累又渴。他便跑到黄河边上，一口气将黄河之水喝干，可是还是不解渴，于是他又跑到渭河边，将渭河水也喝光，仍旧不解渴；夸父又向北边跑去，那里有纵横千里的大泽，只有大泽里的水才能让夸父喝了个够。

但是，大泽太远，夸父还没有跑到大泽，便在半路上渴死了。

夸父临死的时候，心中充满了遗憾，他还牵挂着自己的族人，于是将自己手中的木杖扔出去。木杖落地的地方，顿时生出大片郁郁葱葱的桃林。

这片桃林终年茂盛，为往来的过客遮阴，结出的鲜桃，为勤劳的人们解渴充饥，让人们能够消除疲劳，精力充沛地踏上旅程。

蚩尤：远古时期的战神

寻根求源：

黄帝大战蚩尤的故事本出自《山海经·大荒北经》，原文为："蚩尤作兵伐黄帝，黄帝乃令应龙攻之冀州之野。应龙畜水，蚩尤请风伯雨师，纵大风雨。黄帝乃下天女曰魃，雨止，遂杀蚩尤。"

注："黄帝大战蚩尤"说明了远古时代，正义与邪恶力量的较量，最终正义战胜邪恶的亘古真理。

故事传说：

据传，蚩尤面如牛首，背生双翅，三头六臂，本领非凡，是九黎族的首领。他有兄弟八十一人，都有铜头铁额，八条胳膊，九只脚，个个能力非凡。九黎族信奉巫教，九拜鬼神，能用铜制造各种兵器。九黎部落为了称霸，就在首领蚩尤的率领下，联合了风伯、雨师和夸父部族的人，浩浩荡荡地向黄帝的部落发起了挑战。

为了打败蚩尤，黄帝特意招来大神应龙和女儿女魃相助。应龙是有翅膀的龙，可以呼风唤雨，住在凶犁土丘；女魃是神，专门收云息雨，平时住在昆仑山上。

黄帝与蚩尤的军队对阵，黄帝下令擂起战鼓，声音震天动地。黄帝的兵听到鼓声勇气倍增；蚩尤的兵听见鼓声丧魂落魄。蚩尤见此，便与他的八十一个兄弟冲上前去与敌军进行厮杀。

由于黄帝有应龙、女魃两位大神助阵，蚩尤落败而逃。黄帝乘胜追击，直追到冀州中部才将蚩尤捉住。蚩尤最终被黄帝斩首，其首级化为血枫林，后黄帝尊蚩尤为"兵主"，即战争之神。

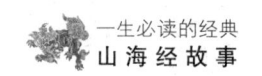

蚩尤是勇猛的一种象征，后来，黄帝就将他的形象画在军旗上面，用来鼓励自己的军队勇敢作战。

精卫：矢志不渝的精神象征

寻根求源：

精卫填海，出自《山海经·北山经》，原文为："又北二百里，曰发鸠之山，其上多枯木，有鸟焉，其状如乌，文首，白喙，赤足，名曰'精卫'，其鸣自詨。是炎帝之少女，名曰女娃。女娃游于东海，溺而不返，故为精卫，常衔西山之木石，以堙于东海。漳水出焉，东流注于河。"

注：本神话故事表现了古代劳动人民征服自然、改造自然的强烈愿望和持之以恒、矢志不渝的决心和精神。

故事传说：

炎帝有个女儿，是个没成年的小姑娘。中原人把孩子叫作"娃"，这个小姑娘，大伙儿都叫她女娃，炎帝不但管太阳，还管五谷和药材，因此，他的另外一个名字叫神农。有时候，人们把他的两个名字连起来，叫他神农炎帝。神农炎帝的事情很多，每天一大早他就要到东海去指挥太阳升起，一直到太阳落山才回家。

女娃是个懂事的好孩子，爸爸不在家，她就自己玩。她常常穿着一双小红鞋跑到田野里，把很多花插在自己头上，打扮得漂漂亮亮的。她在田野里看着火红的太阳从东方升起，高高兴兴地沐浴着阳光，欣赏着周围的一片生机。万物在阳光下生长，鸟兽在阳光下欢腾，她感到很自豪，因为大地的光明和温暖是她爸爸带来的。

有时候，她跑到东海边上去看日出，当她看到霞光万道、光芒四射，一轮红日从海面上跳出来的时候，她喜欢极了。因此很想去看看东海以外太阳升起的地方。

可是，女娃太小，炎帝不能带她去。因为太阳升起的地方在东海以外几亿万里的"归墟"，那地方很热很热，小孩子受不了。

女娃老是因为这件事生气。神秘的归墟太吸引人了。有一次，她不听话，等爸爸走了以后，自己跳到东海里向归墟游去。

游啊，游啊，起先她很快活，游得很起劲。后来越游越远，不料，一阵风浪袭来，把女娃吞没了。

女娃沉入了东海，再也没有回来。

可是，女娃的精魂没有死，她恨海中的恶浪，她的精魂化作小鸟，头上的野花化作小鸟脑门的花纹，脚上的小红鞋变成了小鸟的红爪。这只精魂幻化的小鸟叫作精卫，用白色的嘴巴开始不停地衔叼树枝和石头，发誓要填没东海！

为了壮大自己的力量，精卫就和海燕结成配偶，繁衍后代，以继续填海的事业，直到把大海填平为止。精卫和海燕生下的孩子，雌的就像精卫，雄的就像海燕。

精卫鸟一刻不停地从西山衔来石子和树枝，往东海扔。早也扔，晚也扔；今天也扔，明天也扔，即使遇到狂风暴雨，它也在风雨中穿行。

精卫填海的事惊动了天神。水神共工很佩服精卫的精神，于是就降下洪水，把高原上的泥沙冲进大海，把海水都搅黄了。于是，人们把东海北部发黄的海域叫作"黄海"。

当大海发觉自己真有被填平的危险时，赶紧采取措施，把那些泥沙用潮汐推向岸边，泥沙在岸边沉淀下来，就形成了海涂。海涂厚了、大了，人们就把它围起来，改造成良田。

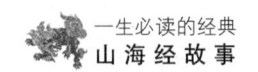

人们忘不了这片土地是因精卫填海而来的，就教育自己的子子孙孙，世世代代都要爱鸟、护鸟，学习精卫精神，矢志不渝地朝着既定的目标去奋力拼搏。

九凤：人面凤身的神鸟

寻根求源：

《山海经·大荒北经》中说："大荒之中，有山名曰北极天樻，海水北注焉。有神，九首人面鸟身，名曰九凤。"

注：九凤与颛顼同在一地，可见九凤是楚人所崇拜的九头神鸟，而在中原人的眼中，她却是不祥的化身。

故事传说：

在大荒之中，有座山叫作北极天樻。山上有一位名叫作九凤的神仙。她人面鸟身，长有九个人面的脑袋，凤凰的身子。据传，九凤最早源于楚国的九凤神鸟，是楚国人最为尊崇的神，它是吉祥幸福的象征。但是在中原地区，却被视为邪恶力量的象征。在中原地区的文化中，九凤又称九头鸟，还叫"鬼车"，长有十个脖子、九个头，据说它的第十个头是被周公旦命令猎师射掉的，传说那个没有头的脖子不断地流血，会吸走小孩子的精魂。

在周朝时期，周昭王曾经率军亲自征战南方，最后死于汉水之中，成为异乡之魂，因此周人对楚人充满了仇恨，便将楚国人最为尊崇的九凤图腾说成妖怪，并编出"断其一首"的故事。

明朝的刘伯温曾写过一篇文章用来讽刺九头鸟，其大概意思是说：孽摇山上有一种鸟，长着一个身子、九个头，一个头得到食物后，其他八个头就去抢，呀呀叫着相互争啄，洒血飞毛，即便吃到嘴里也不能咽下去，而九个头都受了伤。海鸭看见了，就笑话它说："你怎么不想一想，九张嘴吃下的食物不都归到一个肚子里去了吗？为什么还要这样拼命地争抢呢？"

瑶姬：爱与美之神

寻根求源：

《山海经·中次七经》中与瑶姬相关的记载，这样写道："又东二百里，曰姑媱之山。帝女死焉，其名曰女尸，化为䔄草，其叶胥成，其华黄，其实如菟丘，服之媚于人。"

注：瑶姬是爱与美之神，千百年来，她已幻化为人们心中的贞洁女神，是爱情忠诚与坚贞的象征。

故事传说：

炎帝的四女儿是诸位姐妹中最多愁善感，最美艳动人的，她每天都做着少女般的粉红色的梦。曾几度，梦见英俊潇洒的公子骑着马来接她，却屡屡被灵鹊惊醒。常言道天嫉红颜，佳人薄命，四姑娘无端地竟然缠绵于床榻。在花园中，小河边，再也听不到她爽朗的笑声了。

炎帝虽然是医药之神，但药能医病，却无法医命，四姑娘最终还是香消玉殒，其尸身便葬在花团锦簇的姑瑶山上，香魂化作芬芳的䔄草。䔄草花色嫩黄，叶子双生，结的果实似菟丝。女子若是服了䔄草果，便会变得明艳动人，招人喜欢。

茎草儿在姑瑶山上，昼吸日精，夜纳月华，若干年后，修炼成巫山神女，芳名瑶姬。大禹治水，一路凿山挖河，来至巫山脚下，准备修渠泄洪。陡然间，飓风暴起，直刮得暗无天日，地动山摇，飞沙走石，层层叠叠的洪峰，像连绵的山峦扑面而来。大禹措手不及，撤离江岸，去向巫山神女瑶姬求助。瑶姬敬佩大禹摩顶放踵以利天下的精神，哀怜背井离乡、倾家荡产的灾民，当下传授给大禹差神役鬼的法术、防风治水的天书，帮助他止住了飓风；又派遣侍臣狂章、虞余、黄魔、大翳、庚辰、童律、乌木田，祭起法宝雷火珠、电蛇鞭，将巫山炸开一条峡道，令洪水经巫峡从巴蜀境内流出，涌入大江。饱受洪灾之苦的巴蜀民众，因而得到了拯救。

　　过了好几千年，到了战国时期，楚怀王赴云楚泽狩猎，其间曾在高唐馆小憩，在朦胧中，见一位曼妙的女子向他款款走来，自言："我是炎帝的小女儿，名叫瑶姬，还未出嫁就死了。现如今被封在巫山的神坛上面，我的精魂已幻化为灵芝草。"楚王见她"手指纤细，肤如凝脂"，惊艳不已，心生爱慕，遂留下了一段风流佳话。楚王恍然楚醒，瑶姬的芳影便了无踪影，但其遗香犹存。楚王为了怀念她，便在巫山临江侧修筑楼阁，命名为"朝云"。于是，便有了后来唐代诗人元稹的千古诗句："曾经沧海难为水，除去巫山不是云。"

　　那么，瑶姬究竟去了哪儿呢？其实，她就站在高高的悬崖上面，举目眺望，凝视着七百里三峡，凝视着滔滔不绝的流水，凝视着江上的鸟儿、花儿和帆船。她天天矗立在山巅，天长日久，便幻化为一座峻美峭拔的峰峦了，那就是我们今日所看到的神女峰。而陪伴她的侍从们也幻化了现在的巫山十二峰，成为大自然的秀美风景，千百年来供人们凝望、欣赏。

陆吾：昆仑山山神

寻根求源：

《山海经·西山经》中有记载："其神状虎身而九尾，人面而虎爪，是神也，司天之九部及帝之囿时。"

注：据传，陆吾不仅掌管着昆仑下界，而且还能够料理天神花园的时节，当然他并非是园丁，而是类似于中央空调随时调节气温的高低。可以说，他是天帝的第一大管家。

故事传说：

在远古神话中，昆仑山是天帝在下界的都邑，而陆吾则是掌管昆仑山的山神。陆吾长相极为奇异，他虎头虎爪而九尾，其身躯极为庞大而雄壮，足足有九十九只老虎的合体一般大，他立在昆仑山上遥望东方，替天帝巡视着世间的一切世事。

陆吾是位尽职尽责的神明，他除了掌管着昆仑山之外，还是天之九部的大管家。无论是谁触犯了规矩，他都会予以严惩。可他对自己管辖和统治下的那些生灵却极为宽容。比如那些长有六个头的树鸟、蛟龙、大蛇、豹子、土蝼、钦原、凤凰以及珠树、文玉树、琪树、不死树等奇异的生物，不管它们如何捣乱，只要不造反，不惹大的麻烦，陆吾就不予理睬。

相传陆吾与大禹治水还有些渊源。大禹治水时，水神共工搞破坏，挟洪水从西方而来，大水一直淹至空桑，想要把大禹吓退。大禹便召集诸位神灵一起应对，陆吾也响应了大禹的号召，去抵挡水神共工，虽然陆吾与共工九战皆以失败告终，却为大禹专心治水争取了时间。

疆良：虎首人身神

寻根求源：

《山海经·大荒北经》中有这样的记载："又有神，衔蛇操蛇，其状虎首人身，四蹄长肘，名曰疆良。"

注：疆良是聚正义与邪恶于一身的神，后来他被人们奉为用来驱除疫病的神灵。

故事传说：

在遥远的北极天櫃山上，还住着一位神仙，他嘴里面总是叼着蛇，手里握着蛇，虎头人身，有四只蹄，名叫疆良，是神话中一位亦正亦邪的神。提及疆良，就不得不提及古代的傩戏。傩戏是古人祭拜鬼神、驱邪逐疫的一种仪式，表演者称为巫觋、祭师，被视为沟通神、鬼与人的"通灵"者，其表演时戴着面具，模仿与扮演神鬼的动作，借神鬼之名以驱邪逐疫，祈福求愿。

傩戏本起源于商周时期的方相氏驱傩活动，到了秦汉时期，仍旧非常地流行，每年的腊月初七，就开始上演由皇家主持的大傩活动。在皇城内，由十二个人扮演十二兽神，百余个小孩扮演十二兽神的帮手，大张声势地驱除疫病。而疆良就是十二神兽之一，负责驱除叫"寄生"的疫病。

鲧：上古时期的悲情英雄

寻根求源：

《山海经·海内经》中有关鲧，有这样的记载："黄帝生骆明，骆明生白马，白马是为鲧。"以及："洪水滔天。鲧窃帝之息壤以堙洪水，不待帝命。帝命祝融杀鲧于羽郊。鲧复生禹。"

注：在中国的神话中，鲧是正义的象征，他不顾个人安危，救万民于洪水之中，最终身死而尸不腐，用其精魂孕育了禹，用来完成他的遗志。

故事传说：

据传，在舜摄政的时候，由于共工的后代，即继任的水神共工二世的推波助澜下，洪水越来越凶猛。大水铺天盖地，天下百姓民不聊生，无奈之下，他们有的像鸟儿一般在树上面筑巢，有的在山顶洞里像野兽一般地挖穴居住，有的干脆自制大船，在上面筑家，随水四处漂流。飞禽走兽也无处藏身，与人争抢生存空间。衰弱的灾民既要忍受饥饿、疾病和寒冷的折磨，还要随时随地防范毒蛇猛兽的侵袭，那种生活很是悲惨。

天上的诸神，对于天下万民所遭受的苦难都无动于衷，唯有黄帝的孙子、骆明的儿子——白马神鲧真心地哀怜难民。他听说天国宝库里面藏有一团能无限地膨胀、生长不息的泥土叫作息壤，便使出障眼法骗过看守库房的三头神犬，窃走神土——息壤，私下凡界，帮民众堵塞洪水。

神奇的息壤化作万里长堤，汹涌澎湃地洪水被挡在堤外，没法肆意地逞凶，堤内的积水也在混土中干涸，逐渐消退得无影无踪，呈现于眼前的是一大片起伏的草原。住在树梢上的民众从窠巢中爬出，住在山岗上的民众从洞窟中爬出，住在木筏上的民众从棚里爬出，他们枯瘦的脸再度展露笑容。他们绝望的内心再度充满希冀，他们要在多灾多难的土地上面重新建立基业。

但好景不长，息壤遗窃的事很快被统治着全宇宙的天帝发现了。天帝痛恨白马神鲧竟然敢于藐视他的权威擅自行事，偷盗宝物，便毫不犹豫地判鲧死罪。祝融的后代、继任火神祝融二世便驾御着火的战车，擎着火焰枪，在羽山杀害了鲧，收回了息壤。洪水重新泛滥，民众在寒风与苦雨中哭泣，他们的眼泪是为不幸的鲧而洒，也为自己所遭受的苦厄而洒。

白马神鲧被杀死在羽山，此山荒凉而阴潮，虽然他身已亡，但心却不死，魂却不散，尸体经历了三年的风吹雨淋后也未曾腐烂。他的肚子中还孕育着新的生命，他希望这个新生命去完成他未完成的基业。新的生命在鲧的腹中成长，吮吸他的心血与精魂，其能量已经远远地超越了鲧。鲧死而身不腐的事情让虎首人身、四蹄长胫、衔蛇操蛇的疆良知晓，他马上向天帝汇报。天帝生怕僵尸作怪，便令祝融二世携吴刀下凡将鲧分尸。祝融二世到羽山切开鲧的胸腹，只见其刀口处露出万丈光芒，惊愕间，裂口爆开，一位伟丈夫从鲧的腹中缓缓升起，他周身都发着光芒，看起来慈祥、善良，他就是鲧的儿子禹。他是救世的大神，在拯救天下苍生的使命的召唤下，他很快长大成人了。他继承了父亲鲧的遗志，开始去治水，把天下万民于洪水的灾难中解救出来。

禹：治洪水定九州的圣贤君王

寻根求源：

禹出生后，继承了其父鲧的遗志，开始大治洪水。《山海经·海内经》中记述道："帝乃命禹卒布土，以定九州。"

注：禹为中国古代的贤圣帝王，他最卓著的功绩，就是历来被传颂的治理滔天洪水，又划定中国版图为九州，在神话中，也是正义力量的化身。

故事传说：

汲取了鲧的精华的禹，猛然挺立在天地之间，其光芒照亮了三界，其周身所散发出的一种奇异的力量，比元气更充沛，比正气更为猛烈，比剑气更锐利。那高高在上的天帝也被禹的奇异力量所震撼，便任命禹为治水的总指挥。

英明神武的禹便仿效祖父黄帝，在会稽山会合天下神灵，开始分配治水的任务。因为巨人防风氏迟到，禹便责怪他不遵守号令，立斩不赦。防风氏身材巨大，受戮后单其一节骨头便装满了整辆车子，可见禹的威力之大。

禹率领诸神向长着人面、蛇身、赤发的共工二世开战。共工二世从西方掀腾起洪峰，淹没了整个中原大地。禹运大神通，飞掷开山神斧，劈开群山，使滔滔不绝的洪水从山谷中奔涌而下。共工二世力怯失势，逃回北方的封国。禹一路不停地追踪，在昆仑之北与共工二世的部将相繇相遇，开始了正面的交锋。

相繇是一条九头巨蛇，人头而蟒身。它贪暴横行，时常会同时张开九张大嘴，尽吞九座大山的动物，啃光九座大山的植被，使林茂草丰的山岭化作寸草不生的荒丘，造成水土流失。无论何地，被它伸头一抵，张口一吐，即成一片泽溪，泽溪里的水又苦又辣，人饮了会丧命，禽兽蛇虫也不敢轻易靠近。

英明神武的禹运斧如风，顷刻间便将相繇的头给砍下来，顿时污血喷流而出，漫延成血的沼泽，腥臭冲天，五从不生。禹又用泥土来填塞这片血沼，谁知却没能将这片血沼泽治理住。无奈之下，禹就将这地方挖成一个池塘，用挖起来的泥垒成土墩，替五方之帝修筑了这五座祭台。

赶跑了共工二世，诛杀了九头蛇相繇，降伏了人脸虎躯、八首八尾八脚的水怪天昊及各路妖魔以后，禹按照山川的形势，运用堵塞与疏导相结合的方法，带领百姓抵御洪水，重建家园。为了彻底解决洪涝的威胁，禹亲自端土筐，挥锹头，开掘了三百条大河，三千条支流，不计其数的小沟渠，以沟通四夷九州、五湖四海。

洪水平息，大功告成，万民欢腾。这时天下的帝王舜已年迈，大家便拥戴禹继承帝位。舜对禹说："完成治水大业是你的大功，谦虚、勤奋、节俭是你的大德。我褒扬你的大德，赞美你的大功，帝位相继相承的次序应在你身上，你终当晋升为帝。"舜向各国首脑和民众宣告，由禹摄行天子之政。舜不顾年老体弱，坚持赴各地巡视，不幸中病逝于南方的苍梧之野。百姓都沉浸于悲痛之中，不久后，舜随后便被当地百姓埋葬于苍梧九嶷山的南坡。

娥皇与女英：上古时期的"美人泪"

寻根求源：

《山海经·中山经》中有语："帝之二女居之，是常游于江渊。澧沅之风，交潇湘之渊，是在九江之间，出入必以飘风暴雨。"

注：作为舜的两位妻子，她们用美丽与贤能叙写了一个上古时期的英雄与美人的爱情故事。

故事传说：

上古时期，尧有两个貌美如花的女儿，长女叫娥皇，次女叫女英，两姐妹出落得亭亭玉立，眼看就到了出嫁的年龄。尧甚爱自己的两个掌上明珠，一直在帮着她们物色如意郎君。

在众多优秀的青年中，尧最看好舜。舜治水成功后，凭借出众的能力和美好的品德，被族人推选为部落首领，成为首领以后，他励精图治，带领族人向南发展，不断扩充部落，实力不断壮大。舜德才兼备，精明强干，很有威望，尧打算把帝位禅让给他，并把自己的一对宝贝女儿也嫁给他。尧嫁女儿有两个目的，一是为了给女儿找一个幸福美满的归宿，二是想借助女儿进一步考察舜的人品和能力，以确定他是否是合格的接班人。舜和娥皇、女英在沩水河边，依礼行事，二女都对舜十分倾心，婚后，其家庭内部也十分和睦。

尧对舜进行了各式各样的考察，足足考察了三年，结果舜令尧很是满意，尧就将帝位让给了舜。舜继位之后，任用禹、皋陶、契、弃、伯夷、龙、垂、益等贤德之人，将国家治理得非常兴盛。娥皇与女英在家更是舜的贤内助，在外是舜的政治帮手，三人和睦相处。

到了晚年的时候，舜和两位夫人依旧恩爱有加。有一年，舜听

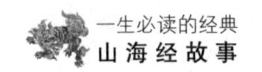

闻九嶷山一带发生了战乱，便决定亲自南巡视察情况。当时舜已年老体衰，两位夫人非常不放心，不希望他以身犯险。但舜心意已决，坚持要出行，两位夫人只好洒泪送别。舜走后，她们日夜为他祈祷，盼望着他能早日凯旋。可是眼见花开花落过了几度春秋，舜依旧音信全无，她们便有了不好的预感。

后来她们跋山涉水来到了九嶷山，到处打探舜的行踪。惊闻舜帝已死的消息，两姐妹伤心欲绝，她们每天向着丈夫埋骨的方向泣望，整天以泪洗面，泪水溅到翠竹上，留下了斑斑印痕，泪斑有白色的、紫色的，还有鲜红色的，传说那一块块血斑就是两位帝妃眼中流出的血泪染成的，而那些印有斑斑红痕的竹子，被称为"湘妃竹"或"斑竹"。后人看到这种竹子，皆会想到娥皇、女英为舜帝泣血的悲情故事。据说两姐妹在痛失夫君以后，不愿苟活于世，便跳入湘水自杀了，幻化成了湘江的女神，从此日夜守望着丈夫的坟冢，度过了世事千年。她们心情愉悦的时候，湘江就会风平浪静；倘若她们想起从前悲伤的事情，湘江就会狂风怒号，有很多神怪和怪鸟出现。

英招：马身人面鸟翼

寻根求源：

《山海经·西山经》中有这样的记述："神英招司之，其状马身而人面，虎文而鸟翼，徇于四海，其音如榴。"

注：英招很是善战，在神话中，算得上是正义之神了，在大禹治水时，曾助其一臂之力。

故事传说：

英招居住在槐江山上。槐江山是天帝在人间的花圃，山上多黄金美玉，有很多珍稀的宝物。

英招是负责看管这座天帝花圃的天神，他长着人的面孔，马的身子，身上斑纹如虎，有巨大的翅膀，叫声如同辘轳抽水一般。英招除了要管理槐江之外，他还负责巡视四海，传达天帝的旨意，很得天帝的信任。但是，英招喜欢四处游玩，常常不打招呼就去云游四海，并四处结交朋友。因此，他也经常受到天帝的训斥。

英招还是守卫和平的战神之一，力大无穷，有着极强的战斗力，曾经参加过几百场与邪神、恶神的战争。大禹在治水时，水神共工发起了滔天的洪水，并派出大臣相柳阻挠。英招便联合诸位大神与大禹共同对抗水神共工，并且斩杀了相柳，最终帮助大禹完成了治水大业。

长乘：九德之身

寻根求源：

《山海经·西山经》中有语："西水行四百里，流沙二百里，至于嬴母之山，神长乘司之，是天之九德也。其神状如人而豹尾。"

注：长乘集"九德"于一身，是美德的化身。

故事传说：

在昆仑山的西侧有另一座山，叫嬴母山，而长乘便是此山的掌管者。长乘神，长得像人，却有一条豹子的尾巴。长乘来头很大，是上天九德之气汇聚所生，具备九德之身。所谓的"九德"，就是"忠、信、敬、刚、柔、和、固、贞、顺"九种优良的品质。与长乘相比，凤凰只具备"五德"。

长乘虽然具有九德之身，但地位却不是很高，实际职务只是嬴母山的山神。这其实是由于长乘生性淡薄，超然世外，不愿意争权夺利的缘故。长乘身具九德，又不吝赐福给大众，因此他在凡间有着极大的威望。

相传，大禹在治水期间，路过嬴母山就去拜会长乘。长乘认为大禹很给他面子，就用嬴母山的特产美玉制作了一个玄圭，给了大禹。玄圭俗称黑玉书，是大禹治水非常重要的一个法宝，仅次于大禹在洛水上得到的神龟所驮的《洛书》。

帝江：无面之神

寻根求源：

《山海经·西山经》中有语："有神焉，其状如黄囊，赤如丹火，六足四翼，浑敦无面目，是识歌舞，实惟帝江也。"

注：在世界还未产生之前，中央的天帝便是由帝江统治的，可见他是位分极高的神灵。

故事传说：

在西方的天山上，有一只神鸟，形状像个黄布口袋，红得像一团红火,六只脚四只翅膀,耳目口鼻都没有,却懂得歌舞,名字叫作"帝江"。

据传,南海的天帝叫倏,北海的天帝叫忽,中央的天帝叫混沌。倏和忽两人常到混沌那里去玩耍,混沌招待他们非常殷勤周到。有一天倏和忽在一块儿商量怎样报答混沌的恩德。他们说,每个人都有眼耳口鼻……七窍,用来看呀、听呀、吃东西呀等,偏那混沌一窍也没有,未免美中不足,我们不如去替他凿出几窍来。于是就带了斧头、凿子之类的工具,去给混沌凿窍。一天凿一窍,七天凿了七窍。但是可怜的混沌,经他好朋友这么一凿,却"呜呼哀哉,寿终正寝"了。

随后,混沌被倏、忽——代表迅疾的时间——凿了七窍,混沌本身虽然是死了,但是继混沌之后的整个宇宙、世界却也因此而诞生了。

女丑:祈雨女巫

寻根求源:

《山海经·海外西经》有语:"女丑之尸,生而十日炙杀之。在丈夫北。以右手障其面。十日居上,女丑居山之上。"

《山海经·大荒东经》亦有语:"海内有两人,名曰女丑。女丑有大蟹。"

注:女丑也算得上是一位正义的女巫,她为了祈雨,解救天下苍生,不惜被太阳所伤。

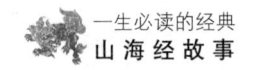

故事传说：

在神话传说中，女丑是远古时期极为有名的女巫，有着极大的神通，她经常骑一只独角龙鱼畅游天上人间。所谓的龙鱼也叫陵鱼，又叫鳖鱼，有四条腿，既能在海里游弋，又能在陆地上行走。据说，龙鱼的体态很是庞大，可以一口气将船吞下去，还可以腾云驾雾。除此之外，女丑还有一只大蟹，这大蟹生长在北海，它的脊背上面有千里宽，随时地听候女丑的差遣。

尧在位期间，天上出现了十个太阳，大地干裂，万物被枯死，民不聊生。无奈之下，尧便请了大巫女丑来祈雨。人们将女丑抬到一座小山丘上面，给她穿上一件青色的衣服，扮作旱魃的模样，跳着祈雨的舞蹈，等待着雨水的降临。

可是一个时辰过去了，两个时辰过去了，天空中除了十个逞威的太阳之外，竟然连一片云彩也没有。女丑坚持跳着祈雨舞，等待着雨水的降临。她的这个举动似乎惹怒了天上的十个太阳，为了与女丑对抗，它们开始不停地向大地靠近，突然，女丑举起右手，用她那宽大的袖袍遮住自己的头和脸，然后就不再动弹了。

人们顿时觉得奇怪，过去一看，发现这位女巫已经被十个太阳晒死了。此后，女丑的尸体终年没有离开山顶，始终保持着掩面的姿势，等待十个太阳的离去。

烛阴：钟山之神

寻根求源：

《山海经·海外北经》有语："钟山之神，名曰烛阴，视为昼，瞑为夜，吹为冬，呼为夏，不饮，不食，不息，息为风，身长千里。在无晵之东。其为物，人面，蛇身，赤色，居钟山下。"

《山海经·大荒北经》中有语："有神，人面蛇身而赤，身长千里，直目正乘，其瞑乃晦，其视乃明，不食，不寝，不息，风雨是谒。是烛九阴，是谓烛龙。"

注：人们塑造烛阴这个形象，表现了古人对气象的自然崇拜。

故事传说：

根据《山海经》的记载，烛阴即烛龙，又叫烛九阴，他居住在钟山之上。他的样子极为奇特，长着人的面孔，蛇的身子，全身都是赤红色，足足有千里之长。他的眼睛长得极为特别，就像两只橄榄一样直竖着，合拢起来就是一条笔直的缝隙。他的眼睛一旦睁开，世界就会成白天；眼睛一合拢，黑夜便降临；呼口气似阴云密布，大雪纷飞，成为冬天；吸口气马上又烈日炎炎，流金铄石，变成夏天。烛阴通常不喝水、不吃饭、不睡觉、不呼吸，因为只要一呼吸就形成万里长风。

烛阴具有强大的能力，他能够照亮阴暗的大地，他叼一支蜡烛，能让黑夜变得如同白昼一般，因此才有了"烛阴"这个名字。据传他的眼睛一只是本眼，一只是阴眼，他的阴眼与地狱相连，只要被他看一眼便会被恶鬼附身，久而久之，就会变成人头蛇身的怪物。

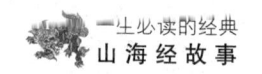

这种怪物也叫作烛阴。舜帝时代人们到山林中狩猎，常常见到这种动物，将其擒到后炼成油制成蜡烛用以照明，可以使烛火长久不息。

禺强：鲲鹏之原型

寻根求源：

《山海经·海外北经》中有语："北方禺强，人面鸟身。珥两青蛇，践两青蛇。"

《山海经·大荒北经》中亦有语："北海之渚中，有神，人面鸟身，珥两青蛇，践两赤蛇，名曰禺强。"

注：禺强是亦正亦邪，变化多端的神，他有时候会为人间带来疫病，有时却也能为天帝分担忧虑。

故事传说：

北海海神禺强，他的长相很奇特：人的脸，鸟的身子，耳朵上面总是挂着两条蛇，很是威风。禺强还是风神，当他以风神的形态出现时，个性变得十分凶恶，扇动着巨大的翅膀，鼓起大浪，风中还带着疫病。

传说中的"鲲鹏"其实就是禺强的化身。当他变成鲲时，身形极为庞大。正如庄子所描述的那样，不知有几千里；当他变成鹏时，翅膀垂下来了，就好似天下的乌云。每年的冬天，他都要从北海迁到南海，由鱼变成鸟。

相传在渤海的东面，有一个大壑，名叫"归墟"。归墟深不可测，陆上百川、海洋之水和天河之水都流到这里来，但是归墟从来

没有被水装满过。归墟的水面上漂浮着五座仙山,分别是岱舆、员峤、方丈、瀛洲、蓬莱。这五座仙山庄严巍峨,是众神仙居住的地方,但是因为它们一开始是浮在海面上的,遇到风暴,一不小心就会被沉没。于是,天帝就命令禺强来解决这个问题。禺强就调遣了十五只大鳌,每三只一组,每六万年交换一次,轮流负担。

禺貎:东海海神

寻根求源:

《山海经·大荒东经》有语:"东海之渚中,有神,人面鸟身,珥两黄蛇,践两黄蛇,名曰禺貎,黄帝生禺貎,禺貎生禺京。禺京处北海,禺貎处东海,是为海神。"

注:据史料记载,禺貎本属于黄帝的部族之一,其后裔建国为郭国。后裔郭公郭哀,为夏禹后裔郭支部。

故事传说:

在东海的岛屿上面,住着一位天神,他长着人的面孔、鸟的身子,耳朵上面挂着两条黄蛇,脚底下也踩着两条黄蛇,他的名字叫禺貎,他是黄帝的儿子,也是东海的海神。

炎帝的女儿女娃到东海去玩耍,她一个人驾着小船在海中漂浮。恰逢禺貎刚刚睡醒,他睁开眼睛伸了个懒腰,原本平静的海面便在瞬间激起了滔天的巨浪,将女娃的船打翻了。女娃不幸身亡。女娃觉得自己死得太过冤枉,她的精魂便变成了一只精卫鸟。自此之后,她对淹

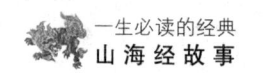

死自己的大海极为痛恨，并且发誓要将此海填平。

禹貌知晓这件事之后，便对精卫说道："你就是填一千年、一万年，也不会有什么作用的。"精卫说："哪怕是填上一万年，哪怕是到世界末日，我也会将它填平。"禹貌就将这件事情报告给了天神，其中一位天神为精卫的精神所感动，就帮助她填平了很多海河。据传，山东半岛和辽东半岛就是这么来的。

不廷胡余：南海海神

寻根求源：

《山海经·大荒南经》有语："南海渚中，有神，人面，珥两青蛇，践两赤蛇，曰不廷胡余。"

注：不廷胡余本是我国本土的南海海神，他最为特殊的地方就是与其他海神长得不同。

故事传说：

"不廷胡余"这个名字是从古代巴人的方言中翻译过来的，所以与中国当代的语言区别很大。据《山海经》所说，不廷胡余是南海的海神。东海海神禹貌，"人面鸟身"；北海海神禺强，也是"人面鸟身"；西海海神弇兹，也是"人面鸟身"。不廷胡余与其他三位海神不同的是，他是"人身"。

南海的海神，经过了几千年的演变，从不廷胡余开始，之后是南海的龙王，再之后则是妈祖。在西汉时期，佛教开始传入我国。由于佛经中所描述的"那伽"法力无边，能兴云布雨，同我国原有的龙的形象极为相似，于是便直接翻译成了"龙"。龙也便取代了中国最为原始的海神，成为了海中之王。随着佛教传入我国的，除了龙王，还有另一位南海的海神，那便是大名鼎鼎的观世音菩萨。观世音菩萨是佛教里的菩萨，也兼任南海的海神。

当然，关于南海的海神，最为著名的便是妈祖了。妈祖的传说最早出现在北宋初年，是由闽越地区的巫文化发展起来的，随着其影响力的不断增大，其后人们便在关于她的传说中又融入了儒家、佛教与道教等因素，于是，妈祖便成为东南亚地区最为著名的海神。

弇兹：西海海神

寻根求源：

《山海经·大荒西经》有语："西海渚中，有神，人面鸟身，珥两青蛇，践两赤蛇，名曰弇兹。"

注：据史料记载，弇兹部是中华民族的先祖，他们部族是极富智慧的，会钻木取火，结绳记事。

故事传说：

弇兹是西海海神，他人面鸟身，耳朵上面还挂着两条青蛇当耳环，脚下还踩着两条赤蛇。弇兹是四位海神中最为低调的，其实他的来头很大。弇兹其实是拿兹氏部落的神化，而弇兹部落是中国古代最古老的文明部落之一。在三皇之一的燧人氏钻木取火的时候，弇兹氏已经出现，并且发明了用树皮搓绳的技术。弇兹氏发明的绳索有三种：单股的绳称作"玄"，两股合成的绳称作"兹"，三股合成的绳称作"索"。

后来，燧人氏与弇兹氏结合，建立互为婚姻的血缘联盟，两个

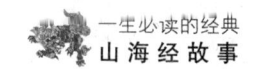

部落是合称燧人弇兹合雄氏。燧人弇兹合雄氏，自立姓氏为"风"，这是我国古代最早的姓氏。燧人弇兹合雄氏重要的族系有：华氏、胥氏、华胥氏、雷泽氏、盘瓠氏等。

其中，华胥氏是华夏族最为重要的始祖之一，被誉为"人祖"。后来有的学术界人认为，伏羲就是华胥氏部落著名的首领之一。

后来，伏羲氏成了人祖，而弇兹氏则被尊为西海的海神。

天吴：吴人的族神

寻根求源：

《山海经·海外东经》中有语："朝阳之谷，神曰天吴，是为水伯。在虹虹北两水间。其为兽也，八首人面，八足八尾，背青黄。"

《山海经·大荒东经》中有语："有神人，八首人面，虎身十尾，名曰天吴。"

注：天吴人面虎身，这与吴人的狩猎生活是密切相关的。早期的吴人都以狩猎为生，而"虎"为百兽之王，因此，吴人就将天吴这种类似于虎的动物作为自己族人的崇拜对象。

故事传说：

朝阳谷住着一个神仙，叫作天吴，他便是传说中的水伯。他住在虹虹北面的两条河流中间。天吴的样子十分威风，身子像极了野兽，长着八个脑袋，而且每个脑袋上面都长着人的面孔。同时身上还长了八只爪子、八条尾巴，背部的毛皮颜色青中带黄。

天吴是中国古代神话传说中的水神，也是吴人的祖先。吴人属于炎黄族系，是初居住在今山西、陕西一带，天吴的人面虎身，是与吴人的狩猎生活密切相关的。吴人以狩猎为主，而虎为百兽之王，因此，吴人崇拜一种似虎的动物虞。虞又叫大虞、驺虞，它的特点是跑得极快，这与吴人在狩猎生活中善于奔跑的特点相同。于是，虞就被吴人尊为图腾和族神，后来成了天虞，再后来逐渐演变成天吴。

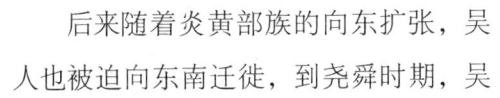

后来随着炎黄部族的向东扩张，吴人也被迫向东南迁徙，到尧舜时期，吴人许多的支部都迁徙到东南海滨、长江三角洲一带。从此，吴人告别了茂密的原始森林，而开始征服波涛汹涌的大海。那原来保佑他们狩猎时多有收获的族神天吴，也成了保佑他们渔猎时平安、丰收的水伯了。

句芒：东方之神

寻根求源：

《山海经·海外东经》中有语："东方句芒，鸟身人面，乘两龙。"

注：句芒，又叫春神，是主宰草木和各种生命生长之神，也是主宰农业生产之神。

故事传说：

东方之神句芒，是西方天帝少昊的儿子，又叫作"重"，其相貌是鸟的身子、人的面孔，驾着两条龙上天入地。相传，掌管春天的天帝是帝喾，他的属神是句芒；掌管夏天的天帝是炎帝，他的属神是祝融；掌管秋天的天帝是少昊，他的属神是他的儿子蓐收；掌管

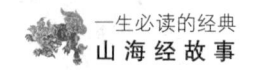

冬天的天帝是颛顼，他的属神是禺强。句芒是木神，是春天生长之神，又叫青帝，他和东方天帝帝喾共同管理着一万二千里的原野。

句芒在古代很受尊崇，每到立春时节，百姓都要祭祀句芒。那时候，人们身穿青衣，头戴青色的头巾，敲锣打鼓，极为热闹。这种风俗从周朝一直延续到清末民初。

此外，句芒还是生命之神。春秋时节，秦国的国君秦穆公是个贤王，曾经拿了五张羊皮将百里奚从楚国人手中赎回，委任他为国家的重臣；又厚爱百姓，赦免了三百个将他的马杀来吃的百姓，后来这些人感念他的恩德，帮助他打败了晋国的军队。相传有一次，秦穆公到了一座庙内，忽然进来一个神，长着鸟的身子、人的脸，面庞四四方方的。秦穆公见了吓得脸色发白，仓皇出逃。而那神却说："不必害怕，我是青帝句芒。天帝知道你施行仁政，派我来为你增加十九年的寿命，并使你的国家繁荣昌盛、六畜兴旺。"听罢这些，秦穆公立即叩头拜谢。

巴蛇：能吞象的贪心蛇

寻根求源：

《山海经·海内南经》有语："巴蛇食象，三岁而出其骨，君子服之，无心腹之疾。其为蛇青黄赤黑。一曰黑蛇青首，在犀牛西。"

注：在很多神话故事中，蛇一直是以阴狠、凶恶的形象出现的，

《山海经》对于巴蛇的描述，也是以贪婪的负面形象出现的。

故事传说：

传说在洞庭湖一带，有一种巴蛇，肤色呈现出青、黄、红、黑色混杂，色彩斑斓。巴蛇有百丈长，能够吞下一头大象，而且它在吞食大象之后经过三年的时间才能够将其消化干净，再吐出大象的骨头。据传，巴蛇的肉还具有预防心痛与肚子痛等病症的保健功效，但只对品德高尚者有用。也有人传，巴蛇其实是长着黑色的身子、青色的脑袋，盘踞在犀牛所居之地的西面。

巴蛇不但体形巨大，而且还会吃人。十个太阳炙烤着大地时，巴蛇就趁机出来吃人，占领了洞庭湖。渔夫、渔妇不知道被吞吃了多少。后来，后羿凭着高超的技能射掉了九个太阳，一鼓作气就将世间所有的吃人的怪物兽类都除掉，于是便到洞庭湖找到巴蛇。

后羿驾驶着一叶小舟在湖面上寻找巴蛇，找了极长的时间，突然远远发现巴蛇高昂着硕大无比的头，伸着枝杈般的红舌，向自己的小船冲过来。后羿拔箭射去，连连射中几箭，巴蛇还是没有死，于是后羿又拔出剑来，飞身骑到巴蛇身上，举起利剑向巴蛇的颈项砍去。巴蛇的鳞甲虽然坚硬无比，但终究还是抵不过后羿勇猛的劈砍，不一会儿的工夫，他就被砍开一道伤口，喷出一股腥臭的鲜血，染红了湖水。巴蛇疼得咝咝乱叫，卷起尾巴扑打后羿，后羿趁势用力一挥，巴蛇的尾巴被齐齐地斩了下来。后羿又用双手举剑连连向巴蛇的头猛刺过去，巴蛇挣扎了一番，终于浮在水面上不动弹了。后羿凭着勇猛终于将巴蛇斩为两段，蛇骨堆积湖畔，如一座山陵，后人就称此地为巴陵。

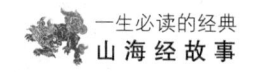

相柳：共工之臣

寻根求源：

《山海经·海外北经》有语："共工之臣曰相柳氏，九首，以食于九山。相柳之所抵，厥为泽溪。禹杀相柳，其血腥，不可以树五谷种。禹厥之，三仞三沮，乃以为众帝之台。在昆仑之北，柔利之东。相柳者，九首人面，蛇身而青。"

注：共工是上古时期的凶神，共工的大臣也是共工作恶的帮凶。

故事传说：

共工台在相柳东南，台是方形的，每个角上都有一条蛇，蛇身上的斑纹和老虎差不多，脸朝着南方。相柳原是共工的臣属，长相极为凶恶恐怖，他长有九个脑袋，面孔似人，但身子像蛇，呈青绿色。他的九个脑袋分别在九座山上吃食物。他一吞一吐，所触及的地方便会变成沼泽和溪流，且沼泽中的水苦涩无比，人兽都无法饮用。

在共工撞倒不周山之后，大地上洪水泛滥，鲧与其子大禹相继开始治理水患。但是共工却丝毫不肯甘休，依旧兴风作浪，派相柳去祸害河道。相柳到了大禹治水的地方，破坏江河堤坝上用来阻挡洪水的土，使河道中的洪水不断地溢出，四处泛滥。大禹见刚修好的河道被破坏得不成样子，前功尽弃，便决心用武力对付共工和相柳。在群神的帮助下，大禹打败了水神共工，杀死了罪恶难赦的相柳。

相柳在受死后，流出的血汇聚成河流，发出腥臭刺鼻的气味，其血所流经的地方寸草不生。大禹掘填被相柳血液玷污了的土地，填塞了好多次，每次都塌陷下去。无奈之下，大禹只好挖了一个池子，让血流到里面，并用挖出来的泥土为众帝建造了帝台，这就是所谓的"众帝之台"。

贰负神：杀戮之神

寻根求源：

《山海经·海内北经》有语："贰负之臣曰危，危与贰负杀窫窳，帝乃梏之疏属之山，桎其右足，反缚两手，系之山上木。在开题西北。"

注：贰负因为心中的仇恨将窫窳杀害，黄帝就将他与危一并终身监禁。

故事传说：

贰负神，人面蛇身，是诸多部落的图腾。因为他跑得极快，又喜欢杀戮，后来便成了武官的象征。

贰负神有一个臣子叫作危，对他向来是言听计从。同是人面蛇身的窫窳，则性情温顺和善，极受众人的爱戴，贰负神表面上与窫窳很是要好，私下里却对他怀恨在心，暗中吩咐自己的臣子危去杀害窫窳。危对贰负神的指令从未有过质疑，让他做什么他便去做什么，于是他就将窫窳给杀死了。

黄帝得知此事之后，十分愤怒，命令天将把贰负神与危拘禁在疏属山中，并且给他们的右脚戴上枷锁，还用他们自己的头发反绑住他们的双手，拴在大山中的大树下面。

传说几千年之后，西汉时期的汉宣帝命人开凿上郡的疏属山，结果在山上发现了一个密室，里面还有两个人，全身上下都裸着，被反绑着，一只脚上还戴着枷锁。人们不认识他们，觉得十分惊奇，便将二人运往长安，但是在途中这两个人都变成了石头人，不能动也不能说话。汉宣帝觉得很奇怪，便召集群臣询问这两个人的来历，然而却没有一个大臣能回答出来。后来这件事情传到当时有名的文学家刘向的耳朵中，刘向说："这两个人便是黄帝时期的贰负神与他的臣子危。"

冰夷：自在的河伯

寻根求源：

《山海经·海内北经》有语："冰夷人面，乘两龙。一曰忠极之渊。"

注：身为河神，冰夷不为河岸上的苍生着想，一发怒便以发洪水的方式使百姓遭殃，可谓是昏聩无道。

故事传说：

在古代神话中，冰夷是黄河的水神。他经常骑着两条龙，在江河之间巡游。冰夷又叫冯夷，长着人的面相，鱼的身子，因为是黄河之神，所以亦被人称为河伯。这位河伯本来是一位长得仪表堂堂的男子，白净的面孔，长长的身躯，当他以本来面目出现时，他的身躯下半段就像鱼的尾巴一般。

每天骑着龙在江河之间游览，过着极为潇洒自在的生活，他要求住在岸边的民众每年要给自己进献一位美女，才会答应不发大水。河伯的妻子宓妃是洛水的女神，她的美貌是世间少有的。但是面对贪婪的丈夫河伯，她也只是忍气吞声。一次偶然的机会，黯然伤神的宓妃遇到了后羿。后羿的妻子自从吃了仙药成仙后，后羿每天都是郁郁寡欢的。当他遇到宓妃后，一个是绝色美人，一个是旷世英雄，两人又同病相怜，很快便坠入了爱河。

很快，河伯听说他的妻子与后羿之间的事情，很是生气，决定亲自去找后羿算账，于是化作一条白龙，游于人间的河面上。他这一出来，在河面上引起了轩然大波，河面上洪水开始泛滥，河两岸的民众便遭了殃，使得百姓流离失所，无家可归，甚至一些百姓还被洪水活活淹死。后羿很是气愤，便弯弓搭箭，一箭射瞎了河伯的左眼。河伯打不过后羿，便负气逃走。这时的河伯已经意识到自己的错误，便回去找到妻子，真心诚意地向她致歉并悔过。宓妃也原谅了河伯，两人开始了新的生活。

王子夜尸：尸分异处

寻根求源：

《山海经·海内北经》有语："王子夜之尸，两手、两股、胸、首、齿，皆断异处。"

注：王子即王亥，是个有才能、有眼光的人，可因为爱上了不该爱的人，最终惨遭杀害，令人叹息。

故事传说：

《山海经》此处所说的"王子夜尸"即指的是王亥的尸体，他的两只手、两条腿、胸脯、脑袋、牙齿都被斩断，分散在不同的地方。王亥被人尊为"商祖"，也就是商朝的祖先。

王亥制造了驯养与运输牛羊的工具，改良了驯牛的方法，使部落的畜牧业得以快速发展。之后，部落所积蓄的财物便越来越多，王亥就带领族人，驾驶着牛车经商。他们所经之处，人们得知他们是从商朝而来，便叫他们"商人"，这个说法一直沿用到今天。因此，王亥也便成了"华商的始祖"，即最早进行商品交易的人。

相传，有一次王亥行至有易（今天的河北易县）经商，有易的国君绵臣款待了他。但是王亥却对有易国的王妃产生了爱慕之情，并且两人还发生了苟且之事。国君绵臣知晓后非常生气，便派人将王亥杀死，并将其尸首肢解，分散各地，情景真是惨不忍睹。王亥死后，他的儿子微为了给父亲报仇，便叫上河伯，一起去讨伐有易国，并且杀死了国君绵臣。而河伯不赞成微赶尽杀绝的做法，便偷偷地放走了有易国的无辜百姓，并帮助他们建立了新的国家：摇民国。摇民国，也叫作嬴民国，国人就是秦人的先祖。

雷神：龙身人头神

寻根求源：

《山海经·海内东经》有语："雷泽中有雷神，龙身而人头，鼓其腹。在吴西。"

注：黄帝为了赢得与蚩尤的战争，将雷神身上的骨头取下来做鼓槌，有点损人利己的意味。

故事传说：

雷泽中居住着一位雷神，他长着龙的身子、人的脑袋，时常在雷泽中游戏玩耍。据说他时常拍打自己的肚皮玩，他一拍肚皮，就会发出轰隆隆的雷声。

在黄帝与蚩尤大战的时候，雷神也曾参与其中。当时蚩尤的军队很是凶恶，黄帝这边的士气有些低落，黄帝很是心焦。后来他想出了一个主意，便制作了一面能够发出巨大响声的军鼓，以此来鼓舞士气、威慑敌人。于是他捉住了一头夔牛，用它的皮制成了一面战鼓。但是这面战鼓却需要一双特殊的鼓槌。于是，黄帝把主意打到了雷神的身上。他派了许多人，费尽心思抓住了雷神，然后抽出他身体里面最大的一根骨头，制成了一根鼓槌。此后，黄帝的军队士气大振，最终打败了蚩尤的军队。而雷神则因为少了一根骨头，便再也不能像之前那样展示他的勇猛了。

应龙：黄帝最忠诚的属下

寻根求源：

《山海经·大荒东经》有语："应龙处南极，杀蚩尤与夸父，不得复上。故下数旱。旱而为应龙之状，乃得大雨。"

《山海经·大荒北经》有语："蚩尤作兵伐黄帝，黄帝乃令应龙攻之冀州之野。应龙蓄水，蚩尤请风伯雨师，纵大风雨。"

注：应龙不计报酬地帮助黄帝大败蚩尤，后又帮助大禹治水，

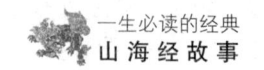

在神话中，他可谓是正义之神。

故事传说：

应龙是一种龙，但是与现今流行的龙有所区别。他背生双翅，鳞身脊棘，头大且长，嘴尖，鼻、目、耳皆小，眼眶大，眉弓高，牙齿利，前额突起，颈细腹大，尾尖长，四肢强壮，宛如一只长着翅膀的扬子鳄。

在神话传说中，应龙是黄帝最为忠诚的属下，他曾经跟随黄帝四处征战，立下过汗马功劳。黄帝与蚩尤大战时，应龙是黄帝的主力干将。双方正打得难解难分，黄帝命令应龙向蚩尤的军队喷水。应龙张开巨口，江河般的水流喷涌而出。蚩尤毫无防备，被冲了个人仰马翻。待蚩尤反应过来，急令风伯、雨师掀起狂风暴雨向黄帝阵中打去。只见地面上洪水暴涨，波浪滔天，情况很是危急。这时候，黄帝便请女魃施展神法，刹那间从她身上发出滚滚的热浪。她无论走到哪里，哪里就风停雨消，烈日当头。风伯与雨师对此无计可施，黄帝便率军队追上前去，大杀一阵，蚩尤大败而逃。

应龙在战争中曾经立下过大功，但由于消耗能量过大，沾染了世间的浊气，再也无力振翅飞天，于是便来到南方，蛰居在山泽里面，所以南方才会多雨。后来大禹治水时，应龙又热心帮忙，用龙尾在地面上划出河道，引导河水流向大海。

刑天：不屈的战神

寻根求源：

《山海经·海外西经》有语："刑天与帝争神，帝断其首，葬之常羊之山。乃以乳为目，以脐为口，操干戚以舞。"

注：古人塑造刑天这样一个形象，亦表现了人类与自然相搏斗的不屈不挠的战斗精神。

故事传说：

刑天是炎帝手下的一位大臣，他生平酷爱音乐，曾为炎帝创作乐曲《扶犁》，作诗歌《丰收》，应总称为《卜谋》，以歌颂当时人民幸福快乐的生活。

后来黄帝称霸中原，刑天不服，非要去与黄帝争个高低。但是刑天不是黄帝的对手，几个回合下来，头就被黄帝给砍掉了。刑天一摸脖子，没有了头颅，心里很是发慌，忙将右手的板斧移到握盾的左手中，蹲下身在地上面乱摸。周围的大山小岭都被他摸了个遍，那参天的大树、突兀的岩石，在他的巨手下都被折断了，弄得到处烟尘弥漫，木石横飞。

黄帝担心刑天摸到头颅后，再放到脖子上面合拢起来，便举起宝剑向着常羊这么一劈"哗啦"一声，一座大山，中分为二，刑天的头颅"骨碌碌"地滚入山中，大山又合二为一了。正蹲在地面上摸索着头颅的刑天突然站起身来，一只手移着大板斧，一只手拿着那面盾，向着天空胡乱挥舞，继续和眼前看不见的敌人拼死决斗。

此后，他成了一位无头天神，以上半身为脸，双乳为目，肚脐为口，络腮胡须，面带笑容。古代有一种叫作"干戚"的舞蹈，其中就模仿刑天的这一形象，借此表现不屈不挠的战斗精神。

羲和：太阳之母

寻根求源：

《山海经·大荒东经》有语："东南海之外，甘水之间，有羲和之国。有女子名曰羲和，方浴日于甘渊。羲和者，帝俊之妻，是生十日。"

《山海经·海外东经》有语："下有汤谷。汤谷上有扶桑，十日所浴，在黑齿北。"

注：根据羲和生了太阳一说进行推测，她应为创世之神。

故事传说：

羲和是中国神话故事中太阳神之母的名字。据传，她是帝俊的妻子，与帝俊共生了十个儿子，都是天上的太阳。他们住在东方大海的扶桑树上，扶桑树大概有万米多高。十个孩子轮流在天上值日。每个孩子在值日前，羲和都会亲自驾着六条龙拉着的太阳车，护送孩子们。一个太阳回来了，另一个太阳才会出去，所以人们总是看到一个太阳。孩子们每天回来之后，她就会在汤谷给孩子们洗澡。汤谷中有一棵大树，生长在沸腾的水中，就是他们居住的扶桑树。

因为每天都要轮流值班，十个孩子有些腻了，不愿意事事都顺从母亲的安排。有一天早上，十个太阳突然一窝蜂地跑出去，也不

按照预定的路线走，而是在天空上面乱窜。孩子们的胡闹，导致大地非常炎热，地上的庄稼都旱死了，湖泊里面的水也干涸了。后来便有了后羿射日的故事，此后，天下也便只剩下一个太阳了。

根据上古传说，羲和不仅是太阳们的母亲，她掌握着时间的节奏，每天由东向西，驱使着太阳前进。因为有这样不同寻常的本领，所以她也是制定时历的人。

常羲：月亮之母

寻根求源：

《山海经·大荒西经》有语："帝俊妻常羲，生月十有二，此始浴之。"

注：根据常羲月十有二推测，她应该为创世之神。

故事传说：

常羲又被称为"月亮之母"，她是帝俊的另一个妻子，与帝俊一共生了十二个女儿，也就是十二月亮。这十二个姑娘长得一模一样，每一个都有饱满圆润的脸庞。与十个太阳一样，她们也都是轮流值班，不过是一个月轮换一次。每次，常羲也都是亲自驾着马车送她的女儿们去值班。每天当黑夜降临的时候，月亮便会从天空中发出柔和的光芒，驱除黑暗，为人们带来欣慰。

每个姑娘值班回来，常羲都会带着她去一个隐秘的地方洗澡。因为太过害怕别人的窥探，所以并没有透露具体的位置，别人只知

道是在大荒西边的原野上面。与太阳相比，月亮姑娘们都很喜欢打扮自己，每天都会穿不同的衣服，所以每天晚上的月亮都不相同，她们很多时候会在头上戴个头巾，遮住自己的脸蛋儿，于是我们看到的月亮才会有圆有缺。

与顽皮的太阳比较起来，月亮乖巧听话，总是尽职尽责地完成任务，就这样日复一日，年复一年。每天晚上在美好的月亮的照拂下，调皮的孩子能够尽情地玩耍嬉戏，劳累一天的大人们能够安静地休息。有时人们会盯着天上的月亮，尽情地发挥他们的想象力，吟出美好的诗句或者讲出美好动听的故事。

夏后启：亦神亦人

寻根求源：

《山海经·海外西经》有语："大乐之野，夏后启于此儛《九代》，乘两龙，云盖三层。左手操翳，右手操环，佩玉璜。在大运山北。一曰大遗之野。"

注：据史书记载，禹本是想将首领之位让予伯益的，但是其部族内部的民众却支持启，自此之后，中国历史的世袭制代替了禅让制，"公天下"也变成了"家天下"。

故事传说：

夏后启是禹的儿子，他是夏朝的第二个君王，也叫夏启，夏朝的君王都被尊称为后，所以叫作夏后启。在大禹死后，夏后启通过武力征伐伯益，将其击败后继位，成为中国历史上由"禅让制"变为"世袭制"的第一人，自此，宣告原始社会结束，开始了奴隶社会，启也是传统上被公认的中国第一个帝王。他登上帝位后，迁都到大夏（今汾浍流域），建都安邑（今山西夏县西）。此后，又通过甘之战，击败强有力的有扈氏，消除了华夏族内的反对势力。

在神话中，夏后启最为奇特的就是他奇特的出生环境。大禹治水十三年，三过家门而不入，他的妻子涂山氏极为贤惠，不愿意在家中苦等煎熬，就跟他一起去治水。有一天，大禹变成了一头大黑熊，他妻子又惊又怕，扔下饭篮就跑。她一直跑到嵩高山的山脚下，化作了一块石头。大禹一直在后面追赶，见涂山氏变成一块石头不理他，就生气地冲石头喊："快还我儿子来！"这时石头突然裂开，蹦出一个男孩，这个男孩便是启，"启"意为裂开的意思。

在神话中，夏后启的相貌也极为奇特：耳朵上面挂着两条青蛇，驾着两条龙，脚下还踩着三层云彩。他左手拿着一把羽伞，右手拿着一个玉环，身上还配着玉璜。夏后启曾经三次乘飞龙去天帝那里做客，还将天乐《九歌》《九辞》偷偷地记录下来。到了凡间，就将这些歌修改了一下，改名为《九韶》，在大乐之野让乐师们演奏。

夏后启在位时，发生了武观之战，以至于政局动荡。他为了维护自己的统治地位，一生四处征战，最终病死，葬于安邑附近。

结匈国：胸部凸起的国度

寻根求源：

《山海经·海外南经》有语："结匈国在其西南，其为人结匈。"

注：这里的"匈"通"胸"，结匈即为胸部有凸起。结匈国里的人，都长着像鸡一样尖削凸出的胸脯，就像男人的喉结一样。

故事传说：

在神话传说中，结匈国，位于灭蒙鸟的西南面，他们住的地方

一生必读的经典
山海经故事

叫作南山。国内的人都长着鸡一样的胸脯，胸部的骨头凸起一大块儿。他们将长虫叫作蛇，而将蛇叫作鱼。

古赤水起源于青藏高原，东南流，注入南海，又称作南赤水。结匈国的位置恰好就在南赤水的西面。结匈国有一种鸟，长得极像野鸡，羽毛青中带红，仅有一只翅膀、一只眼睛和一只脚。想要飞翔的时候，必须两只鸟的翅膀配合起来，否则只能在地上面蹦着走，这便是传说中的翼鸟，也叫作蛮蛮鸟。

据传，结匈国是炎帝的后裔。当年黄帝与炎帝为了争夺地盘，在阪泉之野打了一场大仗，这一战的结果是炎帝部落并入黄帝的部落。炎帝虽然服输了，但并非炎帝部落所有的人都愿意归降黄帝，不甘屈服的人们在吴国的领导下继续反对黄帝轩辕氏。他们顽强抵抗，尽全力保卫家园，但终因寡不敌众，败于雨母山。首领吴回被俘，后被处死。

吴回死得极惨，先是被砍断了右臂，然后又被重器击胸而死，称为"结匈"，活下来的人将吴回的尸骨葬于蜀地，并在此定居下来，后来形成一个强大的部落，这便是结匈国。"结匈国"后来发展成为"共工国"，又被称为"大夏"。

羽民国：身长羽毛的国度

寻根求源：

《山海经·海外南经》有语："羽民国在其东南，其为人长头，身生羽。一曰在比翼鸟东南，其为人长颊。"

《山海经·大荒南经》亦有语："有羽民之国，其民皆生毛羽。"

注："羽民国"是以国人全身长羽毛而得名的国度，但他们却不像鸟儿那样有高超的飞翔技能。

故事传说：

在结匈国的东南面，生活着一群十分奇特的人，他们长着一颗如鸟一般的长长的头，身上长满了羽毛，背上甚至还有一对翅膀，他的眼睛呈红色，头发是白色的，这就是羽民国。相传，羽民国因为鸢鸟比较多，民众都是以鸟蛋为食，因此身上都沾染有仙气。据记载，羽民国里的国人都是从鸟蛋里面孵化出来的，他们可以飞，但是翅膀却极为短小，飞不远。

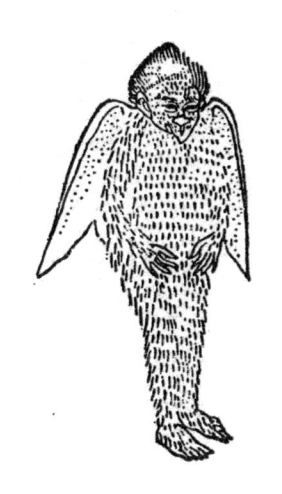

道家人认为，神话中所描述的羽民国与修道的过程有着渊源。人学道修行，最开始的境界就是长生不死而成为地仙；再继续修行，达到更深的境界后便真正得道，身上长出羽毛，向上飞升而成为天仙，这就是"羽化登仙"的由来。

据考古学家所说，羽民国是真实地存在的，他们隶属于蚩尤部落。他们信仰、崇拜鸟兽图腾，因此被称作羽人或者羽民。

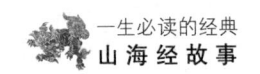

讙头国：以捕鱼为食的国度

寻根求源：

《山海经·海外南经》有语："讙头国在其南，其为人人面有翼，鸟喙，方捕鱼。一曰在毕方东，或曰讙朱国。"

注：这里的"鸟喙"指长有鸟的嘴巴。

故事传说：

讙头国位于羽民国的东南面，那里的人相貌与常人很相似，不同的是，他们的脊背上生有一对翅膀，脸上长着一张鸟嘴，平时用嘴在海里面捕鱼吃。与羽民国不同的是，讙头国国人虽然长有羽翼，却不能飞翔。翅膀对他们而言，只是走路支撑他们的拐杖。奇怪的是，这里的国人以鱼为食，他们每天都扶着翅膀，成群结队地在海边巡游，用他们的鸟嘴伺机在海里捕鱼作食。

据史料记载，讙头国又叫讙朱国，实际上应该叫丹朱国的，因为他们都是丹朱的后人。丹朱本是尧的儿子，因为他反对父亲的统治，便遭到放逐。丹朱几次都带领军队反叛尧，但都以失败告终。最终在悲愤之余，跳海自杀而死。而他的子孙便在南海繁衍成了这么一个国家。

实际上，丹朱是个性情十分暴戾的人，他经常会对着仆人大发脾气，并且还殴打和虐待仆人。在尧时期，洪水极为迅猛，丹朱出去玩耍，总是要坐船。后来大水被禹治理好了，而丹朱出行还总是想着坐船，可在陆地上，船根本走不动，而丹朱便让仆人不分昼夜地推着船走。后来，丹朱之所以起兵造反并以失败告终，就是因为他的暴虐行为不得人心。

厌火国：口能吐火的国度

寻根求源：

《山海经·海外南经》："厌火国在其南，其为人兽身黑色，火出其口中。一曰在讙朱东。"

注："厌火国"的国人并不"厌火"，他们能将火玩于股掌之中。

故事传说：

在讙朱国的南面有厌火国。厌火国的国人长得很丑陋，身体呈黑色，外形像猿猴，浑身都是黑色的毛发。他们的国名虽称"厌火国"，但其国人丝毫不厌恶火，相反，他们还有一项看家本领，那就是可以从嘴里面喷出火来，一张口，一条长长的火焰便吐出，热浪滚滚，极为壮观。传说他们之所以有这样的本领，是因为他们平时都以火炭为食。饿了，就吃几块火炭充饥；一张嘴说话，嘴角都会冒火星子。

厌火国的国人，因为嘴里能冒火，他们身体本身就似一个火炉。所以他们便不知道寒冷为何物，他们也不怕热，因为他们每天都生活在火焰中。但他们也有烦恼，是一种生活在他们国度里的异兽祸斗带来的。祸斗的外形很像狗，通体黑色，毛发泛着闪亮的光泽，它们是火神的助手，非常神气。

祸斗平时以火焰为食，每次当雷神驾到的时候，祸斗便会紧跟其后。雷神不小心在森林中点起了火，祸斗便会冲上前去，大口大口地吞食火焰。没事的时候，祸斗常常聚集在厌火国。但是祸斗极不讲卫生，经常会随地大小便，它们的排泄物也是火焰，为此，常常会引起火灾。因此，厌火国的人很是讨厌祸斗，这也是他们的国名"厌火国"的由来。

不死国：长寿之乡

寻根求源：

《山海经·大荒南经》中有语："有不死之国，阿姓，甘木是食。"

注：其实，现实中真正存在的"不死国"的国人并非会长生不死，而指的是一个"长寿之乡"。

故事传说：

在三苗国的东面有一个国度叫不死国，那里的人都姓"阿"，他们平时都以不死树为食物。据传，吃了这种树的人可以长生不老，所以，这个国度叫作"不死国"。这里的人肤色黝黑，眼睛和牙齿却呈白色，国人的年岁看上去并无差别。

据传，不死国的国民行动十分缓慢，不劳作。同时，这个国家也不分男女，没有性别之分，他们也没有生育能力。其实，所谓的"不死国"的国民，并不是一直不死的，人到了一定年岁后也会死去。但是在死去120年之后能复活。所以，不死国国民都将死亡叫作睡觉，而将活着叫作梦。

真正能使不死国国民长生不死的，除了食用了不死树外，还有另一个原因。不死国有一条长河，河里流出的都是红色的泉水，人饮了它也可以延年益寿，拥有不老之身。

实际上，生命万物都是遵循新陈代谢的自然规律的，真正的"不死国"在现实世界中，指的应为"长寿之乡"，那里的人因为拥有良好的自然环境与极好的生活规律，所以能够长寿不老。

一目国：只长一只眼睛的国度

寻根求源：

《山海经·海外北经》中有云："一目国，在其东，一目中其面而居。"

《山海经·大荒北经》中亦有云："有人一目，当面中生。一曰是威姓，少昊之子，食黍。"

《山海经·海内北经》中有云："鬼国在贰负之尸北，为物人面而一目。"

注："一目国"因国人只长一只眼睛而得名，实际上它是一个拥有高度发达文明的神秘国度，国人因戴有一只眼睛的面具而得名。

故事传说：

根据《山海经》记载：一目国位于钟山的东面，这里的人相貌极为特别，一个脸面上只有一只眼睛竖在中间，赤身光脚，腹部系着一个围腰。据传，一目国并非异族怪兽之类的物种，而是黄帝长子少昊的后人，也算得上是高贵的帝裔了。

一目国的人都以"威"为姓，以黍米为食物。他们因为长相怪异而被其他的部族歧视,因为姓"威",还被人叫作"鬼",因此他们的国度也便成了鬼族。

其实,一目国在现实中是存在的,在史前中亚,它是一个十分强大而且异常发达文明的神秘国度。他们的国人因为时常戴着独目的面具,以此而得名。据考证,一目国位于新疆青河县东北部,准噶尔盆地东北边缘,阿尔泰山分水岭处,与蒙古国接壤的三道海子山谷。

这个山谷约六七公里,宽仅二三公里,有三个高山湖泊,均由高山雪水融汇而成,中有小河环绕形成一些小湖泊,山水相映照,空气清新怡人,鱼游鸟鸣,风景十分秀丽,海拔高度约2700米。哈萨克语称此地为"玉什库勒",意即三个湖。三道海子山谷道路景色极为壮观,是成吉思汗西征古道,至今仍是人迹罕至的未开发地区。自2000年发现该山谷的人文遗迹后,可谓轰动了国内外。山谷有近百个在地上摆着不同形状的石阵石圈,为独目人部族的墓葬,有高达22米、周长达700米的巨型陵墓。

青丘国:九尾狐部族的居所

寻根求源:

《山海经·南山经》中有云:"又东三百里,曰青丘之山。……有兽焉,其状如狐而九尾,其音如婴儿,能食人,食者不蛊。"

《山海经·海外东经》亦有云:"青丘国在其北,其人食五谷,衣丝帛。其狐四足九尾。一曰在朝阳北。"

注：在上古时期，九尾狐部族有极为尊贵的地位，是一种极为强大的高级生灵。

故事传说：

在泗水上源附近，有个国度叫青丘国，青丘国有一种长相奇异的兽类叫作九尾狐。他们的身形如狐狸一般，后部有九条尾巴。他们的叫声如婴儿一般，能吞食人，吃了它的肉就能使人不中妖邪毒气。在青丘国，除了九尾狐外，还有人居住，但这里的居民，是正常的人类，食五谷，衣丝帛，也没有不寻常的外貌。九尾狐一般能与人类和谐相处，并不会无缘无故去吞食人类。

其实，青丘国是九尾狐老狐狸修道成仙的地方。他与大荒中一名叫奢比尸神的住在一起，奢比尸神的身形似兽，面孔似人，耳朵似狗，两耳垂各挂着一条青蛇的这个神就是奢比尸。青丘国附近，还有天山上住着的神帝江。帝江远远看去，身形似黄色的皮囊，近看起来，他的皮肤红如火，长有六只脚和四只翅膀，精通歌舞。

这个青丘之国物产丰饶，四季如春，不但居住着神的子民，也繁衍生息着各种各样的妖怪种族。这里和凡间是截然不同的两个世界，在这里没有任何固定的法则，不论是妖怪、神民，还是人类都是以各族的族规为距，虽然有少许的杀戮，但也只限于部族与部族之间的世仇，从未影响过其他生活在这里的居民。强者为尊，强大者往往什么都是对的，这是每个居住在这里的居民都明白的道理，是必须遵守，也是不得不遵守的条约。

青丘国中，九尾狐族在这里有着绝对的地位，没有任何的种族敢轻视九尾一族，即使是上古遗留的强大神民。九尾狐族精擅各种攻击和幻变的法术，他们又以家族为单位生活在青丘各地，各个家

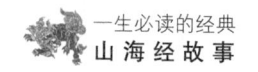

庭间一呼百应，虽然说是分散居住，除了距离远了点外，和群体居住在一起没有任何区别。九尾狐族在青丘国中，有着如同人间皇族一般的地位，各个部族都对九尾狐一族非常尊敬。同时九尾狐一族也是最为高傲的种族，他们很少与外族的人来往，而能与九尾狐一族成为朋友的"人"，可以说凤毛麟角。即使是中华国内的人去邀请他们议事，他们也是只派几个代表在其中巧妙地周旋，从不过多地介入，特别是一些关于各族仇杀的问题。也因此九尾狐一族得到了很多同样高傲种族的尊敬。九尾狐一族，按照修为的深浅分为五种，分别是灵、妖、魔、仙、天；灵狐最弱，妖狐次之，魔狐再次，仙狐较强。至于天狐，更是传说中的存在，在青丘国中基本上是不可能见到的，所以仙狐算得上青丘国中最为强大的一种高级生灵。

三苗国：身长翅膀的国度

寻根求源：

《山海经·海外南经》有语："三苗国在赤水东，其为人相随。一曰三毛国。"

注：据史料记载，唐尧将天下禅让给了虞舜后，遭到了三苗部族首领的非议。后来，苗人反叛，乘船漂流到了南海，才建立了三苗国。

故事传说：

根据《山海经》所述，三苗国位于赤水的东面，那里的人都生有翅膀，但是翅膀却很小，而且生在腑下面，所以只能用来观瞻而不能飞行。三苗国的人有一个特点，他们都是一个人跟着一个人亦步亦趋地行走的，看起来十分怪诞。

历史上真实的三苗国，在尧时期已经立国了。三苗与尧同为羌人，而后来，尧将天下让给了东夷族的舜，这让三苗族很是不服气，便发生了叛乱。于是尧便发兵征讨，在丹水打败了三苗族。之后，尧就将三苗族的首领驩兜流放到崇山，而三苗族人中的一部分被流放到中国西北的三危山，即现在的甘肃敦煌一带。

后来，舜执政后，为了让三苗部族臣服，一方面在三苗部族内部发展生产，巩固联盟内部的团结，采取了文教感化与武力征服相结合的政策；另一方面又进一步采用分化、瓦解的政策，通过军事迫使三苗部族离开本土，让他们其中的一部分不断地向东南迁移，他们翻过了终年积雪的西秦岭，再渡过嘉陵江上游而进入了汉水流域，后来，这些三苗部族与羌人不断融合，演化成了中国古代的"羌族"。

无肠国：无肠子的国度

寻根求源：

《山海经·海外北经》有语："无肠国在深目东，其为人长而无肠。"

注：《山海经》中对于无肠国的描述，更深层次地反映了远古时期食物或资源的极度匮乏。

故事传说：

《山海经》中对于无肠国的记载极少，说它位于深目国的东面，那里的人们身材很高，腹内却无肠。实际上，无肠国又叫无腹国，是无启国人传下来的子孙后代。在传说中，无启国人都居住在山洞之中，没有男女之别。仅靠呼吸空气为主，偶尔还会捡拾泥土食用，

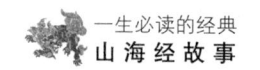

或者有人说他们能够修炼一种食气的内家功夫。他们死后就埋入土中但心脏却依然能够跳动，尸体也不会腐烂。等到一百年以后，他们又能够复活，再从泥土中爬出来重享人生之乐。如此地周而复始，往返延续，以至于这里的人尽管没有后代，家族却依然人丁兴旺。而无肠国则是无启国传下来的子孙后代。说他们无肠就是形容他们的肠胃极短，并非没有肠子。他们吃下去的食物，通常还未消化便通过一段肠子排泄出去。所以，他们要不停地吃喝，才能够维持身体的正常需求。

其实，远古时期，人们对于无肠国的塑造，反映了在那个食不果腹的时代，人们潜意识中对于饥饿的忧虑，对于温饱的渴望。

据传，无肠国的人是分等级的，低一等级的人只吃高一等级人的排泄物。这样可以使食物往复循环，得以利用。这也表明，在远古时代，食物的匮乏与民众生活的疾苦。

寿麻国：炎热异常的国度

寻根求源：

《山海经·大荒西经》有语："有寿麻之国。南岳娶州山女，名曰女虔。女虔生季格，季格生寿麻。寿麻正立无景，疾呼无响。爰有大暑，不可以往。"

注：根据《山海经》所述，寿麻光下无影，疾呼无响，貌似太空人一般的存在。

故事传说：

寿麻国是一个极为神奇的国家，据《山海经》所述，麻寿国人是南岳的后代。南岳娶了州山的女儿，她的名字叫女虔。季格是女虞后裔，寿麻是季格后裔。寿麻站在太阳底下，却没有影子，向四方高声疾呼却没有回响。这里异常炎热，人无法前往。

据传，在寿麻还是部落首领的时候，他所居住的地方发生地震，海水肆虐，大地沉没。寿麻提前便预测到了这场灾难的来临，便率领自己的部族向北逃生，逃到后来的寿麻国。这里的气候虽然恶劣，却能够保住性命，算是不幸中的万幸了。过了几年，在这里安定下来之后，有人思念故土，便又向南去原地探访，发现原来居住的陆地已经变成一片茫茫的大海。部落里的人们都感激寿麻，就推举他做了君主，因此这个国家叫作寿麻国。

聂耳国：长有大耳朵的国度

寻根求源：

《山海经·海外北经》有语："聂耳之国在无肠国东，使两文虎，为人两手聂其耳。县居海水中，及水所出入奇物。两虎在其东。"

注：聂，通"摄"，即指握、持的意思。"县"通"悬"，即指聂耳国在孤悬于海中的小岛上面。

故事传说：

据《山海经》所记述，聂耳国又叫巨耳国，它位于无肠国的东面，四面临海，国人身边经常跟着两只花斑大虎，以保护他们的安全。聂耳国人最为突出的地方，便是耳朵巨大，耳朵都垂到腰部了，走路的时候双手捧着耳朵才能前行。他们每个人的双耳就像两片蛤蜊，恰好能将人裹在当中。到了睡觉的时候，可以一只耳朵当作毡子，一只耳朵当作被子。还有双耳特别大的人，生下的子女，都可以睡在里面。

关于巨耳国，一个人曾经有过这样的疑问："根据中国古代的面相学，耳朵大的人长寿。巨耳国之人的耳朵都已经垂到了腰部，那他们国度的人必定都是长寿者。"对此疑问，一位智者这样回答道："据老夫调查，这个国家自古以来，从来没有福寿超过七十岁的人。"

那人又问道："这是为什么呢？"那位智者回答说："这是过犹不及。耳朵过于长了，反而没多大用了，耳朵过于长了，寿命反而减少了。"

当年汉武帝刘彻问东方朔："朕听相学书籍讲，人的人中长度到一寸，那个人必定百岁的寿命。现今朕的人中长约一寸多。似乎可以享百年以外的寿命了，将来可能这样吗？"

东方朔回答："当年彭祖筴铿享八百年寿命。若是这般说来，他的人中自然比脸还长了——恐怕没有这事。"

氐人国：美人鱼的国度

寻根求源：

《山海经·海内南经》有语："氐人国在建木西，其为人人面而鱼身，无足。"

注：氐人国，"其为人人面而鱼身，无足"，如此推断，它应是美人鱼的故乡了。

故事传说：

氐人国为炎帝的后裔，这个国家的人们都长着人的面容，鱼的身体。即腰以上是人，腰以下是鱼，只有鳍却没有

脚,与西方人所说的美人鱼十分相似。因为他们是炎帝的后裔,所以颇有神通,能够在天地之间任意地往返。

据说,河伯冰夷就是氐人国的人。他们的样子与氐人国的人相差无几,也长着人的面孔、鱼的身体,是黄河的河神。但是,自从河伯冰夷的眼睛被后羿射瞎之后,他便变得十分暴虐,经常使黄河之水泛滥成灾,使河岸上的民众受灾。

而且,河伯冰夷不仅残暴,个性还十分贪婪。有一次,孔子的弟子澹台子羽带了一块价值连城的玉璧要渡黄河。冰夷知晓之后,便派波涛之神阴侯带了两条蛟龙,试图夺走玉璧。"想要玉璧,可以求我;想要用武力夺取,可不行!"澹台子羽说完抽出宝剑,与两条蛟龙奋力搏斗,不一会儿的工夫,两条蛟龙便被绞杀。阴侯也赶紧躲起来了。

过了河之后,澹台子羽就将玉璧扔到河中,轻蔑地说道:"贪婪无耻的河伯,将玉璧拿去吧!"谁知波浪却将玉璧送上岸。澹台子羽又一次把玉璧扔到河中,又被送上来,连扔三次都是如此。也许是胜利者的施舍让河伯感到羞耻吧,所以他不断地将玉璧送上岸去。最终澹台子羽就将玉璧摔得粉碎,扬长而去了。

君子国:斯文人的国度

寻根求源:

《山海经·海外东经》中有语:"君子国在其(奢比尸)北,衣冠带剑,食兽,使二文虎在旁,其人好让不争。有薰华草,朝生夕死。一曰在肝榆之尸北。"

注:君子国是人们对于理想社会的渴求描述,就像一个五彩闪

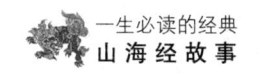

亮的肥皂泡，只轻轻一触，就破灭了，消失得无影无踪，这样的国度在现实中只是一个虚幻的存在。

故事传说：

奢比尸的北边是君子国。君子国的人个个衣冠楚楚，边幅修列，腰间佩戴着宝剑，文质彬彬。他们都饲养野兽，身旁总有两只大老虎。他们性格谦和，为人忍让不好争斗。君子国有一种植物，名叫薰华草，寿命极短，早晨生长，到晚上便会死。

据说，在君子国中，连田间劳作的农民都是相互礼让，讲求谦和互助。比如谁家的庄稼没有收割完，其他人便会主动去帮忙；谁家缺吃少穿了，其他人家都会伸出援助之手。国人走在路上，无论是官员还是百姓，贵族还是贫民，举止言谈都礼貌有加。

在君子国的集市上面，人人都以自己吃亏、让别人占便宜为值得高兴的事情。也就是说，在这里做生意，卖东西讨价还价，不是为了卖个好价钱，而是让人得到实惠。而买东西的人，也要拼命地讨价还价，也不是为了占到便宜，而是为了让卖家多赚一点儿。所以，那是一个极为和谐、友爱的理想国度。

但是，君子国是远古时期，是人们对理想社会的虚幻构想，这种社会必须要建立在物质文明高度发达的基础之上。

三身国：一首三身的国度

寻根求源：

《山海经·海外西经》有语："三身国在夏后启北，一首而三身。"

注：三身国在夏后启所在之地的北边，该国的人都长着一个头，却有三个身体。他们都姓姚，以黍为食品，能使唤四鸟，应该是属于鸟族的。

故事传说：

帝俊是中国古代神话中的上古帝王，在《山海经》中曾多次出现，地位极高，但是后世对他的记载却极少。这是因为帝俊是商王朝所信奉的最高神，也是东夷部落所供奉的最高神灵，所以关于他，知者甚少。后来，商王朝被周王朝所取代之后，东夷也就成了被统治者，周王朝所信奉的神灵也取代了商王朝的神灵，周人所信奉的黄帝便取代了帝俊的地位。

周朝建立之后，曾经对强大的东夷保持着高度的警惕，并采取了分化、高压政策，以期他们不背叛大周。因为忍受不了周王朝的高压政策，东夷部落开始不断地四处迁移。其中隶属于其分部的三身国便逃到了大荒西面。三身国属于帝俊的后裔，相传帝俊有三位妻子，除了羲和与常羲外，他与第三位妻子所生的孩子就是一首三身，他们的后代繁衍生息，便有了后来的三身国。

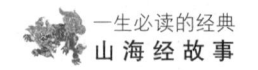

三身国之人都是一个脑袋、三个身子，他们都姓姚，以黍为食，已经学会了用火，并且能够驯化并且驱使虎、豹、熊、罴四种野兽，他们身边总有四只鸟得以相伴。

毛民国：全身长毛的国度

寻根求源：

《山海经·海外东经》有语："毛民之国在其北，为人身生毛。一曰在玄股北。"

注：根据《山海经》记述，毛民国的国民应该为猿类在演化成人类之前的一个阶段。

故事传说：

根据《山海经》记载，在海外的东北方，玄股国的北边有个原始的部落叫作毛民国，生活在这里的人都浑身长着长长的毛发。他们看起来与猿类极为相似，却是人形，会直立行走，会使用工具。

据传，毛民国坐落在某森林里的山脚下的一块黄土高地上，其居民住的房屋多是挖的山洞，这些山洞围绕的地方有个大的广场，广场上有只鸟的雕像，是毛民国的国家徽标。

毛民国的国民说起话来，口齿极不清晰，他们彼此间只是用极为简单的词语来沟通交流，同时他们不会种庄稼，而是以森林中的野果为生，他们过着极原始而又自给自足的生活。

据传，毛民国因为较为落后，经常会遭到周围部族或野兽的侵袭，一旦受到外部力量的侵扰，毛民国的国民便会变得异常团结，一致对外，哪怕是牺牲生命也在所不惜。

女子国：女人为王的国度

寻根求源：

《山海经·海外西经》有语："女子国在巫咸北，两女子居，水周之。一曰居一门中。"

注：女子国所折射的只是母系氏族人们对于生育的狭隘认识。

故事传说：

提及女儿国，人们最容易想到的莫过于吴承恩《西游记》中的"西梁女国"。吴承恩所描绘的这一国度，全是女人，无男子。女子年满二十岁之后，便可以饮用子母河里的水，饮用之后便会觉得腹痛有胎。三日之后，到迎阳馆照胎水边去照，若照得有了双影，就会降生孩儿。这样的繁衍形式极为奇特。《西游记》中的女儿国有"水周之"，而《山海经》中记载的女子国也是有"水周之"，而且这水也与女子的生育相关。可见，《西游记》受《山海经》的影响之深远。

《山海经》中所记述的女子国，是这样一副画面：女子国位于巫咸国的北面，有两个女子住在一起。那里四面环水。也有人说她们住在一个门中。

其实无论是《西游记》，还是《山海经》，其对女儿国的描述都有一个共同的特点，那就是弱化甚至根本不提及男性在生育中的作用，这是母系氏族社会的折射。在母系社会中，由于人们对于生育现象认识能力的低下，并不知道妇女必须要与男性婚配才能生育，而是认为妇女本身就具有生殖能力，新生命的诞生并不是男女交合

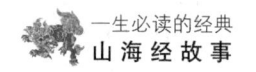

受孕的直接结果，因而出现了对母性的崇拜。

清代小说《镜花缘》中也曾描述过女儿国，但有所不同的是，其中所写的女儿国有女有男，繁衍后代的方式也与现实相同，只是男人和女人的地位颠倒了，"男子反穿衣裙，作为妇人，以治内事，女子反穿靴帽，作为男人，以治外事"。故事反映出作者对于男女平等的向往和希望。

丈夫国：无女人的国度

寻根求源：

《山海经·海外西经》有语："丈夫国在维鸟北，其为人衣冠带剑。"

注：丈夫国因无女子而得名，其也叫"男人国"，男人国也有繁衍后代的功能。

故事传说：

据《山海经》记述，丈夫国位于维鸟国的北面，维鸟是一种极为漂亮的鸟，浑身上下的羽毛都是青中带黄，让人眼前一亮。但是，与其漂亮外形极不相符的是，维鸟是不祥之鸟，它们只要飞往哪个国度，那个国家便会发生混战。

而《山海经·海外西经》中所提及的丈夫国，就位于维鸟栖息之地的北边，那里的人们都是衣衫整齐，身佩宝剑，颇有英雄气概。但是这个国度的民众都是男子，没有女人。没有女人，便无法繁衍后代，那么这个国度是如何来的呢？据传，商朝的君主太戊曾派大臣王孟等一行人到西王母那里去寻求不死之药，他们走到此地便断了粮食，无法再往前走了，只好滞留在那里，以野果为食，以树皮做衣。

由于随行的人中没有女人，所以这里的人都没有妻子。天帝因为怜悯他们没有后代，便施法帮助他们每人都生了两个儿子。据说他们的儿子是从他们背部的肋骨中间钻出来的，所以儿子一生下来，他们本人便立即死去。这些人和他们的后代就在此地如此繁衍生息，久而久之便成了丈夫国。

枭阳国：大嘴唇的国度

寻根求源：

《山海经·海外南经》有语："枭阳国在北朐之西，其为人人面长唇，黑身有毛，反踵，见人则笑，左手操管。"

《山海经·海内经》又有语："南方有赣巨人，人面长唇，黑身有毛，反踵，见人则笑，唇蔽其面，因即逃也。"

注：实际上，枭阳人原是狒狒之类的野兽，由于它身躯庞大，傻气十足，故又称"赣巨人"。

故事传说：

枭阳国在北朐国的西面，那里生活的人，虽然长着普通人的面孔，却长有一副可以遮蔽面部的大嘴唇，浑身的黑毛，脚跟在前面而脚尖在后面，一看见人就张口大笑，左手还握着一根竹筒。

在民间传说中，枭阳国的人被认为是一种会吃人的山精和恶兽，是介乎于人兽之间的一种野人，性情极为凶暴。据说它们在抓到人之后，并不急于将人吃掉，而是会张开大嘴，将长长的嘴唇翻转地盖在额头上面，嗷嗷大笑，之后才开始吃人。时间长了，当时的人们便熟悉了枭阳国国民的这种习惯，有聪明的人便想出一种办法来对付它们：人们外出上山时，会拿两只竹筒套在手臂上面，遇到枭阳国国民便会毫不反抗地让它捉住自己。当它们得意扬扬地咧开大嘴大笑，准备吃人的时候，人们就迅速地从竹筒中抽出双手，并用随身携带的类刀将它们长长的嘴唇钉在额头上面，让它的眼睛看不见东西，最终只能束手就擒。枭阳被擒之后，对自己的处境并不自知，它手中还傻傻地抓着人类用以对付它的两根竹筒。

大人国：体型庞大的国度

寻根求源：

《山海经·海外东经》有语："大人国在其北，为人大，坐而削船。一曰在䟮丘北。"

《山海经·大荒东经》有语："有波谷山者，有大人之国。有大人之市，名曰大人之堂。"

注：《山海经》中所描述的大人国指的是拥有庞大体型的国度，而人们后来所泛指的大人国是指品德高尚的人所居的国度。

故事传说：

相传，波谷山中有一个巨人国，这个国家人身材非常高大，很擅长造船。波谷山边有一个大人之市，他们经常在这里与其他国家的人交换物品。据传，见过他们的人都说，大人国的双腿、双臂都很颀长，双手硕大，长着一对招风耳，赤身裸体，长发披肩，看起来高大威猛。

清代小说《镜花缘》中也曾描述过一个大人国，那是一个自由、社会风气洁净的乌托邦国度。大人国中的国民并没有视觉意义上的高大，只因人人皆是以心生邪恶为耻，积极向善、毫无小人的习气，这种正直的做派之人被称作"大人"。在大人国中，人人脚登云梯，云由心生，云之色便是内心坦荡与否的真实表现。在这里，人们并没有所谓的等级之分，而以心之颜色论高下，即便乞丐也可登上彩云，而即便是高官也可能是黑云护足。

可见，就"大人"的字面意思而言，其似乎与"高尚"密切相关，一个人品德高尚、行为正直便可称为大人，这是后人对"大人"字眼的诠释。

小人国：侏儒之国

寻根求源：

《山海经·海外南经》有语："周饶国在其东，其为人短小，冠带。"

《山海经·大荒东经》亦有语："有小人国，名靖人。"

《山海经·大荒南经》有语："有小人，名曰焦侥之国。幾姓，嘉谷是食。"

《山海经·大荒南经》有语："有小人名曰菌人。"

注：小人国以国民身材矮小为名，其国人身形虽小，却聪灵异常，正应了那句话"浓缩的都是精华"。

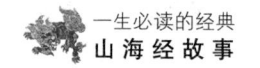

故事传说：

《山海经》中曾经多次提及了小人国，周饶国便是其中之一。据《山海经》介绍，周饶国，又叫作焦侥国，这个国家的人身材都比较矮小，但是他们的穿戴非常整齐，每个人都是文质彬彬的。他们住在山洞中，心灵手巧，能制造各种灵巧的东西。尧在位时，焦侥国还曾经派使者前去朝拜，还进贡了一种叫作"没羽"的箭。在小人国，小人们以耕种为生，平生最怕白鹤。据传，这些体形硕大且善于飞翔的白鹤会将他们这些小人叼走吃掉。幸好周饶国附近有其他国家的人经常能够帮助他们驱赶白鹤，他们才得以正常生活。

在大人国的附近也有个小人国，这里的人被称为靖人。与周饶国的人差不多，靖人也都是身材矮小，身高仅有三十厘米左右。他们赤身长发，面有胡须，与邻国大人国的人形成了鲜明的对比。别看他们个头小，但身体都特别敏捷，异常聪颖，一般人很难制服他们。

在《山海经》中，还有一种小人，叫作菌人。他们比上面两国的人长得更矮小，身高不到四厘米。但他们总是身穿红衣红帽，乘坐白色的马车，极有威仪。据说吃了菌人之后，就不会被蚊子叮咬，能够知晓万事万物的名字，还可以杀死三尸，即人体内三种危害最大的寄生虫。所以，人们遇到他们，就会将他们抓住吃掉。

长臂国：极擅捕鱼的国度

寻根求源：

《山海经·海外南经》有语："长臂国在其东，捕鱼水中，两手各操一鱼。一曰在焦侥东，捕鱼海中。"

《山海经·大荒南经》有语："有人名曰张弘，在海上捕鱼。海中有张弘之国，食鱼，使四鸟。"

注：长臂国因为国人长有长长的手臂，所以极善于捕鱼。

故事传说：

长臂国的国民以手臂修长为名，其国人的身高与正常的人差不多，但手臂却异常地长。有人说他们的手臂比身体还要长，有的人说他们的手臂有十余米长。长臂国的人很喜欢捕鱼，也喜欢吃鱼，因为他们长有长长的胳膊，都不用弯腰，便能够轻而易举地捕到河里的鱼。

在河中捕鱼时，长臂国的人常常与长股国的人一起合作。因为他们腿短胳膊长，无法到深水中去；而长股国的人腿长胳膊短，无法弯腰抓水中的鱼。所以，他们每每下水捕鱼，都是一个长股国的人背着一个长臂国的人，这样合作抓鱼便能够发挥彼此的优势。

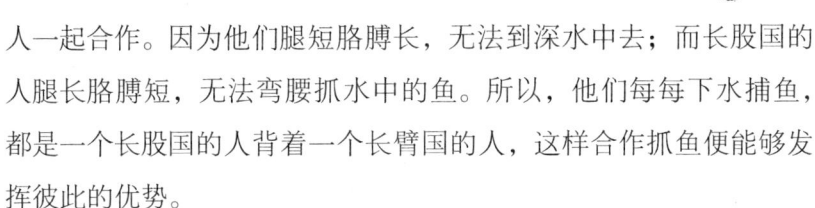

其实，长臂国还有另一个称谓叫作"张弘国"，其在《山海经·大荒南经》中有记载。这里所说的张弘就是长肱，即修臂人。长臂国的人捕鱼时还会驯养鸟来帮助他们，这鸟便是鸬鹚。长臂国人所掌握的这种技能一直得以流传下来，直到现在，我国南方的许多地

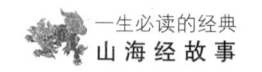

方依然用鸬鹚来捕鱼。在南方的水乡，渔民外出捕鱼时常常带着驯化的鸬鹚，鸬鹚们整齐地站在船头，脖子上面戴着一个脖套。渔民发现鱼时会吹响口中的哨子，鸬鹚听到哨声后便纷纷地飞向水面捕鱼。由于戴着脖套，鸬鹚捕到鱼却无法吞咽下去，只好叼着鱼返回到船边上。主人将鱼拿下之后，鸬鹚便再次去捕鱼。这种捕鱼方式极为有趣，也非常有效。

长股国：腿长的国度

寻根求源：

《山海经·海外西经》有语："长股之国在雄常北，被发。一曰长脚。"

注：长股国因腿长而得名。

故事传说：

"长股国"又名"长腿国"，国人以腿修长而得名。那里的人都赤裸着上身，披散着头发。他们的身体跟普通人无异，但双腿却奇异地长，约有十米之长。为此，他们走路的时候，像踩高跷一般。长股国的国民与长臂国人一样，都嗜吃鱼，但他们却不擅长捕鱼。因为他们的腿太长，捕鱼的时候，弯下腰手都难以探到水中。为了吃到鱼，他们经常与长臂国的国人相互配合。曾有人看见一个长股国的人背着一个长臂国的人在海中捕鱼，他们不用坐船，上衣却一点也不会被浪花打湿。

其实，长股国的国人并不是真的腿长，而是因为他们踩了类似于高跷的工具去捕鱼。现在在我国南方的许多地区，仍然有踩着高跷在浅海中撒网捕鱼的习俗。

关于长股国的来源，还有一种说法便是，古时候有一些部落以鹤为图腾，在祭祀的时候，为了模仿鹤，就会踩着高跷来跳舞。在甲骨文中有一个字的形状很像一个人双脚踩着矩棍而舞，这个字一直没有被解读出来，但有人推测这个字的意思就是"踩高跷祭祀"。如果被证实，那么便说明商代后期，这种踩高跷舞蹈的形式就已经相当普及了。

犬封国：男如犬女如美的国度

寻根求源：

《山海经·海内北经》有语："犬封国曰犬戎国，状如犬。有一女子，方跪进杯食。"

注：犬封国因以一只犬受到封赏而得名，它实际上是盘瓠的后裔。

故事传说：

犬封国又叫作犬戎国，那里的男人都长得像狗，但身穿长袍，像人一般地端坐在地上，而国内的女子却长得极美，她们个个长发披肩，穿着短衣短裤。她们都跪在地上捧着酒食进献给自己的丈夫，而且低眉顺目，不敢抬头仰视。

据传，犬封国的祖先是一只神狗，名叫盘瓠，其来历颇为传奇。帝俊为帝时期，他的夫人忽然得了耳痛病，无论如何都医治不好。后来有一天，有一位神医从她的耳朵中挑出一条金虫子，她耳痛的毛病便治好了。帝俊的夫人就将这条虫子用瓠盛着，又用盘子盖着，养了起来。出人意料的是，这虫子不久便变成了一条狗，从瓠中跳了出来。这条狗浑身锦绣、五色斑斓，光彩照人。因为他是从盘子和瓠中跳出来的，因此帝俊就给他取名为盘瓠。后来戎吴部落进犯，帝俊便召集天下的勇士，并发出悬赏令："谁能杀死戎吴首领，就赏其黄金千两，并将公主许配给他。"结果过了几天，盘瓠就叼着一颗人头回来了，帝俊一看正是戎吴的首领。

这时，帝俊不知如何是好，公主见了盘瓠却意外地想要嫁给他。帝俊也是无奈，只好勉强答应了这门婚事，他觉得身为一国之主，既然已经承诺了，就不能失信于天下。后来，公主与盘瓠成婚后育有三男六女，这些孩子长大成人之后，相互成婚，结为夫妻。其子孙后代异常昌盛，便繁衍成了犬戎国。又因为盘瓠是以犬的名义获得了封赏，所以犬戎国又叫犬封国。在这个国度中，如果生了男孩定是狗的样子，而生了女孩，则会出落成美人。

环狗国：狗头人身国

寻根求源：

《山海经·海内北经》中有语："环狗，其为人兽首人身。一曰猬状如狗，黄色。"

注："猬状"即指刺猬状。

故事传说：

环狗国的国人都长着狗的面孔，身子和手脚却生得与常人无异。另一种说法认为他们是刺猬的样子而又像狗，全身是黄色。环狗国是《山海经》所提及的第二个狗国，国人都是狗头人身，与犬封国有所不同的是，这里的人更为强壮硕大。国人的长相都是半人半兽的状态，原始的兽性再加上人的智慧，让他们比其他野兽表现得更为勇猛，甚至专以老虎、狮子为食。

环狗国的国人长期生活于原始森林中，过着原始人一般的生活。他们会在山腰中凿些洞来居住。他们中间有的因为喜欢热闹，也混迹于人群中。当然，为了遮掩自己狗头的面相，他们会戴上面具，同时不发出声音，以免引起人类的排挤。

实际上，环狗国的人们长着狗的脑袋，其身体和手脚与人极为相似，肌肉也发达。

巫咸国：以贩盐为生的国度

寻根求源：

《山海经·海外西经》中有语："巫咸国在女丑北，右手操青蛇，左手操赤蛇。在登葆山，群巫所从上下也。"

注：巫咸国是巫师的国度，也表明了古人对于巫师这个职位的敬畏和崇拜。

故事传说：

巫咸国位于女丑尸国的北边，该国的人右手总握着一条青蛇，左手握着一条红蛇，样子十分诡异。据传，该国度是以巫师组成的国家，最为出名的有巫咸、巫即、巫盼、巫彭、巫姑、巫真、巫礼、巫抵、巫谢、巫罗十个巫师。该国境内有一座登葆山，这些巫婆常常从该山到达天庭，把人民的意愿传达给天帝，随后又从那里下来向人民转达天帝的意旨。顺道他们还沿途采集一些名贵的仙药，替民间百姓治病。

与其他国度的人不同的是，这里的民众不耕作不纺织，却衣食有余；他们不狩猎，却不缺肉食。他们生活的国度处处都是茂密的森林，鸟兽也是成群结队的，人们总是载歌载舞，过着十分幸福快

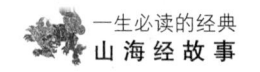

乐的生活。

在远古时代，人们不耕种不狩猎却能过得如此逍遥，这样的国度似乎不存在。但据学者猜测，该国度最早应该是一个靠食用盐贸易而兴盛的古老部落。

据传，最早的巫咸国的国内盛产食盐，当时的成都平原、两湖盆地、汉中盆地的商民，不顾三峡水道之险，带着本族的五谷、兽肉兽皮、水果慕名前来，与巫咸国人交换食盐。这样一来，巫咸国人足不出户便能得到足够的五谷和肉食。而对那些前来交换食盐的外族人来说，食盐是部落得以延续的根本，盐给他们带来了体力与生命。任何一个民族缺少了盐，都将失去竞争力乃至无法生存。公元前1世纪，罗马帝国的军队已是横跨欧亚大陆的强劲之师，所向披靡。罗马士兵扛着短剑、投枪和盾牌走遍了世界的许多角落。当时，他们还随身携带着一个皮制口袋，里面装着罗马帝国发的军饷——食盐。食盐能使他们有足够的体力投掷投枪、挥舞短剑，摆脱死亡的阴影。

由于运盐的需要，巫溪一带虽然水流湍急，却早已通船。为了发展盐业，巫咸国王在巫溪附近拓展了若干商业据点，推销巫盐。许多巫咸国民迁徙至此，死后也没有离开。他们被埋葬在巫溪两侧的高山上，以便天天可以看到川流如梭的运盐船。巫溪狭小，不通大船，不能满足盐商们的运盐需要，他们便就地集资，想方设法疏浚河流，使巫溪能通行大船。这个工程，大概蕴含了古人最早追逐财富的梦想。

轩辕国：长寿之国

寻根求源：

《山海经·海外西经》中有语："轩辕之国在此穷山之际，其不寿者八百岁。在女子国北，人面蛇身，尾交首上。"

《山海经·大荒西经》中亦讲："有轩辕之国。江山之南栖为吉，不寿者乃八百岁。"

故事传说：

根据《山海经》的记载，轩辕国在穷山的附近，这里不长寿的人也能活八百岁。他们在女子国的北边，长着人的脸庞，蛇的身子，尾巴盘结在头上面。那儿的人以栖止在江山的南边为吉祥，他们当中不长寿的人也能活到八百岁。

据传，轩辕国最早是黄帝之族所居之地，黄帝是中华的"人文始祖"，他是有熊国国君少典的儿子，二十岁便继承了有熊国国君的位置。有熊氏本来是一个小部落，隶属于当时的神农氏部落联盟。黄帝在当国君的时候，神农氏的部族已经开始衰落，尤其是东方的蚩尤部族的崛起，强有力地挑战着神农氏的很多部落，于是中原大地便形成炎帝、黄帝、蚩尤三足鼎立的局面。

后来，黄帝打败了炎帝，并且与炎帝部落进行合并，接着便进攻蚩尤。三年中，他与蚩尤进行了九次战役，都未曾获胜，最后黄

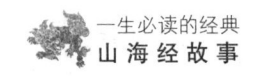

帝集结部队，在涿鹿与蚩尤决战，终于擒杀了蚩尤，统一了中原各个部落。黄帝也成为了华夏始祖。

肃慎国：树皮国

寻根求源：

《山海经·海外西经》中有语："肃慎之国在白民北。有树名曰雄常，圣人代立，于此取衣。"

注："圣人代立"，即指当有圣明的天子继位时。

故事传说：

在白民国的北面是肃慎国。肃慎国的国民平时没有衣服，只将猪皮披在身上，冬天总是涂上厚厚的一层油才能够抵御风寒，日子过得十分艰苦。肃慎国的境内有一种树木，叫作雄棠树，具有一种"应德而生"的神力。一旦中原地区有英明的帝王继位，雄棠树就会生长出一种树皮，供肃慎国的人制成衣服穿在身上。

另外，这个国度的人们还十分擅长拉弓射箭，他们用的弓长四尺，因为力大无比，所以只需用石头做箭头就可以把野兽杀死。这里的人都是射箭能手，他们的弓长达四尺，力道极强，可以跟弩相比较。箭杆用木的枝削成，长一尺八寸，用青石磨尖做箭头。箭头上还淬有剧毒，人兽被它射中顷刻毙命。肃慎国境内的物产有上好的貂皮和赤玉。肃慎国又叫勿吉族，始见于南北朝，但族名和族源很悠久，大禹时就已有肃慎之民的记载了。《魏书·勿吉传》称之为"旧肃慎国也"。可见，勿吉也是肃慎的一部分。实际上，肃慎国的地理位置，在今松花江东流段和北流段的广大地区，即松嫩平原和三江平原的广大地区。

蜮民国：食蜮的国度

寻根求源：

《山海经·大荒南经》中有语："有蜮山者，有蜮民之国，桑姓，食黍，射蜮是食。有人方扞弓射黄蛇，名曰蜮人。"

注：这里的"蜮"指在水里暗中害人的怪物，口含沙粒射人，若人被射中就要生疮，人的影子被射中也要生病。

故事传说：

在大荒的南边有一座山叫作蜮山，这里有个蜮民国，国内的人都以桑为姓，都喜欢吃黄米饭。蜮民国中的人虽然长得不算古怪，但是有一个极为奇怪的风俗，就是非常喜欢吃蜮。

在传说中，蜮是一种长相怪异的怪物，它们长得极为奇怪：背上长着硬壳，头上长有角，身上还长有翅膀，可以飞到天空中去，飞到人的头上面去袭击人。蜮这类动物一般都生活在江淮地区，它们的口中长有一块横肉，用来含沙子，它们没有眼睛，但是听觉特别灵敏，只要听到人的声音便能够判断出其所在的方向和距离。然后它们便会用口中的沙子当作矢，偷偷地向人射击，被蜮射中的人，刚开始并不会有疼痛的感觉，但是会染上毒液而生疮。就算人的身体没有被射中，但只要射中人的影子，人也会患病而死。因此，在古老民众的意念中，蜮一直以来都是阴险狠毒的象征。

其他国度的民众都害怕蜮这种怪物，而只有蜮民国的国人不怕这种怪物，而且专门喜欢抓这种怪物来作食物，因此这里的人被叫作蜮民。此外，他们还非常喜欢吃蛇。国内甚至有一种职业，专门以射杀蜮或蛇来谋生，叫作蜮人。

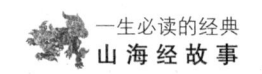

儋耳国：以割耳为美的国度

寻根求源：

《山海经·大荒南经》中有语："有儋耳之国，任姓，禺号子，食谷。"

注：这里的"儋耳"指割耳。

故事传说：

儋耳国又叫离耳国，这里的国民有一个怪嗜，即喜欢用锋利的刀子将耳朵割成几条垂下来，并以此为美。儋耳国的人是大神禺号的后裔。而禺号就是禺䝞，即神话传说中东海的海神。

儋耳国的人都姓任，任姓是黄帝赐予禺号的姓氏，禺号建立儋耳国后，以此为国姓。就儋耳国这个国度来讲，它是在历史上曾经存在过的国家。在海南岛上面，有一个叫作儋州的地方，唐朝之前，一直叫作儋耳郡。

秦始皇统一六国之前，发兵南征，一直打到了越南的中北部，由于这里有大象，便建立了一个象郡。那时的秦始皇已经知道，象郡东面的小岛上面，有一个儋耳国。但还没来得及去征服它，秦朝便灭亡了。后来汉武帝时期，朝廷派兵南下，征服了海南岛，改儋耳国为儋耳郡。之后儋耳郡便一直隶属于中央政权。直到唐朝武德五年（公元622年）改郡为州，将"儋耳国"改为"儋州"。这个名字便一直沿用到今天。

据说，柔利国的人是儋耳国人的后裔。柔利国又叫作牛黎国、留利国，这个国家的人只有一手一足，而且因为柔利国的人都没有骨头，所以他们的手脚都向上反屈着，好像是折断了一般。

中篇　异兽篇

除了记录人神外，《山海经》里面也着重和详尽地记载了上古时期极具神秘的奇异怪兽，这些异兽让读者一定程度上了解了上古时代的生态环境和古人对于未知事物的理解和想象。在上古时期，人们会将某种动物或者非生物当作自己的亲属、祖先或者保护神，相信它们会保佑自己，并且还可以获得它们的力量和技能，这便是图腾，而《山海经》所记述的异兽，一些就源于某些部族或国家的图腾崇拜，当然还有相当一部分异兽是真实存在于世的，这些长相奇异的异兽也为后来的诸多美术爱好者、艺术家等人提供了无尽的遐想，让大家总是乐此不疲地创造着。

狌狌：知人名的异兽

寻根求源：

《山海经·南山经》中有语："有兽焉，其状如禺而白耳，伏行人走，其名曰狌狌，食之善走。"

《山海经·海内南经》中亦有语："狌狌知人名，其为兽如豕而

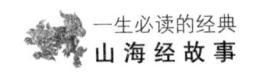

人面，在舜葬西。"

注：狌狌应为类似于猿猴一类的兽类，它们长着一对白色的耳朵。它有时候爬行，有时候又像人一般站立行走，据传人若吃了这种野兽的肉就会变得极擅长行走。

故事传说：

招摇山是《山海经》中记载的一座山，而这座山被记载的一种兽类便是狌狌。狌狌的形貌与猿猴极像，但长着一双白色的耳朵，既能四肢着地爬行，又能像人一样直立行走。

据说狌狌还有一种极为特别的能力，只要看见一个人，就能知晓他的名字，看见一样东西就能知道它们的具体来历。这种能力是它们的天赋。狌狌走路的速度极快，那人们是怎么抓到它们的呢？原来，狌狌特别喜欢酒和草鞋，知道这一点的人们，就在它们经常经过的路上摆上酒，还放上几十双连在一起的草鞋，狌狌路过时，看见这些东西，就叫着摆酒人的名字并且叫嚷着："你们又想诱惑我吗，我不会再上当了！"边说边坚决地走开了。不一会儿，它们又会返回来，其中一只狌狌会说："我们稍微尝一点怎么样？只要我们小心一点儿，就不会喝多的。"于是所有的狌狌都拿起酒坛喝两口，然后便会骂骂咧咧地走开。

过了一会儿，它们又会忍不住回来多喝几口，然后再走开。这样折腾过好几次，最后实在忍受不了诱惑，就举起酒坛咕咚咕咚地开怀痛饮起来。喝得兴起时刻，它们还会把草鞋套在脚上面。这时候，埋伏在周围的人就出来捉它们。由于狌狌已经喝多了，再加上连在一起的草鞋，于是它们便怎么也跑不动了，很容易被人们抓住。每次过后，这些狌狌都非常后悔，一再地告诫自己下次一定要记住此类的教训。可它们明知这是诱惑，依旧每一次都忍不住喝醉，所以每一次都会被捉住。

鹿蜀：虎头马尾

寻根求源：

《山海经·南山经》中有语："有兽焉，其状如马而白首，其文如虎而赤尾，其音如谣，其名曰鹿蜀，佩之宜子孙。"

注：李时珍在其《本草纲目》中有云："（鹿）每一雄游，牝百数至。"又云："（鹿）一牡常交数牝。"因而，他认为食用鹿茸、鹿角胶有利于男女的生育。古人婚礼纳聘还有用鹿皮的风俗，因此鹿皮除了珍贵实用外，还象征着子孙的繁衍。这与《山海经》中关于它的性能的记载是一致的。

故事传说：

从招摇山往东一千多公里，有一座杻阳山。杻阳山是一座极为富饶的山峦，山的南边盛产黄金，北边盛产白银。在杻阳山上生活着一种瑞兽，叫作鹿蜀。鹿蜀的形象极为像马，同样是健壮的身躯，善跑的本领。不尽相同的是，鹿蜀的头部是白色的，有一身比老虎的斑纹更为华美的纹路，尾巴是红色的。鹿蜀是成群聚居的，经常在山岗和草地上面奔跑，四蹄强健，如雷奔腾。鹿蜀的叫声极为好听，时常会直立前身，唱一两首好听的歌。人若穿戴上它的毛皮就可以多子多孙。为此，人们为了穿戴它的皮毛，曾对鹿蜀进行疯狂的屠杀，使它几近灭绝。

我国有个成语叫"指鹿为马"，说的是秦二世时期，丞相赵高一

手遮天，控制群臣。为了试探朝中臣子是否忠心，他特意派人去南方找来一种既像马又像鹿的奇异的动物。秦二世与群臣一时难以判断出它究竟是马还是鹿。赵高的计策是：如果秦二世说是鹿，那自己就说是马；而如果秦二世说是马，那他就会说是鹿，这样便可以借机会来观察群臣的态度，然后再找机会将那些与自己政见不同的大臣排挤出去。朝廷上面的群臣因为惧于赵高的威慑，便统统与赵高的口径一致，赵高达到了自己的目的，其阴谋得逞了，一手掌握了整个秦廷，鹿蜀却在无意之中做了赵高的帮凶。由此可见，在秦朝，也就是公元前三世纪，鹿蜀已经极为罕见了。

旋龟：鸟头蛇尾

寻根求源：

《山海经·南山经》中有语："怪水出焉，而东流注于宪翼之水。其中多玄龟，其状如龟而鸟首虺尾，其名曰旋龟，其音如判木，佩之不聋，可以为底。"

注：相传，旋龟能够吸取山川的灵气，故而长寿，因此又作为长寿的象征。

故事传说：

根据《山海经》的记载：杻阳山是怪水河的发源地，怪水河向东流注入宪翼水。这条河中常常会传出像是破开木头的声音，声音出自一种名曰"旋龟"的动物。旋龟与当下常见的乌龟在外形上面并无太大的差异，但是通体黑色，头长得像鸟类的脑袋，而尾巴则犹如一种毒蛇的尾，其形状类似于今天的鳄龟。文

中所谓的旋龟有"佩之不聋,可以为底"的药用价值。关于此,《本草纲目》亦载,水龟可医治耳聋,与旋龟的"佩之不聋"有相符合的功效。其实,在我国古代,乌龟是一种带有神秘图腾色彩的动物,古人们以龟甲进行占卜,刻在龟甲上的文字即为甲骨文。西汉经学家孔安国为《尚书·洪范》作传曰:"天与禹洛出书,神龟负文而出,列于背,有数至于九。禹遂因而第之,以成九类常道。"相传在大禹时期,洛阳西边的洛河中浮出一只神龟,背上驮有"洛书",而大禹便是因为得到这部用墨点和白点组成的数字符号的天赐之书,依此治水成功,又按照书中的提示将天下划为九州,制定了九章大法治理社会。

猼訑:九尾四耳羊

寻根求源:

《山海经·南山经》中有语:"有兽焉,其状如羊,九尾四耳,其目在背,其名曰猼訑,佩之不畏。"

注:猼訑虽归位于神兽级别,但它不像九尾狐、夔牛、六耳猕猴等兽类,毫无特异功能,实际上它也只能归属于异兽类。

故事传说:

基山位于亶爱山东边三百里左右,该山的山坡阳面盛产玉石,山坡阴面有诸多形态奇特的树木。山中有一种野兽,形状像羊,长着九条尾巴和四只耳朵,眼睛也长在背上,名称是猼訑,人穿戴上它的毛皮就不会产生恐惧。

据传,诸如猼訑的兽类,都属于神兽级别的,比如说九尾狐、

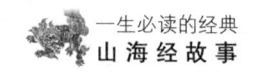

夔牛、六耳猕猴等。可唯独獌𤟤虽然长得极为吓人，却毫无神奇的能力，经常被人们捉住。据说，他们披上它的皮毛就会勇气倍增，无所畏惧。

獌𤟤并不强大，为何人们披上它的皮毛便会勇气倍增呢？也许是因为獌𤟤长得太过奇特了：九尾四耳，背上还长着两只硕大的眼睛，披上它的皮，敌人会以为自己遇到吃人的怪兽，便吓得落荒而逃了。这样披着它的皮的人，自然就觉得勇气倍增，无所畏惧了。

獌𤟤的皮不仅能用来吓人，还可以用来保暖，应该是我国古代记载最早的羊皮袄。关于羊皮袄，还有一个极有意思的小故事。春秋时期，在外漂泊十九年的晋文公重耳终于回国当上了国君。十九年的漂泊生涯让晋文公从养尊处优的贵公子变成了勤俭节约的人。当上了国君，依然不喜欢奢华亮丽的衣服。大臣们为了拍他的马屁，每个人出门都会穿着羊皮袄。每次开朝会的时候，就会出现这样一个场景：一群白白胖胖的老头子，穿着羊皮袄围在一起商量朝中的大事。这也算是历史奇观了。

类：长毛发猫

寻根求源：

《山海经·南山经》中有语："有兽焉，其状如狸而有髦，其名曰类，自为牝牡，食者不妒。"

注：这里的"狸"即指猫。

故事传说：

类有另外一个名字叫灵猫，形状如野猫一般，却长着如人一般的头发。一身长着雌和雄两种器官。为此，它可以自己受孕，自己繁殖。据传，人若是吃了类的肉，就不会过分妒嫉。类生活在亶爰山，这座山地势极为险峻，山间有很多湍急的溪流，山上的怪石嶙峋，草木极难生长，人类更是难以攀登上去。在这样的崇山峻岭中，类作为一种奇异的兽类，自然是极为少见的。

狸力：挖掘高手

寻根求源：

《山海经·南山经》中有语："有兽焉，其状如豚，有距，其音如狗吠，其名曰狸力，见则其县多土功。"

注：这里的"豚"即指小猪。"距"指鸡爪。

故事传说：

南方第二列山系的首座山是最西边的柜山，柜山极高，从山顶向北可以望见诸毗山，向东可以望见长右山。山中有一种野兽，形貌像普通的小猪，却长着鸡爪，叫起来像狗，名字叫作狸力。

在《山海经》的诸多怪兽之中，狸力并不算出名，它的样子极其普通，性情也不是很凶残。狸力有一只猪鼻子，鸡爪子，猪鼻子善于拱土，鸡爪子善于刨土，因此拥有这两种能力的狸力十分善于挖掘。据说在山中，只要是狸力出现过的地方，便会出现诸多的洞洞。

其实，根据《山海经》中的描述，狸力有点像穿山甲。在中国的神话传说中，有一位神是以穿山甲为原型的，它就是土行孙。土行孙是玉虚十二仙之一惧留孙的大徒弟，身材矮小，善使一根铁棍，以遁地术称雄一时，据说他的遁地术可以日行千里。土行孙原本是商汤纣王麾下的先锋官，后来归顺了西岐，凭借着精通遁地术立下了很多的战功。

周朝建立之后，姜子牙封神，将土行孙封为土府星君，也算得上一个可以发挥其特长的好职位。

长右：水灾的预示者

寻根求源：

《山海经·南山经》中有语："有兽焉，其状如禺而四耳，其名长右，其音如吟，见则郡县大水。"

注：但凡长右出现的地方，就会发生大水灾，为此有人将长右看成"作乱的水怪"。其实，长右是水灾的预测者。从科学的角度分析，一个地方发水与否，与长右出现并无直接的关联。

故事传说：

从柜山往东南四百五十里，是座长右山，该山没有花草树木，但有很多水。该山中有一种野兽，形状像猿猴却长着四只耳朵，名称是长右，叫的声音如同人在呻吟，它所出现的郡县会发生大水灾。有人曾在山中看见过长右，并且听到过它的啼叫，结果当地出现了百年不

遇的大水灾。第二年当地又出现了长右，结果发生了更大的水灾。

有人推测长右就是今天的短尾猴，它的食性较杂，既取食野果、树叶、竹笋，也捕食蟹、蛙等小动物。仅分布在中国的中部及东南部，其具体分布范围自四川西部起，北界从大巴山向东南（大别山未见分布）沿长江南岸经黄山到浙江西南山地，南界自大娄山以西向东沿南岭达武夷山并向东延伸。短尾猴属于猕猴属，耳朵小而且尖，像马的耳朵，即"其状如禺而四耳"。

据传，长右与被大禹所制服的异兽无支祁有着亲缘关系。在尧帝时天下洪水泛滥，各种食人的猛兽便趁机出来作乱，其中有个叫无支祁的怪兽，在淮河流域兴风作浪。大禹到各处治水，曾经三次来到淮水边上的桐柏山。但是每次到此地时，总是电闪雷鸣，狂风怒号，石头树木乱飞，没办法治水。大禹便推测可能有妖物作怪，于是号召天下群神，齐心协力一起捉拿鬼怪。于是，大禹与狂章、虞余、黄魔、庚辰、童律等众神在淮水与涡水之间，捉到了罪魁祸首——无支祁。无支祁能说人话，而且对人的提问对答如流，样子长得像猿猴，白首青身，眼睛里闪耀着金光，力气大过九头大象，脖子拉长能有三十多米。大禹用大铁链锁住无支祁的脖颈，将其鼻孔里穿上金铃，然后把它镇压在龟山脚下面。从此，大禹的治水工作才得以顺利进行，淮水从此也平安地流入大海之中。

猾褢：繁重徭役的预示者

寻根求源：

《山海经·南山经》中有语："有兽焉，其状如人而彘鬣，穴居而冬蛰，其名曰猾褢，其音如斫木，见则县有大繇。"

注：猾褱出没的地方便会有繁重的徭役，实际上，从科学的角度出发，猾褱的出现与繁重徭役并无关系，如果真说有关系的话，那它也是繁重徭役的预测者。

故事传说：

在长右山东面三百多里的地方，便是尧光山。尧光山是一座富饶的山峦，山南阳面多产玉石，此北阴面多产黄金。尧光山上有一种人形的怪物，叫作猾褱。猾褱的形状像人却全身长满猪一样的鬣毛，冬季蛰居夏天活动，其声音如同砍木头发出的声音。哪个地方出现这种动物哪里就会有繁重的劳役之灾，甚至还会发生极为严重的动乱。

猾褱外形长得极为怪异，样子很是吓人，性情却并不残暴，但依旧被人们认为是不祥之兽。据史料记载，在周朝时期就已经有了徭役制度，此制度在我国的历史长河中延续了几千年之久。有的朝代，徭役极为繁重，百姓则是苦不堪言。比如秦朝人民的徭役就十分繁重，每人每年要有一个月的时间为政府干活，比如修筑城池、修建驰道、整治河渠、漕运船输等。此外，每个人一生还要服两年的兵役，再加上一年的时间驻守边疆等。这些繁重的徭役导致民不聊生，比如秦末农民起义的领袖陈胜、吴广就是在去服徭役的路上造反的，比如孟姜女的丈夫，就是去服徭役修长城的时候死去的。因此，人们对于繁重的徭役深恶痛绝，同时会带来繁重徭役的猾褱便成了一种不祥之兽了。

鸩：丹朱的化身

寻根求源：

《山海经·南山经》中有语："有鸟焉，其状如鸱而人手，其音如痺，其名曰鸩，其名自号也，见则其县多放士。"

注：鸩鸟因为是残暴无德的丹朱所化，所以它被视为不祥之鸟。

故事传说：

根据《山海经》的记载，鸩是猫头鹰的古称，人面鸟身，在中国民间传说中称这种鸟的脚就是人的手。据说鸩会危害士人和君子，它出现的地方，必定会有很多士人被流放。据称，这种鸟的原名是"丹鸩"，来自尧帝的儿子"丹朱"之名。丹朱是帝尧的长子，生性乖戾暴虐，整日无所事事，喜欢带臣仆四处游荡，稍有不顺心的事，就会大发雷霆，虐待臣下，以祸乱朝纲。尧为此多次教育丹朱却无果，于是命人用名贵的犀牛角和象牙制作了一副棋送给丹朱，希望他能够通过下棋来锻炼心性，改恶从善，但最终还是没能奏效。丹朱自认是长子，所以一直深信自己将来必能够承袭尧的领袖位置。而英明的尧则担心江山落到暴虐的丹朱手中致使百姓受到荼毒，因此就打算将位置让给德才兼备的舜。尧担心丹朱对此事心生不满而引发动荡，就在传位给舜之前，先下令将丹朱放逐到南方的水。其时南方有个叫"三苗"的部落，其首领与丹朱很是要好，对尧的做法不以为然，为丹朱愤愤不平。于是，丹朱和三苗首领一起密谋造反，企图推翻舜的统治。幸亏舜对丹朱的忤逆之心早有察觉，在丹朱刚发起叛变后便

亲自挂帅剿灭叛军于丹水，诛杀了三苗首领。丹朱因此事而感到惭愧无比，便身投南海，死后化作鸱鸟。

后来，我国有些地方的人们将猫头鹰称为"鹎鸱"，还认为"鹎鸱"是不吉祥的鸟，它半夜啼时凶多吉少。

凤凰：瑞祥的象征

寻根求源：

《山海经·南山经》中有语："（祷过之山）又东五百里，曰丹穴之山，其上多金玉。丹水出焉，而南流注于渤海。有鸟焉，其状如鸡，五采而文，名曰凤皇，首文曰德，翼文曰义，背文曰礼，膺文曰仁，腹文曰信。是鸟也，饮食自然，自歌自舞，见则天下安宁。"

注：据传，凤凰是一种高贵并且有灵性的神鸟：非梧桐不栖，非竹实不食，非醴泉不饮。凤凰全身羽毛华丽无比，并且还有一颗高傲的心。

故事传说：

凤凰，雄曰"凤"，雌曰"凰"。凤凰是中国古代传说中的神鸟、百鸟之王。根据《山海经》的记载，祷过之山往东五百里，有座山叫丹穴山，山上盛产金属矿物和玉石。丹水从这座山发源，然后向南流入渤海。山中有一种鸟，形状像鸡，身上的花纹五彩斑斓，它的名字叫凤凰，它头上的花纹像"德"字，翅

膀上的花纹像"义"字,背上的花纹像"礼"字,胸脯上的花纹像"仁"字,肚腹上的花纹像"信"字。这种鸟饮食十分从容自然,经常会自歌自舞,只要它出现,天下就会太平。

千百年来,中国人一直将凤凰看作幸福和美丽的化身。比如《诗经·大雅》中便有这样的诗句:"凤凰鸣矣,于彼高冈;梧桐生矣,于彼朝阳。"诗中以高冈梧桐郁郁苍苍,朝阳鸣凤婉转悠扬,渲染出一种君臣相得的和谐气氛。历代的工匠画师、民间艺人也以极其丰富的想象力,创造出了丰富多彩的凤凰图案,比如百鸟朝凤、凤穿牡丹、鹤飞凤舞、龙凤呈祥等,寄托了我国劳动人民渴望平安吉祥的美好愿望。

彘:水灾的预测者

寻根求源:

《山海经·南山经》中有语:"有兽焉,其状如虎而牛尾,其音如吠犬,其名曰彘,是食人。"

注:彘与长右一样,都是水灾的预示者,它们没有特殊能力,不会制造水灾。

故事传说:

从浮玉山的山顶往北望,可以看见具区。具区就是现在的太湖,浮玉山就如今天大名鼎鼎的天目山。太湖的古称为具区,也叫震泽。一万年前太湖还是一个海湾,经过六千年的陆地抬升,导致其与大海隔绝,才形成了一个湖。但那个时候的太湖还比较小,仅为现在的一半之大。后来到了尧帝的时候,太湖地区

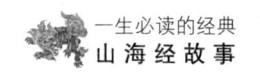

洪水泛滥，于是大禹来到这里治水，开凿了太湖连通松江、钱塘江、浦阳的通道，让太湖不再发水患。

浮玉山中有一种野兽，外形长得如老虎一般，出现在哪里，哪里就是一片汪洋。但是并不是水灾的制造者，也就是说它与水神共工不一样，没有兴风作浪制造火灾的神力，只有一点预知能力，能知道哪里将发生水灾，因为它们喜欢水，就会预先到那里玩闹戏水。因此，人们就经常责怪彘，将它看成带来水灾的不祥之兽。但是实际上，将水灾降临到凡间的，大多都是那些地位尊崇且有特殊能力的神。

㺅：能长生的羊

寻根求源：

《山海经·南山经》中有语："兽焉，其状如羊而无口，不可杀也，其名曰㺅，洵水出焉。"

注：㺅作为一种异兽虽无特殊能力，但它却可以在不吃不喝的情况下长生，为此它也位列高级神兽之列。

故事传说：

咸阴山往东四百里，是洵山。洵山也极为富饶，山上向阳的南坡遍布着黄金，背阴的北坡遍布着玉石。洵山里面有一种野兽，形貌与普通的羊一样，却没有嘴巴。没有嘴巴就预示着无法进食，但是这种兽类，即便是不吃不喝也能存活下去，它们的名字叫作㺅。

㺅即便是不吃不喝，也能照样存活下去，这听起来似乎是一种极为厉害的异兽。在异兽界，无须进食便能存活下去的，都是极为高级的神兽。因为具备这种能力的，都是地位极高的神，比如貔貅，它"只吃不拉"，它的主食是金银财宝，但它有嘴无肛，所以只进不出，因此大家都喜欢用它来招财聚宝。虽然獓能够不吃不喝，可是关于它的战斗力，并没有太多详细的描述，而且它既不是吉兽，也不是恶兽，只不过是一种无害的异兽。还有一种说法，认为獓虽无伤人的能力，是因为心怀慈悲，不愿意伤人，是一种能够长生不死的仁兽。

蛊雕：会吃人的雕

寻根求源：

《山海经·南山经》中有语："水有兽焉，名曰蛊雕，其状如雕而有角，其音如婴儿之音，是食人。"

注：考古学家发现陕西省某村庄战国晚期匈奴墓出土的纯金鹰嘴鹿形兽身怪兽，在造型上与《山海经》的蛊雕有相像的地方，可见，蛊雕的外形带有典型的北方草原文化的特点。

故事传说：

根据《山海经》的记述，在远古的鹿吴山，山上没有花草树木，但有丰富的金属矿物和玉石。泽更水从这座山发源，然后向南流入滂水。水中有一种野兽，名称是蛊雕，形状像普通的雕鹰却头上长角，发出的声音如同婴儿啼哭，是能吃人的。其实，蛊雕又称纂雕，是一种似鸟非鸟的食人怪兽，它的外形长得极其像雕，且名字中带有雕字，但它却不是鸟类，而是兽类，就跟蝙蝠一样，是有翅膀能飞的野兽。蛊雕是多才多艺的，它既可以在水中游，也可以飞上天

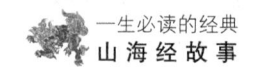

空，还可以在陆地上行走，是正儿八经的水陆空三栖异兽。

蛊雕的个性极为凶猛，是一种吃人的异兽，它的体形极为庞大，大嘴一次可以吞下一个人。而且由于它能飞翔也能游泳更能奔跑，遇到蛊雕的人们，便难逃被吞食的厄运。幸好，蛊雕是极懒惰的，它只要吃饱了就会去睡觉，如果不是饿得不行了，它们也是懒得出去觅食的。蛊雕可以说是《山海经》中最懒的异兽了。据传，蛊雕每隔十年才会醒来一次觅食，然后再去睡觉。每次觅食，都会选择人类。因此，人们会根据它的生活习惯去避开它，这样才不会每时每刻都生活在恐惧之中了。

蛊雕在很早以前，是生活在鹿吴山下的泽更水里的。后来因为在水里睡觉不太方便，蛊雕便寻找了一处叫作黎云荒原的地方，在那里找了一个清静的山洞去睡觉。

羬羊：马尾羊

寻根求源：

《山海经·西山经》中有语："有兽焉，其状如羊而马尾，名曰羬羊，其脂可以已腊。"

注：羬羊，即指大羊。据古代动物学史，注其为捻角山羊。

故事传说：

羬羊这种异兽生活于钱来山，该山是位于西方华山山系的第一座山。该山上面松林密布，山中有一种野兽，叫作羬羊。这种异兽形貌跟羊极为相似，但是尾巴却像马，没有任何的特殊能力，只是它的油脂可以用来治疗皮肤干裂。其实不论是哪种油脂，都对皮肤有治疗作用。其中，绵羊油的效果是最好的。羬羊其实也是属于羊的一种,据估计其属于一种绵羊,所以它的油脂可以用来治疗皮肤干裂也便不足为奇了。

　　羬羊根本没有任何凶悍的本性,也不是某种吉凶的征兆,只是长得比较奇怪而已。这种羊可能是历史上真实存在过的一种羊,西晋时期的文学家郭璞在对《山海经》注释时,对羬羊有这样的描述:古代的大月氏国有一种大羊,形体好像是驴,而长着马一样的尾巴。这种大羊,身长六尺,名叫羬羊,它的尾巴吃起来非常鲜美。也有人说,其实羬羊就是现在的盘羊。盘羊又叫作大角羊、亚洲巨野羊等,体形非常大,肩高能达到一米多,体重可以达到200千克,几乎有一头驴那么大了,可以说是羊中的大个子。

　　另外,还有一种说法即羬羊是羊力大仙的后裔。在1986年版的电视剧《西游记》中,羊力大仙与两位师兄虎力大仙、鹿力大仙一起,在车迟国当国师。羊力大仙不但是有正经工作的妖怪,而且还是极有文化、有素质的妖怪,根本没想着要吃唐僧肉,而是凭借着真本事与唐僧师徒比试求雨、坐禅、隔板猜物等功力。最后,孙悟空还是通过火眼金睛,看穿了他们的真面目才赢过他们的。

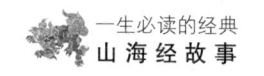

葱聋：红胡须羊

寻根求源：

《山海经·西山经》中有语："其兽多葱聋，其状如羊而赤鬣。"

注：葱聋，据《中国古代动物学史》注释，它实际上是指藏羚羊。

故事传说：

符禺山位于小华山西边约八十里，该山上生活着一种兽类叫作葱聋，它的形貌像羊一般，但是却长着红色的胡须。

据传，羊类最早是由西亚地区的民族驯化的，在伊朗西南部地区。后来，羊逐渐被传入中国，并且被中国境内的游牧民族羌族所接受。一开始是在西边的甘肃、青海地区，后来便逐渐扩散到全国境内。

羌族是一个极为古老的游牧民族，甲骨文中有一个，也是唯一一个关于民族（或氏族、部落）称号的字，即"羌"字，是中国人类族号最早的记载。"羌"字的意思是西边的牧羊人，有了羊，才有了逐水草而居的游牧民族。羌人以羊皮、纺毛为衣，以羊肉、羊油、羊血为主要食品，以自然脱水的羊粪为冬春季节取暖的源地，并视羊为连接人、神、鬼三界的信使。人们在与羌族的接触之中，或者说是在各民族相互融合的过程中，羌族对羊的崇拜也传给了华夏人。

羬羊与葱聋虽然都是长有异相的羊，但是性格很温顺，不会对人类造成威胁。因此，哪怕它们是异兽，也是不吃人的异兽，而是可以被人宰杀吃掉的异兽。

豪彘：多刺的猪

寻根求源：

《山海经·西山经》中有语："有兽焉，其状如豚而白毛，毛大如笄而黑端，名曰豪彘。

注：彘，即指猪，豪彘其实指豪猪。

故事传说：

竹山位于英山向西五十二里的地方，该山长着一种奇异的植物，外形酷似臭椿树，叶子像麻叶，开出的花是白色的，结出的果实是红色的，果实的外形看起来似一种矿石，将它浸在水中洗澡，可以治疗疥疮，也可以治疗浮肿病。

竹山中生活着一种奇异的野兽，形貌像小猪，外面长着一层白色的毛，毛如筷子一般粗细，其尖端呈现黑色，名字叫作豪彘。豪彘其实就是现在野地里生长着的豪猪。豪彘经常二三百头地集结在一起，成群结队地去偷吃庄稼，给周围人们的生活带来了极大的困扰。在受到驱赶或者追捕时，豪彘会使劲地鼓气，用身上又尖又长的刺去刺伤追捕者，以保护自己的生存安全。遇到猎食者时，它们又会将身体背对着猎食者，因为身后的刺更长。需要反击的时候，先后退，再用力扑向敌人并用刺狠狠地去刺对方。

令人奇怪的是，豪彘的刺虽然是保护自我生命安全的利器，却给自己的生活带来诸多的不便。据说在天气寒冷时，豪彘便聚集在一起，它们拼命地拥抱着，簇拥着，以相互取暖。因为抱得太紧，彼此都会被对方的刺扎到难以忍受。于是，它们又相互躲开，本能

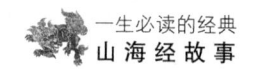

地拉开距离。但是过不了多久，它们又禁不住寒冷的侵袭，不由得又紧紧地抱在一起了，然后疼痛又将它们分开，于是就这样地分分合合，合合分分，到最终也得不到停歇。

嚣：长臂猿猴

寻根求源：

《山海经·西山经》中有语："有兽焉，其状如禺而长臂，善投，其名曰嚣。"

注：嚣作为一种猿猴，它有着高超的本领，与神话传说中的孙悟空的武艺不相上下。

故事传说：

羭次山位于浮山的西边七十里左右的地方，该山中有一种兽类叫作嚣，它的外形十分奇特，外貌像猿猴，双臂极长，非常擅长投掷，也有人将这种野兽叫作猕猴。

猕猴是我国境内最为常见的猿猴类，在几乎百分之六十的省份都有猕猴生活的足迹。猕猴是屁股没有长毛而尾巴较短的猴类，它们能够立起来行走。在神话传说中，有一个特别出名的猕猴——六耳猕猴，"善聆音，能察理，知前后，万物皆明"，一身本领比起石猴孙悟空丝毫不逊色。另外，它与孙悟空一样，除了有一身高强的武艺外，还精通变化之道，它若变成孙悟空的样子，就连天上极为高明的神仙也辨别不出真假。

六耳猕猴也是唐僧在西天取经路上的阻碍之一，但是六耳猕猴跟一般的妖怪丝毫不同，它没打算要去吃唐僧肉而长生不老，因为它本身已经长生不老了，它只想抢走取经的行李，然后代替唐僧去西天取经，以此想靠佛祖分封来修成正果。对于它的这种行为，孙悟空当然不会答应，于是就与它进行了一场恶斗，斗得惊天动地，从花果山一直打到南海观音那里，后又打到凌霄宝殿玉皇大帝那里，还打到九泉之下阎王爷那里，也没能够分出胜负来。最后，六耳猕猴是被如来佛祖破了真身，才被孙悟空制服。

谿边：能避邪的兽类

寻根求源：

《山海经·西山经》中有语："有兽焉，其状如狗，名曰谿边，席其皮者不蛊。"

注：谿边的皮具有避邪的功能，据此推测它应该为一种祥瑞之兽。

故事传说：

天帝山有一种野兽，外形与普通的犬类无异，但它却会爬树，这种野兽叫作谿边。人们在坐卧时铺垫上它的皮就不会中蛊。这里的蛊不仅指腹中的虫或者毒虫，也指妖邪毒气、妖魔鬼怪等。

在古代，迷信活动盛行。于是人们为了避邪，便常常去捕杀谿边。到了后来，谿边这种奇异的兽类几乎都要灭绝了，更别说捕捉它用来祭祀辟邪了。于是人们便使用狗来冒充谿边。尤其是到后来，黑狗的血已经成为人们用来作法驱邪的标配。

那么，从何时人们开始用狗血来驱除邪气的呢？东汉《风俗通义》中提及了在我国春秋早期秦德公以狗血来驱邪的风俗。秦德公，

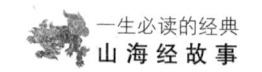

是大名鼎鼎的秦穆公的父亲，他在位期间做了一件大事情，就是将首都从偏僻的平阳迁至雍城（今陕西的凤翔）。雍城是秦国极为重要的城市之一，是秦国新近三百年的都城。虽然后来秦国迁都到了咸阳，雍城失去了政治中心的地位，但作为故都，雍城是秦人列祖列宗的陵寝以及宗庙所在地，许多重要的祀典还在此举行。比如秦始皇的冠礼就是在这里举行的。秦德公迁到雍城之后的第一件事情，就是用牛、羊、猪来祭祀天地，为了占卜居住在雍城里是否适宜。占卜的结果是：后代子孙将在黄河边饮马。秦德公大喜，于是决定在此定都。

在此定都的第二年，秦德公便设立了伏祭，也就是在进入头伏天时，在都城四门杀狗祭祀，借此来祛除传播疾病的暑气。由此可见，在春秋时期，豺边因为被人们所捕杀，已经极少见了，即便是国君要做祭祀，也需要用狗来代替。

朱厌：引发战乱的凶兽

寻根求源：

《山海经·西山经》中有语："有兽焉，其状如猿，而白首赤足，名曰朱厌，见则大兵。"

注：朱厌之所以被定义为凶兽，是因为人内心的猜忌所致，它本身并不会害人。

故事传说：

根据《山海经》的记载，有个小次山位于鸟危山西边四百里左右，该山极为险要，山中有一种凶猛的野兽叫作朱厌。它的外形看起来很像猴子，但是全身毛发鲜红如火一般，唯有头部是白色的，其双臂强健有力,擅长在树林中穿梭。在茂密的森林之中,朱厌的奔跑速度极快,举世无双,加上它那敏捷的身手,可以说是森林中的一方霸主。

据传,有朱厌出入的地方,就会发生大的战乱。所以人们对它厌恶至极,实际上也预示了古人对战争的厌恶。

据传,在许久以前,有两个大国,有水火不相容的深仇大恨,于是两国经常打仗,使两国民众都苦不堪言,流离失所。几年之后,两个国家的国君都意识到,如此打下去,都会付出极为惨重的代价。于是两国国君便有意讲和,只是需要一个合适的契机。正好其中一国捕捉到了一只长得极为奇怪的猿猴,这只猿猴不仅长得威武,而且还聪明伶俐。一个国家的国君知晓另一个国家的国君也喜欢此猿猴,就将此猿猴作为礼物送了出去,以此来表达自己的善意。另一国的国君见这只猿猴颇有灵性,很是喜欢,便将此养在宫中,以供玩耍。两国的关系由此也得到了缓和,都停止了战争。

未曾预料到,猿猴被寄养在宫中后的一天,皇后突然遇害,而锁在笼子里的猿猴也消失得无影无踪。国君为此大怒,认为是这只猿猴干的。国君认为对方国君不安好心,便将这只恶兽送给了自己,以用来诅咒自己的国家,一怒之下便率兵去攻打对方。于是两国的战乱自此便没有消停过,两国的百姓也为此苦不堪言。经过这件事情之后,朱厌便被人定义为能引发战乱的"凶兽"。

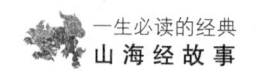

举父：文臂猿

寻根求源：

《山海经·西山经》中有语："有兽焉，其状如禺而文臂，豹尾而善投，名曰举父。"

注：据推测，举父这种野兽应该为猿猴在进化成人过程中，某个阶段的兽类。

故事传说：

根据《山海经》的记载，在西方第三列山系开头的一座山，叫作崇吾山。山中生活着一种野兽，形貌像极了猿猴，胳膊上面有斑纹，长着豹子一般的尾巴。它有一个习惯，就是动不动就抚摸自己的头，它有很大的力气，能举起石头来砸人，所以命名为举父。

据说举父与巨人夸父有着极大的关系。在远古时期，在北方的荒野之中，有座巍峨雄伟、高耸入云的高山，叫作成都载天。在山林的深处，生活着一群力大无穷的巨人，他们是大神后土的子孙，名字叫作夸父。夸父的族人，都长得雄壮无比，高大魁梧，耳朵上面经常挂着两条蛇，手里经常握着两条黄蛇，形状很是威武，可他们的性情却温厚纯良、勤劳勇敢。夸父族一直跟蚩尤部族比较亲近，后来蚩尤部落与黄帝部落作战，邀请夸父族来助阵。讲义气的夸父族人就跟随蚩尤部落，一起来对抗黄帝部落。

最后的结果是蚩尤失败被杀，夸父族人因为追随蚩尤与黄帝为敌，也要被惩罚卖作奴隶。于是有很多不愿意做奴隶的夸父族人便逃进深山老林之中。住在深山老林中的夸父族人因为不敢与外界进行接触，时间久了他们的语言也没有人能够听得懂了；他们没有衣服穿，只是裹一些兽皮，所以胳膊上会有野兽一样的花纹；由于很害怕被抓回去当奴隶，所以他们见了人就向其投掷石头。后来，人们也不再认为他们是人，而只是一种叫举父的野兽而已。

土蝼：吃人的山羊

寻根求源：

《山海经·西山经》中有语："有兽焉，其状如羊而四角，名曰土蝼，是食人。"

注：羊类一般属于草食动物，而土蝼属于羊类，据传，它本来该是食草的，只有它非常饥饿的时候，才会吃肉。

故事传说：

四海之内最高的山，莫过于昆仑山，此山也是天帝在下界的城池，该山由一个叫陆吾的大神掌控着。而土蝼则是陆吾的一个忠诚的下属，同以昆仑山为家。土蝼的形貌像普通的羊，却长着四只角，而且是吃人的怪兽。土蝼的角十分锋利，可以说是无坚不摧。土蝼作为陆吾的得力下属，协助陆吾管理昆仑山，自然需要一些威慑力，才能够履行自己的职责。

土蝼曾经跟随着它的上司陆吾一起接待过周穆王。周穆王是周朝的第五代君主，是周朝历史上最富有神话色彩的君王。相传，周穆王曾经活了一百多岁，五十岁才当上国君，不久之后便很是热闹地举行了一回"西游"。他坐着八匹骏马拉的车，一日能行三万里。为他驾车的是当时有名的驭手造父。

周穆王到了昆仑山，见到了西王母，一个是地下万民之王，另

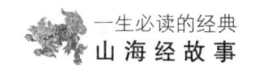

一个是天上的神仙，两人见面后竟然惺惺相惜，互生好感。西王母在美丽的瑶池设宴接待了周穆王。待酒毕人散，西王母问道："你什么时候还来看我？"周穆王耍了滑头，回答道："我要是能够抽出时间，就准备三年后再来。三年后要是来不了，你就别再等了。"听到此话，西王母当然是失望至极，便说道："我在这里过得不错，你要是没时间便不要来了，别耽误了你的职责。"幸好周穆王没有留下，否则土蝼和陆吾说不定还会失业呢？

狡：西王母身边的瑞兽

寻根求源：

《山海经·西山经》中有语："有兽焉，其状如犬而豹文，其角如牛，其名曰狡，其音如吠犬，见则其国大穰。"

注：人们将狡定义为五谷丰登的象征，实际上，真正能使百姓五谷丰登的是西王母。

故事传说：

据传，西王母虽然在昆仑山，但玉山却是她的后花园，平时除了有正事会到昆仑山外，业余时间的吃住睡觉等，都在玉山。在玉山上面，西王母还养了一只宠物，叫作狡。根据《山海经》的记述，狡的外形像极了普通的狗，却长着豹子的斑纹，头上的角与牛角极为相似，发出的声音如同狗叫一般。西王母养的可不是普通的狗，而是一种瑞兽，据传它在哪个地方出现，那个地方就会五谷丰登。这可能是因为狡总是跟着西王母出巡，狡去过的地方，便是西王母曾经到过的地方。西王母若想让某个地方五谷丰

登，人们便会带着狡出现在某地。于是，当某个地方出现了丰收的情景，便会将功劳归于狡。因此，狡也成了民间的一种瑞兽。

狰：以虎豹为食的凶兽

寻根求源：

《山海经·西山经》中有语："有兽焉，其状如赤豹，五尾一角，其音如击石，其名曰狰。"

注：有一个词语叫"狰狞"，用来形容人十分凶恶的样子，而此词中的"狰"，便源于凶兽"狰"。

故事传说：

章莪山位于长留山的西边二百八十里的地方，这座山与众不同的是，山上不生草木，却有很多玉石。山中有一种名字叫作狰的野兽，形貌似红色的豹子，身后有五条尾巴，头上长着一只角，叫声犹如敲击石头时发出的"狰狰"之音，所以叫作狰。

章莪山地势险要，山上虽然不长草木，却恶兽丛生，其中两种最为著名的恶兽就是狰和神鸟毕方。毕方极为神勇，在黄帝和蚩尤大战中，毕方曾立下过汗马功劳。以虎豹为食的狰则是另一种恶兽，它的外形看起来像豹，却比豹多了一只角，还长着五条尾巴，相应的性情也残暴许多，专以老虎和豹子为食。

据传，狰与狞、猖、獗、狡等恶兽都是神兽白虎的后代。白虎是中国神话中最为厉害的神兽之一，它与青龙、朱雀、玄武、黄龙，并称天官五兽。身为百兽之长的白虎很擅长降服鬼物。白虎还是神话传说中的战神、杀伐之神，在人间，民众常用它来避邪、清灾和祈福。白虎可以说是祥瑞之兽，但它的五个后代却未能走上正途，

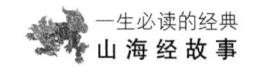

丝毫没做出让人称颂的事情，都成了吓人的怪兽。其实狰和狞长相最为凶恶，光它们的样貌就能将人吓跑；而猖、獥则是个性较为张扬的怪兽，狡的性情则较为阴险毒辣。

天狗：外形如猫的神犬

寻根求源：

《山海经·西山经》中有语："有兽焉，其状如狸而白首，名曰天狗，其音如榴榴，可以御凶。"

注：有人说天狗星是天犬的鼻子，有人认为是犬的眼睛。狗是人们的好伙伴，"天狗"却是人们畏惧的凶神恶煞。据传，看见它的人吉少逆多，有血光之灾。

故事传说：

根据《山海经》的记述，从章莪山往西三百里就是阴山，山中有一种野兽，外形像狸猫，脑袋呈白色，常常发出"喵喵"的叫声。这种野兽的样子就像野猫，叫声也像猫，但名字却叫天狗。

在古时候流传着一个叫"天狗食月"的传说。有一位名叫"目连"的公子，生性好佛，为人善良。十分孝顺母亲，但是，目连之母，身为娘娘，生性暴戾，为人好恶。

有一次，目连之母突然心血来潮，想出了一个恶主意：让和尚吃狗肉开晕。她吩咐做了三百六十个狗肉馒头，说是素馒头，要到寺院去施斋。目连知道了这事，劝说母亲无果，忙叫人去通知了寺院方丈。方丈就准备了三百六十个素馒头，藏在每个和尚的袈裟袖子里。目连之母来施斋，发给每个和尚一个狗肉馒头。和尚在饭前念佛时，用袖子里的素馒头将狗肉馒头调换了，然后吃了下去。目连之母见和尚们个个吃了她的馒头，"嘿嘿"拍手大笑说："今日和尚开荤啦！和尚吃狗肉馒头啦！"方丈双手合十，连声念道："阿弥陀佛，罪过，罪过！"事后，和尚们将三百六十个狗肉馒头在寺院后面用土埋了。

天上玉帝知道这事后，十分震怒。将目连之母打下十八层地狱，变成一只恶狗，永世不得超生。

目连是个孝子，得知母亲被打入地狱。他日夜修炼，终于成了地藏菩萨。为救母亲，他用锡杖打开地狱门。目连之母和全部恶鬼都逃出地狱，投生凡间作乱。玉帝大怒，令目连下凡投身为黄巢。后来"黄巢杀人八百万"，传说就是来收这批从地狱逃出来的恶鬼。

目连之母变成的恶狗，逃出地狱后，因十分痛恨玉帝，就窜到天庭去找玉帝算账。她在天上找不到玉帝，就去追赶太阳和月亮，想将它们吞吃了，让天上人间变成一片黑暗世界。这只恶狗没日没夜地追呀追！她追到月亮，就将月亮一口吞下去；追到太阳，也将太阳一口吞下去。不过目连之母变成的恶狗，最怕锣鼓和燃放爆竹的声音，吓得恶狗把吞下的太阳、月亮又只好吐了出来。太阳、月亮获救后，又日月齐辉，重新运行。恶狗不甘心又追赶上去，这样一次又一次就形成了天上的日食和月食。民间就叫"天狗吃太阳""天狗吃月亮"。在古时候，每逢日食、月食，百姓们敲锣击鼓、燃放爆竹来赶跑天狗。

讙：一眼三尾兽

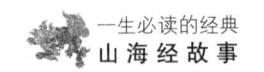

寻根求源：

《山海经·西山经》中有语："有兽焉，其状如狸，一目而三尾，名曰讙，其音如夺百声，是可以御凶，服之以瘅。"

注：这里的"瘅"即通"疸"，黄疸病的意思。

故事传说：

翼望山与章莪山一样，都是不长花草树木，却蕴藏着十分丰富的金属矿物和玉石。山上面有一种野兽，体形与一般的狸猫极为相似，却只长了一只眼睛，三条尾巴，它的名字叫作讙。这种兽类发出的声音能压倒一百种动物一起叫的声音，人间的民众却用它来驱除凶邪之气，人若吃了它的肉就能治好黄疸病。

有人说，讙其实就是一种极常见的动物：獾。这是一种嗅觉极为灵敏的动物，其体长约七八十厘米，体形粗实肥大，四肢短，耳壳短圆，眼小鼻尖，颈部粗短，前后足的趾均具强有力的黑棕色爪，前爪比后爪长。脊背从头到尾长有长而粗的针毛，颜色是黑棕色与白色混杂，呈现棕灰色；鼻端具有发达的软骨质鼻垫，类似猪鼻；四肢较粗而强，趾端均生有强而粗的长爪，爪长近似趾长。獾依靠灵敏的嗅觉，拱食各种植物的根茎，也吃蚯蚓和地下的昆虫幼虫，或者在溪边捕食青蛙和螃蟹，或者在灌木丛中捉老鼠，甚至吃动物腐烂的尸体。它的爪子细长而且弯曲，尤其是前肢爪，是掘土的有力工具。獾是群居动物，一个洞穴内居住十只左右。獾是夜行性动物，有冬眠习性，在秋季积累大量脂肪，十一月入洞冬眠，第二年三月出洞。

有一种鸟叫响蜜䴕，比麻雀稍大一些，也很喜欢吃蜂蜜和蜂蜡等，却毫无力气弄破蜂巢。于是响蜜䴕与蜜獾便相互合作。响蜜䴕发现树上面的蜂巢时，便发出特殊的信号，不停地扇动翅膀，并且发出"嗒嗒"的响声。蜜獾得到信号后，匆匆赶往目标所在地，爬上树去，咬碎蜂巢，吃掉蜂蜜，而此时响蜜䴕则悠闲地在旁边等候。等蜜獾美餐一顿走了之后，再来独自享受被蜜獾咬碎的蜂房里的蜂蜜和蜂蜡。

驳马：独角兽

寻根求源：

《山海经·西山经》中有语："有兽焉，其状如马，而白身黑尾，一角，虎牙爪，音如鼓，其名曰驳，是食虎豹，可以御兵。"

《山海经·海外北经》中亦有语："有兽焉，其名曰驳，状如白马，锯牙，食虎豹。"

注：据传，驳马其实是神兽白泽的后代。白泽是一种极高级的神兽，它能说人话，通万物之灵，但其后裔驳马则退化到极为普通的物种了。

故事传说：

驳马生活在中曲山，其外形长得极为奇特，外形如普通的马匹，身子长着白色的毛，尾巴则是黑色的，头顶只长了一只角，牙齿和爪子像老虎一样极为锋利，发出的声音犹如击鼓一般。它是极为威猛的兽类，能吞食豹子和老虎，据说家中饲养它可以避免兵刃之灾。

在春秋战国时期，齐桓公骑着一匹马行至深山处，远远地看见有一只老虎。较为奇怪的是，这只老虎不但没有扑过来撕咬他，反而趴在地上不敢动。齐桓公很是纳闷，便问齐相管仲："我只是乘了一匹马，老虎看见我却不敢动弹，这是怎么一回事呢？"管仲回答说道："因为您骑着的是驳马，驳马是专吃老虎的猛兽，所以老虎一看见它便害怕，不敢走上前去。"

隋唐时期，著名的将军秦琼的坐骑叫作忽雷驳，这个坐骑原本是隋将尚师徒的爱马，此马长三米多，高二米多，此马平时不叫，颔下有一肉瘤，肉瘤上有三根毛，主人一抓肉瘤马即轻叫，若一拉肉瘤上的毛，呼雷驳叫声若雷。后来，秦琼死后，该马不吃不喝，不久便追随它的主人而死去了。

穷奇：食人的凶兽

寻根求源：

《山海经·西山经》中有语："其上有兽焉，其状如牛，蝟毛，名曰穷奇，音如獆狗，是食人。"

《山海经·海内北经》中有语："穷奇状如虎，有翼，食人从首始，所食被发。在蜪犬北。一曰从足。"

注：穷奇是一种食人的凶兽，为此，古人也把那种不重情意、远君子近小人的人称为"穷奇"。

故事传说：

据《山海经·海内北经》所记载，指穷奇外貌像老虎，长有一双翅膀，喜欢吃人，更会从人的头部开始进食，是一头凶恶的异兽。可是，同样在《山海经》中，《山海经·西山经》一篇却提到穷奇的另一种形象，外貌像牛，长着刺猬的毛发，与《山海经·海内北经》所述则有很大的差别。不过二者都是喜欢食人的凶兽，这方面则没有分别。

据说穷奇经常飞到打斗的现场，将有理的一方鼻子咬掉；如果有人犯下恶行，穷奇会捕捉野兽送给他，并且鼓励他多做坏事。

穷奇很有意思，看见有人打架，它就要去吃了正直有理的一方；听说某人忠诚老实，它就要去把那人的鼻子咬掉；听说某人作恶多端，反而要捕杀野兽馈赠。由此可见，它应该是头凶兽，而且还是一种惩善扬恶的生物。然而有些书上又说它也不是那么坏，在古时腊八的前一天，宫廷里要举行一个叫逐疫的仪式，由方相氏带着十二只异兽游行，穷奇和另一只叫腾根的异兽，共同负担着吃掉害人的蛊的任务，于是又让人感觉它对人还是有些益处的，之后神话被历史化，神鬼也被人格化，穷奇逐渐演变为天下四凶之一，最后终于被舜帝灭了。

孰湖：人面蛇尾鸟翼马

寻根求源：

《山海经·西山经》中有语："有兽焉，其状马身而鸟翼，人面蛇尾，是好举人，名曰孰湖。"

注：这里的"好举人"即指喜欢将人举起来。

故事传说：

崦嵫山位于鸟鼠同穴山西南方向三百六十里处，该山是一处福地，这里出产很多珍禽异兽和奇花异果。山上面有很多的丹树，丹

一生必读的经典
山海经故事

树的果实有西瓜那么大，皮呈红色的，内里是黑色的，这种树的果实，可以用来治疗黄疸，另外也可以用来预防火灾。在崦嵫山向阳的南坡则多产乌龟，背阴的北坡则出产色泽明亮的美玉。

另外，崦嵫山上面还生活着另一种野兽，名字叫作孰湖。它的身体像极了马匹，长着鸟的翅膀、人的面孔与蛇的尾巴，喜欢把人抱着举起来。孰湖集人、马、鸟、蛇于一身，样子十分凶狠，却很喜欢亲近人类，喜欢被人骑，而且十分愿意帮助人类。

孰湖其实是上古时期崦嵫山一带部落对马的图腾崇拜。马是人类极为重要的动物伙伴，是草食性动物。约在 4000 年前被人类驯服。与一些拥有惊人智商的啮齿类动物一样，马也是一种非常聪明的动物，拥有惊人的长期记忆力。

据传，马在黄帝时期便已经出现了。一次，黄帝的部下捕获了一匹野马，性情极为刚烈，人一旦接近它，它就前蹄腾空，昂头嘶鸣，或者将后腿蹦起。黄帝便委托驯养动物的能手王亥驯服了它。之后，风后、应龙、女魃、陆吾等都前去庆贺，认为骑马可以代替步行，省力又快捷。从此之后，驯养马的技术便逐渐流传到中国的各个部落，马也成为人们出行不可或缺的代步工具。

水马：文臂牛尾巴

寻根求源：

《山海经·北山经》中有语："其中多水马，其状如马，而文臂牛尾，其音如呼。"

注："文臂"即马腿上长有花纹。

故事传说：

求如山位于单狐山北边二百五十里左右，该山上丛林茂密，溪水涧流，野兽异常繁多，水马便是其中的一种野兽。水马的外形与马极为相似，但是前腿上却长有花纹，尾巴像牛一般，它的叫声很大，距很远也能听得见。

水马是一种灵瑞的兽类，但凡水马出入的地方，都会发生祥瑞之事。所以，人们对水马常怀敬畏之情。据传，水马是传说中龙马的后裔。龙马其实又叫龙精，其在神话中第一次出现，是在伏羲时期。伏羲是上古时期神话传说中的"三皇"之一，是华夏文明的鼻祖。

关于伏羲的出生，有这样一个传说。上古时代，华胥国有个叫"华胥氏"的姑娘，到一个叫雷泽的地方去游玩，偶尔看到了一个巨大的脚印，便好奇地踩了一下，于是就有了身孕，怀孕十二年后生下一个儿子，这个儿子有蛇的身体人的脑袋，取名为伏羲。伏羲生日为农历三月十八日。中原地区有在农历三月十八日祭祀伏羲的风俗。伏羲出生后，为人类发展做出了极大的贡献，其主要表现在以

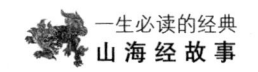

下几个方面：

1. 创立八卦，开启了中华民族的文化之源。伏羲八卦中所蕴含的"天人谐和"的整体性、直观性的思维方式和辩证法思想，是中华文化的原点。

2. 教民作网用于渔猎，提高了人类的生产能力。同时教民驯养野兽，这就是家畜的由来。

3. 变革婚姻习俗，倡导男聘女嫁的婚俗礼节，使血缘婚改为族外婚，结束了长期以来，子女只知其母不知其父的原始群婚状态。

4. 始造文字，用于记事，取代了以往结绳记事的形式。

5. 发明陶埙、琴瑟等乐器，创作乐曲歌谣，将音乐带入人们的生活。

6. 将其统治地域分而治之，而且任命官员进行社会管理，为后代治理社会提供借鉴。

7. 根据《长沙子弹库楚帛书》的记载可见伏羲时期已有天地，但仍是一片荒芜，于是伏羲娶妻。

相传伏羲在做部落首领时，出现了一匹龙马肆虐人间，那匹龙马有着龙的脊背和马的身形，背上有对翅膀，高约三米，身上有龙鳞，在水面上踩着水行走，如踏平地，背有图点，由黄河进入图河（今河南洛阳孟津县），游弋于图河之中，到处兴风作浪。伏羲挺身而出，与龙马大战七天七夜，终于降服了它。最后伏羲根据龙马背上的图点，仰观天象，俯看大地，绘制出了河图，创造了八卦的符号，史称"先天八卦"。

䑏疏：能避邪的神兽

寻根求源：

《山海经·北山经》中有语："有兽焉，其状如马，一角有错，其名曰䑏疏，可以辟火。"

注：后世因为白泽能够趋吉避凶，常将它的形貌使用在物品之上，《通典》记帝王之旗就绘有白泽的形貌，被称为白泽旗。

故事传说：

从求如山再往北三百里，有一座山名叫带山，山上盛产美玉，山下面盛产青石与碧玉。山中有一种神兽，叫作䑏疏。䑏疏的形貌像极了普通的马匹，但其头顶上长着一只角，质地如同较为坚硬的磨刀石。于是它也便成了传说中的"独角兽"，也就是神兽白泽。据说，饲养䑏疏可以避火。

在神兽界，白泽具有极高的地位，与麒麟、凤凰等神兽有同样的地位，并且同它们一样，白泽也是一种极为祥瑞的兽类。传说，黄帝在昆仑山东边的恒山游玩，偶然在海边遇到一只白泽神兽。此兽能说人话，而且有一种特异功能，就是随时随地能够知晓天地鬼神的事情，对于山林水泽的各种精怪更是了如指掌，甚至比黄帝本人知晓得还多。于是，黄帝便派人将白泽所说的各种精怪都画成图像，并且在图的旁边加上注解，一共画了一万一千五百二十种妖魔鬼怪。从此，黄帝管理世间万物就方便多了。

据传，白泽是中国神话传说中的神兽，因为它知晓天下所有鬼怪的名字、形貌和驱除的方术，所以从很早开始，就被当作驱鬼的神兽和祥瑞来供奉。尤其到了中古时期，对白泽的尊崇更是隆重。

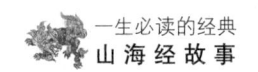

当时《白泽图》（又称《白泽精怪图》）一书非常流行，到了几乎人手一册的程度。书中记有各种神怪的名字、相貌和驱除的方法，并配有神怪的图画，人们一旦遇到怪物，就可以按图索骥加以查找。在禅宗语录中，也常见"家有白泽图，妖怪自消除""不悬肘后符，何贴白泽图""家无白泽图，有如此妖怪"一类的语录。人们将画有白泽的图画挂在墙上面，或者贴在大门上用来辟邪驱鬼。在当时，还有做"白泽枕"的习俗，即做成白泽形象的枕头用于寝卧，其用意也是为了辟邪驱鬼。

孟槐：避除凶邪之气的兽类

寻根求源：

《山海经·北山经》中有语："有兽焉，其状如貆而赤毫，其音如榴榴，名曰孟槐，可以御凶。"

注："貆"应指"幼小的貉"。

故事传说：

在北山山系中，有一座山叫作谯明山，位于带山以北四百里的地方，山上没有植物，却遍布各种各样的矿物。山中有种野兽，样子像极了貉，但皮毛却是红色的，叫作孟槐。孟槐的叫声如同辘轳在抽水时所发出的声音，据传，饲养孟槐可以避除凶邪之气。

据传，孟槐是貉的一种。貉是一种非常古老的犬科物种，被认为是类似于犬科的祖先。它的体形短而肥壮介于浣熊和狗之间，小于犬、狐。体色乌棕。吻部白色；四肢短呈黑色；尾巴粗短。脸部有一块黑色的"海盗似的面罩"。

栖息于阔叶林中开阔、接近水源的地方或开阔草甸、茂密的灌丛带和芦苇地；很少见于高山的茂密森林。夜行性，沿着河岸、湖边以及海边觅食，食谱广泛，取食范围从鸟类、小型哺乳动物直至水果。以成对或临时式的家族群体被发现。与大多数的犬科成员不同，它比较善于爬树。貉也是犬科动物中唯一一种在冬季休眠的动物，在秋季大量取食，直到体重比原来增加50％为止，然后在洞穴中栖息，直到熬过漫长的冬季。而孟槐身为貉的一种，也有同样的生活习性。

孟极：白身豹

寻根求源：

《山海经·北山经》中有语："有兽焉，其状如豹，而文题白身，名曰孟极，是善伏，其鸣自呼。"

注：这里的"文题"即指花额头。

故事传说：

根据《山海经》的记述，石者山位于丹熏山北边二百八十里，山上不长花草树木，却遍布着瑶、碧之类的美玉。泚水从这座山发源，向西流入黄河之中。石者山上栖息着一种野兽，形貌极像普通的豹子，花额头、白身子，名字叫作孟极，它非常善于隐藏身体，叫声就如同叫自己的名字"孟极！孟极！"一般，

孟极这种兽类很像豹子，全身长满了花纹，而皮毛呈白色，十分善于潜伏。看了这些介绍，就极容易知道，孟极可能就是传说中

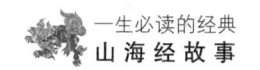

的雪豹。在我国上古时期的神话传说中，雪豹也是一种神兽，并且还有以雪豹为图腾的氏族。

雪豹是分布在海拔较高之处的食肉动物。有固定洞穴，夜行性，多晨昏活动，独居。以伏击式捕食山羊、岩羊、斑羚等各种高山动物，偶袭击牦牛群、咬倒掉队的牛犊。雪豹夏季居住在海拔5000～5600米的高山上，冬季一般随岩羊下降到相对较低的山上；雪豹的巢穴设在岩洞中，一个巢穴往往一住就是好几年。雪豹以岩羊为主食，也捕食高原兔等小动物，所以其栖居地也就在岩羊集中分布的山区。黄昏时，岩羊开始离开岩石到草地觅食，雪豹则随岩羊群活动，常以突然袭击的方式捕食岩羊，咬其喉部使之死亡。为了猎食，雪豹往往出去很远，常按一定的路线绕行于一个地区，需要许多天沿原路返回。夜行性，白天很少出来，或者躺在高山裸岩上晒太阳。其在黄昏或者黎明的时候最为活跃，上下山有一定的路线，喜走山脊和溪谷。

在尼泊尔的传说中，雪豹是山神的"护法神"。如果牧民在野外烤肉，山神就会派雪豹去进行惩戒。尼泊尔还将雪豹称为庄稼的"天然栅栏"。这是因为如果没有雪豹，各种野生动物就会肆无忌惮地糟蹋庄稼。

幽鴳：嬉笑猴

寻根求源：

《山海经·北山经》中有语："有兽焉，其状如禺而文身，善笑，见人则卧，名曰幽鴳，其鸣自呼。"

注：这里的"禺"即指猿猴。

故事传说：

根据《山海经》的记载，在石者山往北一百一十里左右，有一座山叫边春山，山上长着野葱、冬葵、韭菜、野桃树、李树。边春山上有一种野兽，外形像猿猴而身上满是花纹，喜欢嬉笑，最神奇的是一见到人，就躺在地上装死。这一点和鸵鸟有些相似的地方，那就是都喜欢自己骗自己。也算是，大千世界里的一朵奇葩！这种动物就是幽鴳，它叫的声音便是自身名称的读音。"幽鴳"的"鴳"字带有鸟字旁，但幽鴳却是一种兽，是"禺"的一种。禺是古代传说中的一种猴子，因此有史料记载"幽鴳"与禺是同一种动物的不同叫法。

幽鴳是一种极讲求礼貌和道德的猴子，它们居住在树上面，白面黑颊，胡须很多而且毛须斑斓，尾巴比身子还要长，末端还有分叉，下雨的时候就用尾巴上的分叉塞住鼻孔。平时喜欢成群结队，年长的走在前面，年幼的跟在后面。进食的时候，它们还会相互推让，就跟人一样。"相爱而居，相聚而生，相赴而死"，是古人对它们的赞美。据说人们只要捕住一只幽鴳，其他的幽鴳便会成群地啼叫着追随，即使被杀也不离开，情愿共同死去。因此，古人对幽鴳的这种"义士"行为很是赞赏，称它们为"仁兽"。

幽鴳的性格特别多疑，见到人便躺在地上，它们看似在装死，其实是在偷偷地观察人。人们只要有一点点动静，它们就会嗖地爬到树上面。这与很多动物一遇到具有威慑性的敌人便装死，是一个道理。

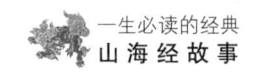

足訾：长有牛尾文臂马蹄的猴

寻根求源：

《山海经·北山经》中有语："有兽焉，其状如禺而有鬣，牛尾、文臂、马蹄，见人则呼，名曰足訾，其鸣自呼。"

注："见人则呼"，即指看到人便呼叫。

故事传说：

蔓联山中有一种野兽，形状像猿猴却长着鬣毛，还有牛一样的尾巴、长满花纹的双臂、马一样的蹄子，一看见人就呼叫，名称是足訾，它叫的声音便是自身名称的读音。

足訾长有鬣毛、牛尾、马蹄，因此，人们认为它是狒狒的一种。狒狒体形比较大，智商也比较高，常栖息于热带雨林、稀树草原、半荒漠草原、高原山地、低山丘陵、平原或峡谷峭壁中。主要在地面活动，也爬到树上睡觉或觅食，善游泳，能发出很大叫声。白天活动，夜间栖于大树枝或岩洞中。食物包括各种小动物及植物。群居，每群十几只至百余。主要天敌是豹。无固定繁殖季节，每胎产一仔。野生寿命约20年。主要分布于非洲，个别种类也见于阿拉伯半岛。狒狒是一种群居动物，在族群中，它们的等级秩序非常明显，还有十分严格的纪律。

据说，在一些阿拉伯国家，狒狒在被人驯化之后，可以用来看家、看孩子和采集鲜果。很多时候，狒狒还是牧羊人的好帮手，能够尽心尽力地为主人效劳。与牧羊犬相比，狒狒还可以清点羊的数目。如果它发现羊少了几只,就会想方设法将迷路的羊寻找回来,因此总是得到主人的赞赏。

在古埃及地区,狒狒是极为神圣的动物,被称为太阳神的儿子,因为每天清晨都是狒狒第一时间全体迎接太阳的升起,十分虔诚。古埃及人还将狒狒制作成木乃伊来祭奠神灵。古埃及人非常重要的一个神索斯,他就长着狒狒一般的头。

诸犍:人首豹

寻根求源:

《山海经·北山经》中有语:"有兽焉,其状如豹而长尾,人首而牛耳,一目,名曰诸犍,善吒,行则衔其尾,居则蟠其尾。"

注:这里的"蟠"即指环绕、盘伏。

故事传说:

诸犍是单张山上的神兽,单张山位于蔓联山北边一百八十里左右的地方,该山中有一种野兽,叫作诸犍。诸犍的样子很像豹子,它长着牛的耳朵,一只眼睛,有一条长长的尾巴,能够发出巨大的响声。它行走时衔着尾巴,休息时又能将长长的尾巴盘起来。诸犍有另一个名字,叫作胖郎神,它有着极大的力气,很擅长射箭。因为它力气极大,所以发出的箭威力无穷,被击中者,九死一生,生则残废,生活无法自理,可怕无比。

在《山海经》中,无论是人、神、兽,都有豹的特性。其中,

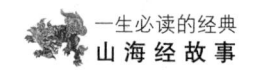

大名鼎鼎的西王母，就是"豹尾虎齿"，另一位大神长乘，也长着一条豹尾。长乘天生具有九德之身，论来头不比西王母小，他们都有一条豹尾，这说明豹子在上古神话里的地位是极高的。

虽然《山海经》对它没有特别详细的介绍，但是据推测诸犍应是一种地位比较高的神兽。有一种说法认为诸犍就是神话传说中龙的第四个儿子——蒲牢。蒲牢平生好音好吼，洪钟上的龙形兽钮是它的遗像。原来蒲牢居住在海边，虽为龙子，却一向害怕庞然大物的鲸。当鲸一发起攻击，它就被吓得大声吼叫。于是人们就将其形象置于钟上，并将撞钟的长木雕成鲸鱼状，以其撞钟，求其声大而亮。

那父：白尾牛

寻根求源：

《山海经·北山经》中有语："有兽焉，其状如牛而白尾，其音如訆，名曰那父。"

注：这里的"訆"通"叫"，大声呼叫。

故事传说：

那父是一种奇兽，样子像极了牛，尾巴却是白色的，其叫声犹如人在呼唤。据《山海经》记载，灌题山是那父所在的山，该山位于单张山北边三百二十里左右。该山中生长着茂密的臭椿树和柘树，山下面到处都是流沙，还遍布着很多磨刀石。

实际上，根据那父的外形及其习性判断，那父应该是生活在古代的一种野牛。在我国古代，最常见的野牛是原牛。原牛在欧亚大

陆曾经普遍存在，东到朝鲜、西到法国都生存着大量的原牛。原牛的体形远大于一般家牛。一头较大的家牛肩高也只有 1.5 米，但原牛可达 1.75～2 米，体重可达 1 吨。原牛亦具有多种家牛已消失的特征，诸如牛角向前。公牛毛色呈黑色，背部有条白线，母牛与幼牛为红褐色，性情凶猛。在古代，能杀死一只原牛是代表勇敢的象征。

据传，原牛是大约八千年前就开始被人类所驯养的，之后逐渐进化成了如今常见的黄牛。而野生的原牛则由于人类的捕杀以及地被破坏，逐渐趋于灭绝。在大约两千多年前，欧亚大陆已经仅剩欧洲中部还有原牛的存在。原牛与欧洲野牛完全属于不同的物种，在古代欧洲有很多神话都是以原牛作为原型的，而不是以欧洲野牛。

到 11 世纪，原牛数量已经很少了，只有在东普鲁士、立陶宛及波兰的野外还有少量残存，其他地方的原牛已经被人类全部捕杀。

到了 1359 年，东普鲁士、立陶宛的原牛相继灭绝。只有在波兰还能见到原牛的踪迹，此时波兰泽母维持公爵下令保护原牛，使波兰成了原牛最后的保护地。但原牛仍遭到人类的捕杀，到 1599 年时，只剩下 20 只生活在波兰西部森林中，到了 1620 年便只剩下最后一只，这只原牛一直活到 1627 年，它的死去，代表着原牛从此全部灭绝。

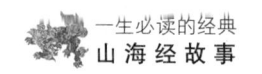

旄牛：长毛牛

寻根求源：

《山海经·北山经》中有语："有兽焉，其状如羊，而四节生毛，名曰旄牛。"

《山海经·北山经》中亦有语："其中多赤铜。其兽多兕、旄牛，其鸟多尸鸠。"

注：这里的"兕"即指雌的犀牛。

故事传说：

据《山海经》的记载，旄牛生长在潘侯山，该山位于灌题山北二百里。该山上覆盖着松树和柏树，山下长着茂密的榛树和楛树，山的南面深藏着极为丰富的玉石，而山的北面蕴藏着丰富的铁。旄牛作为潘侯山上的一种野兽，形貌如普通的牛一样，但四肢关节上面都长着长长的毛，所以，它的名字叫作"旄牛"。

古代在行军打仗时，先锋部队或指挥阵营的旗杆上面都会绑上旄牛的长毛，以作先锋或指挥之用。成语"名列前茅"便是出于此。

实际上，旄牛就是指现在的牦牛，它被称作高原之舟，是西藏高山草原特有的牛种，主要分布在喜马拉雅山脉和青藏高原。牦牛全身一般呈黑褐色，身体两侧和胸、腹、尾毛长而密，四肢短而粗健。牦牛生长在海拔 3000～5000 米的高寒地区，能耐零下 30℃～40℃的严寒，而爬上 6400 米处的冰川则是牦牛爬高的极限。牦牛是世界上生活在海拔最高处的哺乳动物。

牦牛体形防寒保暖，体躯紧凑，颈短耳小，皮厚表面积小；汗腺机能极不发达，被毛长度、细度不等且随季节变化，体侧及下部裙毛密而长，可御寒防湿，适宜寒冷气候。胸廓大，心肺发达，气管粗短，红细胞大，血红蛋白含量高，呼吸、脉搏快，适应高原缺氧环境。嘴巴宽大、嘴唇灵活，能啃食矮草；蹄质坚实且有软垫，善走陡坡、沼泽、雪山、激流；性情温顺，反应灵敏，建立的条件反射比较巩固，容易调教；抗病力强、抗逆性强、合群性强、食性广、耐饥渴，对高原环境有着极强的适应性。

据史书记载，远古时期分布在青藏高原上的众多游牧民族，如党项、白兰、唐旄等，都是以牦牛为图腾的，他们有的民族还将牦牛作为氏族名、部族名、种名和地名。

窫窳：马足人面兽

寻根求源：

《山海经·北山经》中有语："有兽焉，其状如牛，而赤身、人面、马足，名曰窫窳，其音如婴儿，是食人。"

注：窫窳，原为人首蛇身，后因被危与贰负杀害，化为龙首猫身，居弱水中，在狌狌知人名之西，其状如龙首。

故事传说：

窫窳又称为猰貐，传说猰貐曾是天神，是烛龙的儿子，窫窳原本老实善良，但后来被名为"危"（乃二十八宿之一，鸟头人身的形象，手持木杖）的神所杀死，天帝不忍心看烛龙伤心，就让他儿子复活了，可没想到，复活后，变成了一种性格凶残，喜食人类的怪

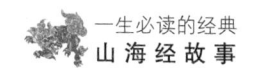

物。关于猰貐的外形有很多种说法，比如人面龙身、狸一样大小，也有的说是人面牛身马腿，或者说龙头虎身的巨兽，或者蛇头人身。据说由于猰貐喜食人类，所以尧帝命令后羿将它杀死。

还有一种传说：窫窳是后羿射杀的第一个怪兽，传说窫窳本是天神，黄帝时代，蛇身人脸的天神"贰负"，受了手下天神"危"的挑唆，去谋杀了也长着蛇身人脸的窫窳。黄帝知道了，十分震怒，就处死了挑拨贰负去杀窫窳的危，重罚了贰负。命手下天神把窫窳抬到昆仑山，让几位巫师用不死药救活了它，谁知窫窳活了之后，竟神志迷乱，掉进了昆仑山下的弱水里，变成了形状像牛、红身、人脸、马足、叫声如同婴儿啼哭的猛兽。在十日并出时跳上岸危害百姓，被后羿的神箭射死。

诸怀：四角猪

寻根求源：

《山海经·北山经》中有语："有兽焉，其状如牛，而四角，人目、彘耳，其名曰诸怀，其音如鸣雁，是食人。"

注：这里的"彘"即指猪。

故事传说：

诸怀是北岳山上的一种野兽，根据《山海经》的记述，北岳山是北方第一列山系的第二十座山，山上多产枳、棘等刺木和檀、柘等硬木，诸怀水就发源在这里。往西流入嚣水，水中多产鳍鱼，这种鱼长着像狗一样的脑袋，其声音像婴儿啼哭。

古籍多将诸怀描绘成一种外形像牛，却长着四只角，并有人一

样的眼睛、猪一样的耳朵的怪异之物。实际上，诸怀就是野猪，它的形状似牛一样奔走，喜四处角戏，一眼望去，就知道是猪，它的叫声如飞雁叫，是被人驯化且可饲养的动物。它体形硕大，长相怪异，看起来极为凶恶，人们就将它想象成一种吃人的怪兽。这种野猪很有可能就是现在的非洲疣猪。

疣猪本身长相极为丑陋，还长着像巨大青春痘似的尖疣，两边各有一对，看起来就像是脸上长了四只角。巨大的獠牙撑破了脸，冒失地钻出来，巨大的头部占据了自己体长的三分之一，就像是比身子还重。疣猪的獠牙是它们保护自己的有力武器，雄性疣猪的獠牙就像军刀一般锋利，甚至可以取下来当军刀用。经验不够丰富的豹和猎豹有时会被其刺伤甚至刺死。

疣猪很擅长挖洞，那几个大疣，就是为了在挖洞的时候保护眼睛的。但有时候疣猪也会犯懒，会直接住进别的动物挖好的洞穴之中。疣猪进洞穴的动作极为有趣，总是先将后半身塞进去。这样就能够随时观察敌情，避免被其他入侵者袭击屁股，甚至还可以先下手为强，即用自己的獠牙去对付袭击它的敌人。

䇟马：独角马

寻根求源：

《山海经·北山经》中有语："旄水出焉，而东流注于邛泽。其中多䇟马，牛尾而白身，一角，其音如呼。"

注：䇟马与上文所提及的"駮马"，外形上极为相似，同属于白泽后裔，却是两种不同的马。

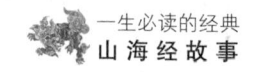

故事传说：

从诸余山再往北三百五十里有座山，叫作敦头山。这座山与普通的山不同，上面蕴藏着十分丰富的金矿和玉石，却是寸草不生。旄水便发源于这座山，从山涧流出后便向东流入邛泽。旄水中生活着诸多的𫘪马。这种马长着牛的尾巴，全身呈现白色，头顶长有一只角，发出的声音就像是人在呼喊，𫘪马是一种独角兽，与驳马一样，都属于白泽的后裔。

𫘪与骐其实是同一类特种，头上长有独角的叫𫘪，而无角的叫骐。有角的𫘪马能够腾云驾雾，而骐则只能够踏地行走。即便是如此，骐也是上古传说中极为常见的千里马，因此有极多相关的成语，如远求骐骥、人中骐骥、骐骥过隙等。

骐骥其实是一种千里马，关于它，流传着诸多传说，即伯乐相马中的"马"便指的是骐骥。相传，伯乐是天上掌握战马的神仙，因此在人间，人们也将能慧眼识马的人叫作"伯乐"。实际上，伯乐的历史原型是春秋时期的一个叫孙阳的人，他对马十分有研究，人们就称他为伯乐。据说有一骐，成年之后，被驱赶着拉一辆盐车，在太行山上蹒跚而行。伯乐经过这里，便立刻下了车，抱着骐的脖子痛哭一场。于是骐仰起头来长嘶一声，那声音可谓直冲云霄，发出了金石碰撞般的响声。这是因为它遇到了伯乐一般识马的人而激奋不已！

狍鸮：羊身人面凶兽

寻根求源：

《山海经·北山经》中有语："有兽焉，其状羊身人面，其目在腋下，虎齿人爪，其音如婴儿，名曰狍鸮，是食人。"

注：狍鸮是《山海经》中的恶兽，不仅长相怪异吓人，而且还有吃人的本性。

故事传说：

钩吾山位于敦头山以北三百五十里左右，山上盛产玉石，山下盛产铜金属。钩吾山上有一种名字叫作狍鸮的兽类。它的外形奇特，身子像羊，长着人的面孔，眼睛却长在腋下面，还有如老虎一般锋利的牙齿和像人一样的手爪，它的叫声如同婴儿的啼哭一般，是十分凶狠的动物，并且有吃人的本事。

据传，狍鸮是传说中凶兽饕餮的后裔。据传在黄帝时期，在与恶神蚩尤大战后，蚩尤被杀死后，其头部落在地上化为饕餮。还有一种传说，说饕餮是龙生九子中的第五子，它十分贪吃，将能吃的都吃掉以后，竟然还将自己的身体也吃掉了，最后只剩下一个头，终因暴饮暴食被撑死了。

在我国的历史上，与饕餮相类似的残暴的君王便是夏桀。夏桀是一个残暴无能的暴君，他每日都沉浸于酒池肉林中，据传，他为了满足自己饮酒的欲望，做了一条可以行舟的酒池。而且长期沉浸于声色犬马之中，因为他的骄纵腐败，最终导致了夏朝的灭亡。商

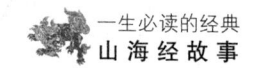

汤灭掉了夏朝建立了商朝，为了记住夏桀的教训，他就将饕餮的形象铸造在青铜鼎上面。因此，古代大量的青铜鼎上都以饕餮的样子来做装饰。

独狢：四种动物的合体

寻根求源：

《山海经·北山经》中有语："有兽焉，其状如虎，而白身犬首，马尾彘鬣，名曰独狢。"

注：根据外形判断，独狢就是鬣狗。据研究，鬣狗过着母系社会体系的群居群猎生活，依靠发达的嗅觉和强健的颚齿觅食腐肉。雌性体重比雄性重10％左右，是两性中强壮、具支配权地位的一方，地位低的母鬣狗生育的下一代地位也低，其他母狗必须负责帮忙照料仔犬。

故事传说：

钩吾山以北三百里左右，便是北嚣山。北嚣山上没有石头，却盛产各种各样的美玉。北嚣山上面有种名叫独狢的野兽，外形长得像老虎，但身子却是白色的，长着狗的脑袋、马的尾巴和猪鬣毛。

这种动物是虎、狗、马、猪四种动物的集合体，却毫无特别的能力。根据《山海经》的描述，这种动物与现在非洲鬣狗的样子比较相似。鬣狗的体形较大，似犬，长颈，后肢较前肢短弱，躯体较短，肩高而臀低；颈后的背中线有长鬣毛，跟猪有些像；牙齿大，具粗壮的锥形前臼齿，裂齿发育，臼齿退化。颌部粗而强，能咬开骨头。鬣狗（条纹鬣狗）体形较小，全身布满条纹，多为独居，依靠发达的嗅觉觅食腐肉。鬣狗的脑袋与狗几乎是一样的；鬣狗的长尾巴与马尾是极为相似的。如此看来，独狢可能就是在古代中国繁衍生存的一种鬣狗。

居暨：红毛老鼠

寻根求源：

《山海经·北山经》中有语："脩水出焉，而东流注于雁门。其兽多居暨，其状如彙而赤毛，其音如豚。"

注："其音如豚"中的"豚"并非指海豚，在古代它指的是"小猪"。

故事传说：

居暨这种兽类生活于梁渠山，该山位于北嚣山三百五十里处，山上面不长花草树木，却有着极为丰富的金属矿物和玉石。修水发源于这座山，然后流于雁门水。居暨便是这座山中最主要的神兽，它的形貌像老鼠，浑身却长着红色的毛，发出的声音如同小猪叫。

居暨是一种体形比较小的野兽，与老鼠长得极为相似，身上覆盖着红色的毛皮，根据这种描述推测，居暨很可能是指鼠兔。鼠兔的外形酷似兔子，身材与神态十分像鼠类，在各种草原、山地林缘和裸崖上面栖息。鼠兔耳壳背面是黑褐色，内面是棕黑色。体毛主要为棕黑色，腹面为灰白色。藏鼠兔以植物为食，昼夜均活动。它的洞系复杂，出口多达5~6个，一般开于草垛和树根处。洞口椭圆形，直径4~4.5厘米。在落叶松林和高山灌丛，洞道多利用石块的

143

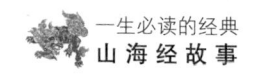

缝隙，洞口和洞道很不规则，洞口入土一般是斜向的，因石块大小不同，形状、排列也不相同。

藏鼠兔很容易受到几种肉食动物的捕食，因此它们不会离开自己安全的洞穴太远。藏鼠兔的觅食行为受天敌的影响很大。首先，它宁可在洞穴附近过牧的草场觅食，也不远离洞穴到比较丰美的草场觅食。其次，最容易遭到攻击的年幼个体比成年个体的活动范围更加靠近自己的洞穴。怀孕的雌兽因需要更多的食物，才不得不扩大觅食范围，但离洞穴越远，遭到捕食的风险也越大。有趣的是，当科学家在藏鼠兔的栖息地摆上一排狭长的石块作为它们应对捕食的避难所时，它们就敢于到离洞穴更远的地方去觅食了。显然，藏鼠兔在觅食时必须防范被其他动物吃掉，有时为了安全就不得不牺牲一些能量收益。这种权衡可以借助多种方式实现。一种方式是尽可能减少觅食时间，由于觅食时很难同时监视捕食者，因此被捕食的风险将随着觅食时间的增加而增加。另一种方式是选择到安全的地点觅食，哪怕那里的食物并不太丰富。

𩣡：四角马

寻根求源：

《山海经·北山经》中有语："有兽焉，其状如麢羊而四角，马尾而有距，其名曰𩣡，善还，其名自訆。"

注：𩣡是善于旋转起舞的野兽，它发出的声音便是它自身名称的读音，可见，𩣡的名称就是根据其叫声而来的。

故事传说：

𩣡这种野兽生长在归山上面，它的形貌与普通的羚羊相似，但头上却长着四只角，长着马尾巴和鸡爪子。䮝是善于旋转起舞的野兽，它发出的叫声就是自身名称的读音。根据此推测，该野兽应该就是太行山上的一种珍稀的动物：斑羚。

斑羚特别善于攀岩，多栖息于远郊区县较高的山地森林，尤其喜欢栖息在其他动物与人类难以攀登的石砬子上，有的斑羚在一面为缓坡另一面为悬崖峭壁的山顶栖息。秋冬喜欢在向阳处，而夏季常在林下栖息。

关于斑羚有一个极有意思的故事，就是斑羚飞渡。说的是，一个行猎者，将斑羚逼到悬崖上面，悬崖距离对方的山峰大约有六米之远。斑羚虽然有发达的腿部肌肉，善于跳跃，但六米宽的距离也远远地超出了它的极限。在这样的情形下，聪明的斑羚迅速地分成两队，年长的为一队，年少的为一队。一会儿，两队分别又派出两名代表，即一老一小，都站在悬崖边上，后退了几步，突然，那位年少的朝前飞奔起来，也在差不多同时的时间，年长的斑羚紧跟着年轻斑羚的步伐，也迅速地飞奔起来。年轻的斑羚跑到悬崖边上缘，纵身一跃，朝对面的山涧跳过去；年长的斑羚也凭着娴熟的跳跃技巧，在年轻斑羚从最高点往下降落的瞬间，身体出现在它的蹄下面。而年轻的斑羚的四只蹄子在年长的斑羚背上猛然地蹬了一下，便再度跃起，跃上了对面的悬崖，而年长的斑羚则坠落到山崖下面。接着又有一对斑羚就这样跃过了山崖……斑羚群终于逃出去，而代价却是牺牲一半年老的斑羚。也就是说，每一只年轻斑羚的成功飞渡，都意味着有一只老年斑羚摔得粉身碎骨。

山涧上空，和那道彩虹平行，又架起了一座桥，那是一座用死亡做桥墩架设起来的桥。没有拥挤，没有争夺，秩序井然，快速飞渡。猎人十分注意地盯着那群注定要送死的老斑羚，心想，或许有个别滑头的老斑羚会从注定死亡的那拨偷偷溜到新生的那拨去，但

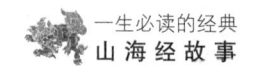

让猎人震惊的是，从头至尾没有一只老斑羚调换位置。它们心甘情愿用生命为下一代开辟一条生存的道路。

绝大部分老斑羚都用高超的跳跃技艺，帮助年轻斑羚平安地飞渡到对岸的山峰。只有一头衰老的母斑羚，在和一只小斑羚空中衔接时，大概力不从心，没能让小斑羚踩上自己的背，一老一小一起坠进深渊。

天马：祥和的神兽

寻根求源：

《山海经·北山经》中有语："有兽焉，其状如白犬而黑头，见人则飞，其名曰天马，其鸣自训。"

注：在古代，天马因为是一种祥和的神兽，后来它就成为了"骏马"的美称。

故事传说：

天马这位兽类位于马成山上面，它的形貌也是极奇怪的，外形像是狗，身子呈白色，但脑袋却呈黑色。它们一看见人便会腾空飞起。这种天马应该是神兽天马的后裔。神兽天马极受我国古人的青睐，传说它在天上的名字叫作"勾陈"，到了凡间就叫作"天马"，它的形象也经常出现在各类的器物纹饰上面。

关于天马，还有一种传说，说它指的是一种名叫"乘黄"的动物，它生活在西方很遥远的白民国，长得像狐狸，脊背上还有肉角，寿命长达数千岁，人若能骑上它，就能活千岁而不死。也有人说这

种叫"乘黄"的动物长得像麒麟,还有人说它的身体长得像马,背上长着一对像翅膀。

天马是人格化、神化了的马,因而马俑的表情神态被塑造得格外生动,有的闭目遐思,有的窃窃私语,有的哈哈大笑,有的愤怒至极……天马的塑造明显不同于写实的马,多取安平大乐相,呈现出十分快乐的样子,因而也可称为"大乐马"。

武威地区出土了大量呈现出安平大乐相的马俑,表明河西地区东汉时战事频仍,多有军队驻扎。东汉时道教流行,除河西地区外,大乐马在四川、陕西、河南、河北等地均有出土。

总之,这种传说中的动物谁也没真正见到过,关于它的具体模样,大家也说不清楚。不过,乘黄为马身有翅膀的说法在古代最为流行,若按照这种说法,乘黄也应是"天马"的一种。"乘黄"在古代又被叫作"飞黄",据说黄帝就是骑乘"飞黄"而升天成仙的。唐代大文学家韩愈曾写下了"飞黄腾踏去,不能顾蟾蜍(代指月亮)"的著名诗句。现代社会比喻某人发迹了仍使用"飞黄腾达"的成语。

飞鼠:会飞的鼠

寻根求源:

《山海经·北山经》中有语:"有兽焉,其状如兔而鼠首,以其背飞,其名曰飞鼠。"

注:飞鼠其实指的是鼯鼠,极为奇特的是,它的粪便和尿可以入药,中药称为五灵脂。

故事传说:

飞鼠是一种生活在天池山上的野兽,该山上无法生长花草树木,

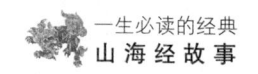

却遍布各种美石，每颗美石上面都有一种花纹。山中有一种野兽，它的形貌如兔子一般，它长着老鼠的脑袋，背上面有极长的毛，平时收敛着，想要起飞时就将背上的毛扬起来，像一面大扇子，飞的时候仰面朝上，因此人们称它为飞鼠。

据传，在明朝天启年间，凤阳出现了许多的体形硕大的老鼠，它们长着翅膀而没长脚，外表长有黄黑的皮毛，尾巴上的毛皮丰满像貂，能够飞着吃粮食，当地人怀疑这就是飞鼠。据说飞鼠的肉可以食用，皮还能够治疗难产。

其实，《山海经》中所描述的飞鼠就是鼯鼠。其身上长的飞膜可以帮助其在树中间快速地滑行，但由于其没有像鸟类可以产生升力的器官，因此鼯鼠只能在树、陆中间滑翔。鼯鼠的习性类似蝙蝠，白天多躲在悬崖峭壁的岩石洞穴、石隙或树洞中休息，性喜安静，多营独居生活。夜晚则外出寻食，在清晨和黄昏活动得比较频繁，它行动敏捷，善于攀爬和滑翔。素有"千里觅食一处便"的习性。有固定排泄粪便的地方。以坚果、水果、植物嫩芽、昆虫和小型鸟类为食。

领胡：高脖瘤牛

寻根求源：

《山海经·北山经》中有语："有兽焉，其状如牛而赤尾，其颈�紧，其状如句瞿，其名曰领胡，其鸣自䚯，食之已狂。"

注："句瞿"指的是古代盛粮食的器具，即斗。

故事传说：

领胡是上古时期的神兽，它生活在北方第三列山系的阳山上，该山上出产玉石，而山下则出产黄金和铜。胡领也是该山上最主要的神兽之一，它长得像牛，长着红色的尾巴，脖子上面长有肉瘤，肉瘤的形状像斗。它发出的声音，就像是在呼叫自己的名字。

其实，领胡应该是古代野牛的一种，根据《山海经》中对它的描述，有些类似于印度的瘤牛。该牛的脖子上方有一个硕大的牛峰，有的甚至重达几十公斤，像一个大瘤子，喉部的松肉皮延长为肉垂，直至腹部。两耳大而悬垂，有明显的抗热和抗病能力。

瘤牛在印度生活得极为幸福。据传，在印度大约有百分之八十的人信奉印度教，印度教将瘤牛称为婆罗门牛，非常崇拜它们，尤其视母牛为圣灵，所以瘤牛在印度具有神圣不可侵犯的地位。印度的瘤牛可以按自己的节奏过着十分安逸自由的生活，它们走累了，就会卧地休息一会儿；若饿了，随便走到一户人家，或者是一个菜市场，马上就会有人将"饭菜"奉上，甚至还有人每天定时给它们送食物，生活得极为惬意、安然。

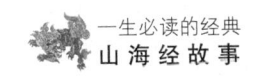

辣辣：一角一目羊

寻根求源：

《山海经·北山经》中有语："有兽焉，其状如羊，一角一目，目在耳后，其名曰辣辣，其鸣自训。"

注：獬豸与法的不解之结，还可从古代"法"字的结构得到解答，古体的"法"字写作"灋"，而"廌"即为獬豸，"廌法"二字合为一体，取其公正不阿之意，所以从水，取法平如水之意。獬豸作为法律象征的地位就这样被认定下来。

故事传说：

据《山海经》记载，空桑山再往北走三百里就是泰戏山，泰戏山上不长花草树木等，却遍布金属矿物与玉石。山中有一种野兽，形貌很像普通的羊，却长着一只角一只眼睛，眼睛在耳朵的后面，名字叫作辣辣，它发出的声音便是自身名字的读音。辣辣是一种吉祥的兽类，但凡它一出现，皇宫中便会发生天灾或者人祸。既然如此，那辣辣为何还被人们称为吉兽呢？据推测，辣辣有可能是神话传说中的一种神兽——獬豸的后裔。獬豸是中国古代神话传说中的神兽，体形大者如牛，小者如羊，类似麒麟，全身长着浓密黝黑的毛，双目明亮有神，额上通常长一角，俗称独角兽。

獬豸拥有很高的智慧，懂人言知人性。它怒目圆睁，能辨是非曲直，能识善恶忠奸，发现奸邪的官员，就用角把他顶倒，然后吃下肚子。它能辨曲直，又有神羊之称，它是勇猛、公正的象征，是司法"正大光明""清平公正""光明天下"的象征。

在古代，獬豸曾被作为传统法律的象征，獬豸一直受到历朝的推崇。相传在春秋战国时期，楚文王曾获一獬豸，照其形制成冠戴于头上，于是上行下效，獬豸冠在楚国成为时尚。秦代执法御史戴这种冠，汉承秦制也概莫能外。到了东汉时期，皋陶像与獬豸图成了衙门中不可缺少的饰品，而獬豸冠则被冠以法冠之名，执法官也因此被称为獬豸，这种习尚一直延续下来。至清代，御史和按察使等监察司法官员都一律戴獬豸冠，穿绣有"獬豸"图案的补服。

显然，獬豸形象是蒙昧时代以神判法的遗迹。进入近代，人们仍将其视为法律与公正的偶像。

獂：三脚牛

寻根求源：

《山海经·北山经》中有语："有兽焉，其状如牛而三足，其名曰獂，其鸣自詨。"

注：一般的兽类都是两只脚或四只脚，是为了站立或走路更为稳固，而獂则为三只脚，其走路或站立则或许没有那么稳固了。

故事传说：

獂这种神兽是乾山上的神兽，据《山海经》的记载，乾山位于饶山北边四百里左右。獂为乾山神兽，其形貌长得也极为奇特，外形像普通的牛，却长有三只脚，它的吼叫声就像是在呼唤自己的名字一样。

关于这种三脚牛，历史上曾有这样的记载。唐朝女皇武则天在六十七岁时登基为帝，其在位的第十一年，已经年近八十的她愈加地宠幸张宗昌、张易之兄弟俩。有一天，她的亲孙子李重润被人告发，私下里议论武则天与二张的私密之事。武则天听罢，龙颜大怒。

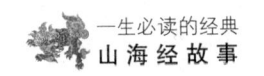

于是便下令赐李重润自缢的。而与李重润一起议论这件事情的另外两人——他的妹妹永泰郡主李仙蕙及其丈夫武延基（武则天的侄孙），也一起被赐自缢。

虽然武则天心狠手辣，但此时的她毕竟年老了，出了这种丑事，便想再搞出一些正派的事情来证明自身的清明。正好这时，有人向武则天献上了一头三足牛，当时的宰相苏味道便溜须拍马，说这是祥瑞之兆，表示要庆贺一番。但这时候，朝廷御史王求礼跳出来说道："但凡世间万物，反常必是凶兆。这头牛三足，说明朝廷三公(宰相)不得其人，三光（日、月、星）、三才（天、地、人）不得其正，绝不是什么祥瑞之兆。"这番话说得武则天心中直犯疑虑，于是便取消了庆祝活动。而那头被献上的三足牛也不知何去向了。这里面的三足牛，应该就是《山海经》中所描述的獂。

罴九：州在尾上的麋

寻根求源：

《山海经·北山经》中有语："有兽焉，其状如麋，其州在尾上，其名曰罴九。"

注：这里的"州"即指肛门。

故事传说：

根据《山海经》的记载，罴九是栖息于伦山中的一种兽类，伦山位于乾山北面五百里。罴九与其他兽类一样，都有十分怪异的长相，它的形状像麋鹿，而肛门却长在尾巴上面。据后来学者分析，罴九是罴的一种。而在我国古代，罴是指棕熊。

棕熊又叫灰熊，是一种适应力比较强的动物，从荒漠边缘至高山森林，甚至冰原地带都能顽强生活。生活在北美的棕熊更喜欢开阔地带，例如苔原区域和高山草甸，在海岸线附近也常能见到它们的足迹。欧亚大陆上的棕熊则更喜欢居于茂密的森林之中，方便白天隐藏。

棕熊善于游泳和在湍急的河水中捕鱼，也能爬树和直立行走，但动作不够灵活，平时行走很缓慢，这是走路的时候总是同一侧的前后两腿一起并进的缘故，但奔跑时的速度也相当快，有时可以轻而易举地追赶上猎物。

棕熊即罴在上古时期，曾大量地存于华北地区。有熊氏便是华夏民族的起源之一。据历史上记载，以有熊氏作为氏族称谓始于少典。史传炎帝、黄帝都为少典之子，都是来自有熊氏的一个分支，后世也称炎帝、黄帝为神农氏与轩辕氏。

关于有熊氏，流传着这样一个传说：

有熊氏作为氏族称谓始于少典。史传炎帝、黄帝都为少典之子，都是来自有熊氏的一个分支。少典部族位于具茨山（在今河南新郑市西南）姬水河一带。这少典个头又大又结实，有一张强硬的好弓，又射得一手好箭，经常独自一人携弓带箭，出入深山密林，射猎鸟兽。

有一次，少典往西边深山里奔走了半日，只猎获了几只山鸡野兔。狩猎人有条规矩，前半天往外走，日到中午就得往回走，一般不在山野过夜。少典坐在一棵大树下，吃了点干粮，想休息一会儿往回走，不知不觉就睡着了。朦胧之中，他觉得有什么东西轻轻推他的手臂，一惊跃起，原来是一只大熊站在面前。

这只熊简直是头大牛，比普通熊大得多。猎人们都知道这是熊

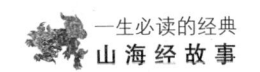

群的领袖，人们都称它熊将军，平时是很少见到的。

　　熊将军见少典醒来，连忙跪在地上叩头。少典以为它乞求猎物充饥，拾起一只山鸡扔给它。它却不理，只是叩头。熊将军见少典不懂它的意思，就调转身子卧伏在地，摆摆头，轻声吼叫着，示意少典骑在它身上。少典见熊将军反复这样做，眼里似乎还流着泪，猜想定是有急难事求他，就背起弓，拿着箭，骑上了熊将军的脊背。

　　熊将军驮着少典在山中也不知奔走了多少路，进入了一条阴森的大峡谷，才渐渐地放慢了脚步。它全身也战栗起来。这峡谷里尽是参天古树，密密麻麻，阴阴森森，不见天日。熊将军一边走，一边四处张望，似乎怕什么会一口吃掉它。熊将军慢走了约有三五里路，来到一片平坦的青石上停了下来。青石旁有一棵白果树，高十数丈。熊将军靠在大树上，靠靠树，摆摆头，轻声叫叫，示意少典爬到树上。

　　少典背着弓箭，攀缘树干而上。熊将军站在树下抬头仰望着他。当他爬到树脖想停下来时，熊将军摇摇头，举起前掌直指树顶，示意他再往上爬。少典又往上爬了爬停住，骑在一个树杈上。熊将军围住大树走了一圈看看，又跪下叩头，然后离去。

　　太阳落山了，少典就在树上歇宿。一夜无事，直到第二天黎明时分，少典看见平坦的青石上有两道亮光闪烁，也看不清是什么怪物，又过了一会儿，才看清那是一头巨兽。它身躯庞大，全身毛色乌黑，正静静地站在那里，似乎在等候着什么。

　　又过了一会儿，天大亮了，从峡谷那头走出一群熊来，有百余只。最前头的那只特别大，一望便知那就是昨天驮他来这里的那个熊将军，正领着熊群慢慢向这里走来。它们排队走到巨兽面前，一齐趴在地上，听从摆布。巨兽走进熊群，扑杀了两只，当场吃掉。之后，熊群才战栗而去。

少典目睹了兽中这一凄惨景象,终于领悟了熊将军的心意:请求他除掉这头巨兽。他取弓抽箭,拉满弓,居高临下,连发三箭皆中。巨兽负伤,环顾四周,不知箭从何处来,大声狂吼。树木被震得哗哗作响,如刮了一阵大风。少典见三箭未中要害,就从树叶中露出身子,朝巨兽连喊两声,引它走近前来。巨兽看见少典,疯狂扑到树下,朝他吼叫。少典急忙拉满弓,对准巨兽喉咙嗖的一箭。巨兽中箭后狂蹦乱跳,折腾了好大一阵,才气尽死去。

过了片刻,熊将军走来,一步一望地走到巨兽身边,用爪触触尸身,得知它确实死了,才仰天大吼。顷刻间,熊群从谷底奔来,有数百头之多,它们齐声大吼,像在欢呼胜利!声震峡谷,远传数十里。之后,熊群一齐下跪,朝大树叩头。熊将军走到树下,再次朝少典下跪,并示意少典从树上下来。少典会意,忙从树上下来,骑在熊背上。熊将军驮着少典在前,熊群列队随后,送少典又回到他歇息的那棵树下。熊将军再次跪地叩头,熊群也都伏地叩头,然后才依依别离而去。

从此,少典成了熊的救命恩人,与熊交上了朋友。只要有用到熊的地方,走到那棵大树下学熊大吼三声,马上就有熊出来供他役使。有一年,居住在箕山(今禹州市南)的狼部落向北扩展。与少典部落发生了冲突。少典部落被狼部落打败,失去了不少土地,损失惨重。后来,少典到那棵大树下学熊叫三声,几千只熊从深山密林中奔来。少典带着这些熊赶走了狼部落的人,夺回了土地。因为熊帮助少典部落重建了家园,熊最勇猛,少典就把少典部落改名为熊部落。熊部落的人,感到自己有熊相助,很安全,经常对外部落人夸耀说:"我们有熊。"这样久而久之,大家都称少典部落为"有熊氏"或"有熊部落"。再后来,这个部落逐渐强大,发展成为有熊国,少典就成了有熊国的国君。

据历史记载，有熊国是由六个部族所组成的，这六个部落是轩辕黄帝的嫡系部落和中坚力量，也是黄帝能够统治中原的基础力量，它们几乎参与了黄帝的每一次战争。据记载，黄帝与炎帝在阪泉之野作战的时候，就是以熊、罴等六部为前驱，并不是指黄帝会驯养野兽，而是指率领着这几个部落的军队。后来，黄帝与蚩尤在逐鹿之野大战时，依旧是以熊、罴等六部为主力，不过新增加了一个大部落：龙。而龙部落的加入成了战胜的关键，于是龙的地位便逐渐提升。

从从：六脚狗

寻根求源：

《山海经·东山经》中有语："有兽焉，其状如犬，六足，其名曰从从，其鸣自詨。"

注：从从是一种吉兽，据传只有当皇帝体恤百姓、政治清明时，它才会出现。

故事传说：

从从这种兽类常栖息于枸状山上，该山位于藟山的南边三百里左右，山上有极为丰富的金属矿物与珍贵的玉石，山下则有青石碧玉。从从是该山中的野兽之一，其形貌像普通的狗，却长着六只脚，这是它最独特的特点。它发出的叫声就像在呼唤自己的名字。

根据《山海经》的记述，从从这种犬类，应属于我国特有的传统猎犬，即细犬。它头小腿长腰细，善跑，体形与猎豹或西方灵缇犬相似；与灵缇相比，速度爆发力稍差，但耐力和灵活协调性远超灵缇，衔取欲望、捕猎欲望也较灵缇高，是优秀的猎犬。主要猎取野兔、狐狸、獾、貉、野鸡等。在神话传说中，哮天犬的原形是细犬。

民间传说称二郎神成仙前居住在灌江口，幼年修行之时偶遇流落在外的哮天犬，觉得和他有缘，就三渡犬于草莽之中，授犬以修身之术，并作为猎犬和后来收养的逆天鹰一起带在身边。哮天犬对二郎神很是感激，所以忠心耿耿一世追随。二郎神和哮天犬一方面是主仆，其实也是从小一起玩大的玩伴。

狪狪：泰山之兽

寻根求源：

《山海经·东山经》中有语："有兽焉，其状如豚而有珠，名曰狪狪，其鸣自讨。"

注：据传，狪狪外形似猪，个性敦厚善良、与世无争，其主要特色是在体内养珠，偶尔取出玩弄自娱。

故事传说：

狪狪是栖息于泰山上的野兽，该山位于独山南面三百里左右。狪狪的外形也极为奇异，它与一般的猪极为相似，而体内却有珠子，它发出的声音就是自己名字的发音。

相传盘古在开天辟地之后，慢慢地衰老了，最终逝去了。盘古在死后，他的头部变成了东岳，腹部变成了中岳，左臂变成了南岳，右臂则变成了北岳，两脚变成了西岳，眼睛则变成了日月，毛发变成了草木，脂膏变成了江河。由盘古头部变成的东岳泰山，则成了天下第一山，也成为了五岳之首，具有十分重要的象征意义。因此，泰山还是古代帝王封禅的所在地。在封建时代，封禅是封建统治者举行的一种祭祀天地的典礼。"封"指筑土为坛祭天，古人认为群山中的泰山最高，因此帝王应该到最高的泰山上去祭天，表示受命于"天"。"禅"指祭地，一般在泰山边的一些小山上举行。

封禅之仪在三皇五帝时便已经有了，沿袭到秦汉之时，封禅已经成为帝王们的一种极其隆重的旷世大典。凡是易姓而起和功高德显的帝王，天神必赐予其吉祥的符瑞，他便有资格到泰山答谢，这便是历代封建帝王为之狂热追求的封禅大典。

秦皇汉武都曾"登封报天，降禅除地"，以彰其功，仅汉武帝一人就曾八次前往泰山。唐宋之时，封禅礼仪就更加完备。从明朝开始，朱元璋就取消了泰山的封号。直到1420年，明成祖朱棣建成了北京天坛，从此之后，天坛就取代了泰山，成为明清帝王祭礼天地的地方。

泰山具有深厚的文化底蕴，地位极高，而山上栖息的动物自然也是不普通的。狪狪本是生活在泰山中的一只山猪，因为受泰山灵气的熏陶，也产生了一种特异的本领：体内可以产生珠子。这也再次印证了泰山是神山的说法。

𬌗𬌗：长有虎纹的牛

寻根求源：

《山海经·东山经》中有语："有兽焉，其状如牛而虎文，其音如钦。其名曰𬌗𬌗，其鸣自叫，见则天下大水。"

注：据传，𬌗𬌗作为一种凶兽，它一出现，天空就会降临大雨，发生大水灾，给民众的生产活动造成损失。

故事传说：

东方第二列山系之首座山，叫作空桑山，北面临近食水，在山上向东可以望见沮吴，向南可以望见沙陵，向西可以望见湣泽。这座空桑山与黄帝也有关系。据传，黄帝曾经在空桑山结庐而居，潜心地钻研，终于发明了一种带轮子的交通工具，或马或牛来拉，并为其取名为车。凭借着这个成就，黄帝便从有熊氏分离出来，建立了一个新的部落，由于"横木为轩，直木为辕，故号为轩辕氏"。黄帝的轩辕部落因为有这个先进的工具，使部落的战斗力大大地得以提升，实力也越来越强，最后从有熊氏的附属部落，变成了有熊氏的首领部落。

空桑山中有一种野兽，形状像普通的牛却有老虎一样的斑纹，发出的声音如同人在呻吟，名称是𬨂𬨂，它发出的叫声便是自身名称的读音，一出现而天下就会发生水灾。正因如此，**𬨂𬨂被人称为凶兽，令人所厌恶。**

朱獳：鱼翼狐

寻根求源：

《山海经·东山经》中有语："有兽焉，其状如狐而鱼翼，其名曰朱獳，其鸣自讵，见则其国有恐。"

注：根据分析，朱獳是一种水獭的叫声，因先秦时代的兽类没有定名，有一部分兽便是根据叫声而称谓的。

故事传说：

朱獳是耿山上的野兽，据《山海经》记载，该山位于杜父山南边三百余里的地方。耿山上也是不长花草树木的，却到处都是水晶石，还经常有大蛇出入该山。朱獳也是该山上主要的野兽之一。这种野兽外形奇特，形貌像狐狸却长着鱼鳍，它发出的叫声便是它自己的名字的读音。它是一种凶兽，相传它在哪个国家出现，哪个国家就会有恐怖的事情发生。

根据《山海经》的描述，朱獳应该是一种水獭类的动物。水獭是两栖动物，它的大小同哈巴狗差不多，形貌有点像老鼠，有水獭之称。水獭主要生活在江河和海岸带僻静的水域，因此水性十分娴熟，不但能够快速灵活地游泳，还能将鼻孔和耳朵紧闭，不动声色地贴身于水面的下面，作长距离的潜泳。据说，它可以一口气潜游好几分钟，然后将鼻孔伸出水面换气。它是水中极为矫健的猎手，凡被水獭看到的鱼、蛙、虾都将难逃厄运。它们在水中矫健的样子，曾被古人误以为其长有鱼鳍，从而被当作朱獳。

水獭白天隐匿在洞中休息，夜间出来活动。除了交配期以外，平时都单独生活。为了寻找更多的食物，除了繁殖季节外，也经常迁移，从一条河到另一条河，或从上游到下游。水獭水性娴熟，善于游泳和潜水，柔软的身体和粗长的尾巴能减少在水中运动的阻力，游进时前肢靠近身体，用后肢和尾巴打水推动，同时也起着舵的作用，使身体作波浪式起伏，姿态很像鳗鱼。

水獭喜欢从岸边或河崖上潜入水中追逐鱼群，但最常用的狩猎方法是伏击，尤其是在冬季，常常躲在冰窟窿里，等待鱼游过来时突然冲出捕食。当发现水鸟在水面上缓慢游动时，也会从水下悄悄潜近，然后一口咬住猎物，再慢慢吃掉。

獙獙：长有翅膀的狐

寻根求源：

《山海经·东山经》中有语："有兽焉，其状如狐而有翼，其音如鸿雁，其名曰獙獙，见则天下大旱。"

注：獙獙出入的地方，便会发生旱灾，所以，在人们心中，它应属于凶兽了。

故事传说：

獙獙这种野兽栖息在姑逢山，根据《山海经》记载，该山位于缑氏山南边三百里左右。与很多山峰一样，姑逢山上没有花草树木，却有着极为丰富的金属矿物和玉石。獙獙作为该山中主要的野兽之一，其长着十分奇怪的样貌，外形像狐狸，但身上却长了两只翅膀，发出的声音如同大雁鸣叫一般。据说，但凡是它出现的地方，便会发生大的旱灾。

根据獙獙的外形进行推测，它极有可能就是传说中的兽类狐蝠。狐蝠是世界上最大的一类蝙蝠，体形较一般的蝙蝠要大很多，两翼展开长达一米以上。这种蝙蝠的头型跟狐狸极为相似，舌根很发达，以花粉、花蜜为食，为了能吃到这些，狐蝠可以将舌头向外伸出很远。

狐蝠日夜成群地倒挂在大树枝上面，夜间成群地出动，觅食野果、花蕊，对果园有极大的危害。狐蝠成员以大眼睛、狐脸、短尾或无尾、耳朵结构简单、口鼻部较长为特征。一般体形较大，但有些种类很小，体长只有5～40厘米。狐蝠属，股间膜不发达，仅沿

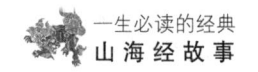

后肢留存很狭的一条边缘；第1、2指都有爪，且呈一定程度的游离状（个别种类例外）；耳壳简单，卵圆形，耳缘连成圆圈，无耳屏和对耳屏；眼发达，视觉良好；头骨口部较长，腭部后缘超出臼齿，臼齿齿冠平坦，中央具横沟，适于软质食物。

狐蝠也分很多种类，体形最大的狐蝠当属马来西亚的大狐蝠，翼展可以达到1.8米。它们有着黑色皮毛的下半身、金黄色围巾状的颈间皮毛，再加上一双大眼睛跟犬科动物一样的口鼻部，让它们显得十分温顺可爱，活脱脱地像一只会飞的小狗。

蛊雕：九首九尾狐

寻根求源：

《山海经·东山经》中有语："有兽焉，其状如狐，而九尾、九首、虎爪，名曰蛊雕，其音如婴儿，是食人。"

注：蛊雕虽然属于凶恶的妖怪，但是据说只要吃了它的肉，就能够避邪。

故事传说：

蛊雕是栖息于凫丽山上的动物，该山在姑逢山南边五百里的地方。凫丽山非常富饶，山上有着极为丰富的金属矿物与玉石，山下盛产矿石。但是在这里开采矿石的人们却要冒着极大的风险，因为该山中经常有一种吃人的野兽出入，它就是蛊雕。蛊雕的外形就似一只狐狸，却长着九个头，九条尾巴，有着老虎一般的爪子，发出的叫声似婴儿的啼哭声，有着吃人的凶恶本性。

蛊雕与青丘山的九尾狐很相似，都长得如狐狸一般，而且都长

着九条尾巴，叫声都似婴儿的啼哭声，而且也都是吃人的怪兽。但不同的是，青丘山的九尾狐只长了九条尾巴，而只有一个头。而且，九尾狐一般不吃人，它能与人类很好地相处，当然这也只是在好的年景，到了灾荒之年，九尾狐也会露出吃人的本性来。由此可见，青丘的九尾狐有极强的自控力，而蛊蛭则纯粹是吃人的恶兽了。

也有人说，九尾狐与蛊蛭之间本来是有些亲缘关系的，即它们源自同一物种，但不知是九尾狐改邪归正了，还是蛊蛭误入歧途了，总之是走了截然相反的道路，渐渐地变成了不同的物种。

峳峳："四不像"马

寻根求源：

《山海经·东山经》中有语："有兽焉，其状如马，而羊目、四角、牛尾，其音如獆狗，其名曰峳峳，见则其国多狡客。"

注：但凡峳峳出现的地方，那个国家就会多奸猾的政客来扰乱国政，这是《山海经》中与国家政治联系在一起的为数不多的怪兽。

故事传说：

根据《山海经》的记述，凫丽山再往南五百里左右，便到了碹山。该山上有一种名叫峳峳的野兽。它的外形长得像普通的马，却长着羊一般的眼睛、四只角、牛一样的尾巴，发出的声音犹如狗叫声。据传，这种野兽只要在哪个国家出现，哪个国家就会出现许多奸猾的政客来扰乱国政。

据传，峳峳这种兽类，跟传说中的"四不像"是属于同一物种，我们知道"四不像"是麋鹿的别称，由于其角像鹿，脸像马，蹄像

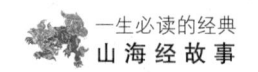

牛，尾巴像驴，却又非鹿非马非牛非驴，故人称其为"四不像"。而狓狓则是马身、羊目、四角、牛尾，与麋鹿的外形极为相似。

麋鹿是一种吉祥兽，群体生活很和谐，集体的力量很强大。我国历代皇帝都把麋鹿看成自己身份的象征，权力的象征。每年皇帝带领着皇子、大臣出朝，去皇家猎苑狩猎，都喜欢围猎麋鹿展示自己的力量和神武。

221年，魏文帝曹丕带领皇子曹睿及诸多文臣武将去郊外狩猎。大队人马翻过一座小山包时，远处迎面跑来一大一小两头母子麋鹿。魏文帝张弓搭箭，一箭射出，雌鹿应声而倒。小麋鹿不仅没有逃走，反而走到母亲的身旁，不停地舔母亲鲜血直流的伤口。魏文帝回过头来，对曹睿说："我儿为何还不放箭？"曹睿有些伤感，向魏文帝回话："父王既然杀了小麋鹿的母亲，皇儿又怎能忍心再伤害它的孩儿。"魏文帝听了，掷弓于地，自言自语道："我儿真仁慈之主也。"回宫后，魏文帝反复思考，打定主意，只有立曹睿为太子，国家才能和谐太平。

在皇帝野史中记载，清朝雍正帝去野外打猎，打得一头公麋鹿，侍从人员用刀砍下麋鹿茸，用木碗取得一碗血，雍正帝喝了半碗麋鹿血，后与一名看菜园的村姑生了乾隆。乾隆一生酷爱麋鹿，曾亲笔写下了许多关于麋鹿的诗词和短文，譬如："岁月与俱深，麋鹿相为友。"及《麋角解说》等。乾隆皇帝继承了先帝们的做法，将麋鹿保护在皇家苑子中，才使麋鹿的香火世代相传而延续到今天。

在中国的历史长河中，历代帝王运用了各不相同的刑律来惩罚那些猎杀麋鹿的人。战国时期，齐宣王就做出一个规定："杀其麋鹿者如杀人之罪"，把保护麋鹿上升到了与人同条而贯的高度上去。在明代，为了保护南海子皇家猎苑的麋鹿，当时朝廷派出1000多名从事看守、养殖、栽树、种菜的"自宫男子"，像伺候祖师爷一般地侍奉皇家猎苑中的麋鹿；在清朝，由正四品官的郎中总尉负责管南海子里以麋鹿为主的各种珍禽异兽，以供皇帝寻猎。

夒胡：鱼目麋

寻根求源：

《山海经·东山经》中有语："有兽焉，其状如麋而鱼目，名曰夒胡，其鸣自讪。"

注：这里的"麋"即指麋鹿。

故事传说：

根据《山海经》的描述，夒胡栖息于尸胡山，该山是东方第三列山系之首座山。尸胡山上面有十分丰富的金属矿物和玉石，山下则长着茂密的酸枣树。山中有一种野兽，它就是夒胡。这种野兽形貌像麋鹿，却长着鱼一般的眼睛，它发出的叫声就是自身名称的读音。

这种传说中的动物夒胡，应该就是河麂。而河麂便是传说中的獐子，比麝略大，大约一米高，是一种小型鹿。它四肢细小发达，肩高略低于臀高。无额腺，眶下腺小。耳相对较大，蹄子较宽。尾巴特别短，几乎被臀部的毛所遮盖，所以常被误认为是一种没有尾巴或断了尾巴的鹿。毛粗而脆，体毛多棕黄色、灰黄色、浓密粗长，体侧及腰部的冬毛长达30多毫米。冬季的毛粗长而厚密，呈枯草黄色；夏季的毛细而短，有光润，并且微带红棕色。背部和侧面颜色一致，腹面略浅，全身都没有斑纹。幼獐毛被有带色的斑点，纵行排列。

獐被认为是最原始的鹿科动物之一，早在新石器时代便被人类所猎狩作为食物，同时它也是最为地道的"土著动物"之一。獐子的皮、骨和肉都有极高的食用和药用价值。

精精：马尾牛

寻根求源：

《山海经·东山经》中有语："有兽焉，有状如牛而马尾，名曰精精，其鸣自讠川。"

注：讠川，同"叫"，大声呼叫。

故事传说：

从跂踵山再往南行九百里水路，是座踇隅山，山上有茂密的花草树木，有丰富的金属矿物和玉石，还有许多赭石。山中有一种野兽，形状像一般的牛却长着马一样的尾巴，名称是精精，它发出的叫声便是自身名称的读音。

根据精精的外形进行推测，精精应该是角马类的动物。角马是生活在非洲草原上的大型羚牛，长得牛头、马面、羊须。头粗大而且肩宽，很像水牛；后部纤细，比较像马；颈部有黑色鬣毛。全身有长长的毛，光滑并有短的斑纹。全身从蓝灰到暗褐色，有黑色的脸、尾巴、胡须和斑纹，颜色也因亚种、性别和季节的不同而有所变化。角马个头硕大，体重可达270公斤。角马原产于非洲，为何会在中国古代出现呢？据历史记载，角马最早在中国的明朝出现过。明朝万历二十五年（1597年），在浙江丽水一带发现了一种异兽，长着两只角，身上有鹿的斑纹，马尾牛蹄，有人说这就是精精。这时候距离葡萄牙人在澳门上岸也有三十多年了，因此，这头角马很有可能是葡萄牙、西班牙或者是荷兰的殖民者们从非洲运过来的。

角马是大型食草动物，角马非常挑食，主要以草、树叶及花蕾为食，对鲜美多汁的嫩草情有独钟，一般在白天活动。角马外形似牛，体机结实程度介于山羊和羚羊之间，故又称为牛羚。角马的尾巴长而成簇，很像马尾。这样看起来，角马是最符合《山海经》中对精精的描述的动物。角马有一项极有意思的活动，便是迁徙。每年到了旱季的时候，数百万计的角马，浩浩荡荡地出发，直到到达一个新草场。然后过一段时间，待雨季来临，角马再循着原来的路线迁徙回来。它们一路上要遇到狮子、猎豹的围剿，而且有很多小角马会在迁徙途中出生，出生几分钟之内就能站立起来，然后抖擞精神，跟上迁徙的大军。

獦狙：红头鼠目的狼

寻根求源：

《山海经·东山经》中有语："有兽焉，有状如狼，赤首鼠目，其音如豚，名曰獦狙，是食人。"

注：獦狙外形长得似狼，且食人，所以它是极为凶恶的野兽。

故事传说：

北号山是东方第四列山系的首座山，山中生长着一种极为奇特的植物，树木的叶子和外皮像普通的杨树，却开出红色的花朵，结的果实与枣子相似，却没有果核，味道是酸中带甜，据说人吃了它可以预防疟疾。山中栖息着一种野兽，外形像狼一般，长着红色的脑袋和老鼠的眼睛，发出的声音如同小猪叫，它的名字叫作"獦

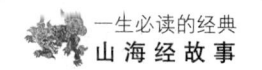

狙"。这种野兽虽然看起来极为普通，却是吃人的恶兽。

根据《山海经》中对獦狙外形的描述，它与鬣狗很是一致，却不是真正的鬣狗。它身为一种凶兽，总是潜伏在黑夜之中，露出凶恶的眼神，吼出狼一般的声音，给人一种惊恐的感觉。所以，它是《山海经》中极为恐怖的凶兽之一。

当康：猪形的长牙兽

寻根求源：

《山海经·东山经》中有语："有兽焉，其状如豚而有牙，其名曰当康，其鸣自讪，见则天下大穰。"

注：在古代，猪曾被当成过富裕吉祥之物，比如在商代猪便被认为是贵重、吉祥的礼物。

故事传说：

当康是钦山上的一种兽，钦山中有极为丰富的金属矿物和玉石，山上不长花草树木，更没有石头。师水便发源于此山，然后向北流入皋泽，水中有很多鳡鱼，还有诸多色彩斑斓的贝。山中有一种野兽，形貌似猪，却长着大轮獠牙，名字叫作当康，它发出的叫声就是自身名字的读音。

当康，又称牙豚，它外形如猪，身长六尺，高四尺，浑身青色，两只大耳，口中伸出四个长牙，如象牙一般，包在嘴的外面。当康是中国汉族古代神话中的瑞兽，传说在丰收的年岁里鸣叫着自己的名字跳着舞出现。也就是说，只要在丰收季节，当康便会出现，所以它便被人定义为祥瑞之兽。

丰收是农耕时代所祈望的喜事。数千年来，农业生产直接关系着广大农民的命运，而猪又是一种重要的家畜。在民间每当除夕夜晚，有"肥猪拱门"之说，是作为农业丰收的象征，据说"肥猪"会驮着元宝来拱门。民间剪纸中也有这一题材，成为一年起始的美好祝愿。这与当康的"其鸣自讠"可能有一种精神和理念上的联系。

合窳：人面猪身

寻根求源：

《山海经·东山经》中有语："有兽焉，其状如彘而人面，黄身而赤尾，其名曰合窳，其音如婴儿。是兽也，食人，亦食虫蛇，见则天下大水。"

注：合窳因食人，被人称为凶兽，但凡它出入的地方，将会发生大的水灾。

故事传说：

剡山位于子桐山东北方面二百里左右，该山上蕴藏着丰富的金属矿石和玉石，上面还栖息着一种吃人的异兽，叫作合窳。它长着猪的身子，却有人的面孔，全身呈现黄色，而尾巴则呈红色，其发出的声音好像是婴儿啼哭一般，它主要吃人和蛇。

据传，合窳这种凶兽应该是远古时期怪兽封豨的后裔。在上古时期，除了十个太阳摧残人类的生存环境之外，有很多的怪兽也趁乱出来吃人。其中有一种怪兽叫作封豨，经常在桑林一带作乱。封豨长着一头大野猪的身子，还有长牙利爪，力气赛过牛。封豨不但会破坏庄稼，还吃家畜和人，附近的人们一提及它，便痛恨不已。

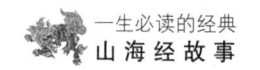

此外，除了封豨，猰貐、凿齿、九婴、大风、修蛇等怪兽都来祸害人民。于是尧派使后羿去为民除害到南方泽地荒野去诛杀凿齿，在北方的凶水杀灭九婴，在东方的大泽青邱系着丝绳的箭来射大风，射十个太阳（射下来九个），接着又杀死猰貐，在洞庭湖砍断修蛇，在中原一带桑林擒获封豨。后羿把那些祸害一一清除。民众都非常开心，并推举尧为皇帝。

蜚：目蛇尾牛

寻根求源：

《山海经·东山经》中有语："有兽焉，其状如牛而白首，一目而蛇尾，其名曰蜚，行水则竭，行草则死，见则天下大疫。"

注：蜚是传说中的灾兽，太古的灾难之神，它出现的地方都会发生大的灾难，故而世人皆畏惧此兽。

故事传说：

剡山再往东二百里是太山，山中有一野兽，形貌像一般的牛，却长着白色的脑袋，长着一只眼睛和蛇一般的尾巴，它的名字叫蜚，它行经有水的地方，那里的水就会干涸；行经有草的地方，那里的草就会枯死；它只要一出现，天下便会发生大的瘟疫。

蜚是一种很可怕的灾兽，对人类来说，它就是传说中的死神。史书《春秋》曾提及蜚这种凶兽。大约公元前七世纪春秋时期，当时鲁国当政的国君叫鲁庄公。鲁庄公生不逢时，恰好遇到春秋五霸之首齐桓公称霸的时期，更为不幸的是，鲁国是齐国的邻国，是齐国觊觎的国度。而且鲁庄公一开始就站错队了，他支持齐桓公的竞争对手公子纠，从而成为齐桓公的眼中钉。齐桓公做国君后，先灭掉了周边的几个小国，然后开始对鲁国下手，鲁庄公无力招架，只好求和。

在两国会盟的时候，鲁庄公的臣子曹沫拔出宝剑，劫持了齐桓公，要求齐国归还鲁国在齐鲁边境上的汶阳之田。齐桓公便答应了。此事之后，鲁庄公对齐桓公言听计从。然而，还没等鲁国过几年的太平日子，便发生了一件大事，即国内出现了蜚灾。据史书记载："秋，有蜚，为灾也。凡物不为灾不书。"说的是在某年的秋天，鲁国发生了蜚灾。一般凡损失不严重且没有造成大灾祸的，史书是不记载的。这也是春秋记载的第一个灾祸，应该是给鲁国造成很大的损失了吧。

豲：头上长有花纹的鼠

寻根求源：

《山海经·中山经》中有语："有兽焉，其状如貆鼠而文题，其名曰豲，食之已瘿。"

注：后人根据《山海经》对豲的描述，它应该是一种小型的熊类，很可能就是马来熊。

故事传说：

根据《山海经》描述，薄山山系的首座山是甘枣山，共水从这座山发源，然后向西流入黄河。薄山山系在现在的山西境内，甘枣山就在山西芮城，这里有条河叫作共水，共工氏就是在这里繁衍生息并且发展起来的。共工氏是炎帝的后裔。自炎帝阪泉之战失败之

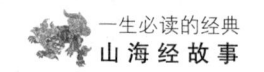

后，共工氏就并入了黄帝的部落。此时的共工氏虽然失去了独立性，但其子孙却十分昌盛地发展起来了。其中一支就是姜姓共工氏部落，居住在共水两岸。共工氏有着极为丰富的治水经验，氏族的图腾就是水。共工氏的首领世代都担任治理水利的官职，人们尊之为水神。

甘枣山除了是共水和共工氏的发源地之外，山上还长有十分茂密的杻树。山下有一种草，葵菜一样的茎干，杏树一样的叶子，开着黄色的花朵而结带荚的果实，名称是箨。甘枣山还有一种野兽，形貌像松鼠，但是额头上长有花纹，名字叫作㺍。

朏朏：白尾猫

寻根求源：

《山海经·中山经》中有语："又北四十里，曰霍山，其木多榖。有兽焉，其状如狸，而白尾有鬣，名曰朏朏，养之可以已忧。"

注：这里的"已忧"即指去除忧愁。

故事传说：

从牛首山再往北四十里有座霍山。霍山名叫霍太山、太岳山，是中国五大镇山之一。所谓东镇沂山、西镇吴山、中镇霍山、南镇会稽山、北镇医巫闾山，是排名仅在五岳之下的五座名山。

霍山上面生长着一种构树。同时，山中有一种野兽叫作朏朏，与其他的异兽一样，朏朏的样子长得很是奇怪，它外形长得像猫，拖曳着一条长长的白尾，很多人都渴望找到它，养在身边。朏朏性格温顺，从不咬人，而且长相古灵精怪，很讨人喜欢。

朏朏究竟是哪种兽，现在无从考证。但有人根据它的样貌推测出，它与传说中的凤生兽极为相似。南海有个炎洲，炎洲上面有种十分奇怪的动物，叫作风生兽。它的外形像豹，只有狐狸那么大。有人捉到它之后用火烧，即便是将一车的柴火烧光，它仍旧还活着。用刀砍它，也砍不伤。有心狠的人拿大铁锤砸它的头，砸了几十下，它才倒下身子死去了。可是它死之后，只要张开口，迎着风。风一吹，不一会儿，它便又活过来了。后来，终于有人找到了杀死它的方法：取石头上长的菖蒲，塞在它的脖子里，它才会彻底地死去。

蛊雕：长角的猪

寻根求源：

《山海经·中山经》中有语："有兽焉，其状如彘而有角，其音如号，名曰蛊蚳，食之不眯。"

注：这里的"不眯"，即指不做噩梦。

故事传说：

阳山再往西二百里，是座昆吾山，山上有丰富的赤铜。山中有一种野兽，形状像一般的猪却长着角，发出的声音如同人号啕大哭，名称是蛊蚳，吃了它的肉就会使人不做噩梦。

关于蛊蚳，有这样一种传说。蛊蚳是昆吾山的护山之兽，因为该山上蕴藏有十分丰富的赤铜。据传，当时黄帝在位时，因为要与蚩尤进行一场大战，大战前昔，黄帝很是犯愁。因为蚩尤不仅是上古时期的战神，而且他长有铜头铁额，寻常的兵器根本就伤不了他。而且蚩尤头上还长有一只角，无坚不摧，据说他耳朵边上的毛发直立起来就像是剑戟，削铁如泥。于是，黄帝便想打造一支特殊的武

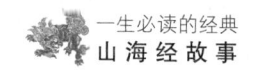

器来对付蚩尤。后来，他打听到昆吾山出产赤铜，据说用这种金属来铸兵器，可以无坚不摧。于是，他便带领人来此山上挖铜矿。

黄帝刚来到昆吾山，便遇到了该山的护山之兽蚕蚳。于是，便与蚕蚳展开了一场激战，双方打了几百回合，仍难分胜负。黄帝无奈之下，便带领军队中的能将与几只蚕蚳进行了再次恶战，最终胜出。黄帝便将打死的蚕蚳宰杀，吃了它们的肉，吃得次数多了，便总结出它的医药功能：可以让人不做噩梦。昆吾山的铜矿也很快被开采出来了，黄帝又让人打造出了绝世宝剑，最终带着这支宝剑才斩杀了蚩尤。

马腹：人面虎身

寻根求源：

《山海经·中山经》中有语："有兽焉，其名曰马腹，其状如人而虎身，其音如婴儿，是食人。"

注：据传，马腹作为凶兽，它最喜欢吃小孩的肉。于是，在有些地区，当小孩不听话时，大人便会吓唬他说："麻祜来了。"而这里的"麻祜"便指的是"马腹"。

故事传说：

根据《山海经》的记述，独苏山再往西二百里，便到了蔓渠山，山上有十分丰富的金属矿物和玉石，山下四处都是小竹丛林。伊水便发源于此处，然后向东流入洛水。山中有一种野兽，名字叫作马腹，它的相貌极为丑陋，虎身人面，发出的声音如同婴儿一般，是吃人的野兽。

关于马腹这种野兽的来源，有这样一个传说：在创世之初，太阳刚刚成型，并不会在天空中来回移动。到了夜晚太阳的色泽发生变化，便成了月亮。由于日光永远源于东方，山川大泽中有些地方便永远不会被阳光照耀，阴郁之气就此囤积。久而久之，便出现了一种恶兽，它的名字叫作蔓渠。蔓渠生性凶残，它平时以星辰为食物。暇月女神便派遣出五行巨兽与它进行交战。双方大战了三天三夜，最终，蔓渠在盈水被斩杀。在蔓渠死后的几千年时间里，其肉身化成了人首虎身的妖兽，这便是马腹的由来。

马腹是一种凶兽，当然也可以说它是一种神兽。避免马腹伤人的办法有两个，一个是不要惹怒它，一个是供奉它。给马腹的供品必须是要有毛的祭品，它食用了这种祭品，作为交换就要听供奉人的指挥。

夫诸：四角白鹿

寻根求源：

《山海经·中山经》中有语："有兽焉，其状如白鹿而四角，名曰夫诸，见则其邑大水。"

注：据传，夫诸的形状似白鹿而且有四个角，最开始见于先秦时期，古代民众视其为水灾的兆星。

故事传说：

夫诸是栖息于敖岸山的野兽，敖岸山是中央第三列山系萯山山系的首山，天神的熏池便设置在这座山上面。山中有一种野兽叫作夫诸。它是一种长着四只角的鹿，它温柔洁净，喜欢四处角戏，它出现在哪里，那里便会发生大的水灾。

夫诸与传说中的白鹿有着极深的渊源。白鹿是一种瑞兽，历史

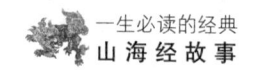

上有很多关于白鹿的传说。陕西西安有白鹿原，江西九江有白鹿书院，其中的传说便与白鹿密切相关。

关于"白鹿书院"名字的由来，是因为在唐朝贞元年间，洛阳人李渤与其兄涉在此隐居读书，养了一头白鹿以"自娱"，而久而久之，此只白鹿开始通晓人性，常跟随人出入，人称"神鹿"。这里本没有洞，因地势低凹，俯视似洞，称之为"白鹿洞"。后李渤为江州（今江西省九江市）刺史，为纪念他青年时代在此读过书，广植花木，建亭、台、楼、阁以张其事。

南唐李氏朝廷，在此办"庐山国学"，又称"白鹿国学"，与金陵秦淮河畔国子监齐名，学者争相往之。

北宋初年，宋太宗重视书院教育，御赐《九经》等书于书院，因有朝廷重视，书院才得以发展。

关于西安白鹿原的传说，更为奇特。相传在宋朝年间，一位河南小吏调任关中，路经此地，忽然看见一只雪白的小鹿凌空一跃又隐入绿色之中。小吏下轿注目许久再也看不见白鹿的影子，小吏问轿夫此地叫什么名字，轿夫说："白鹿原。"

半个月没过，小吏亲自来此买下那块地皮，盖房修院，把家迁来定居，又为自己划定了墓穴的方位。

小吏的独生儿子仍为小吏。小吏的四个孙子却齐摆摆成了四位进士，其中一位官至左丞相，四名进士全都有各自的著述。

四位兄弟全部谢世后，皇帝钦定修祠以纪念其功德，并修了四座砖塔分列祠院大门两边，御笔亲题"四吕庵"匾额于门首。

吕氏一位后人在祠内讲学，挂起了"白鹿书院"的牌子。这个带着神话色彩的真实故事，千百年来被白鹿原上一代一代人津津有味地传诵着。

白鹿虽然是祥瑞之兆，但如果长了四只角的白鹿，便成灾兽了，它是水灾的征兆。后来，人们将这种灾兽与祥瑞之兽白鹿区分开来，就将有四只角的灾兽称为夫诸了。

犀渠：食人牛

寻根求源：

《山海经·中山经》中有语："有兽焉，其状如牛，苍身，其音如婴儿，是食人，其名曰犀渠。"

注：这里的"苍身"即指青黑色的身子。

故事传说：

从扶猪山往西走一百二十里左右，就来到了厘山。山南面有许多的玉石，山北面有茂密的茜草。在厘山栖息着一种野兽，它就是犀渠。该野兽的形貌如同牛一般，全身呈现青黑色，它发出的声音如同婴儿啼哭一般，是吃人的异兽。

根据《山海经》对其形貌的描述，犀渠应该是一种类似于犀牛的异兽。犀牛是一种大型的食草动物，主要分布在非洲和亚洲。在上古时期，犀牛曾经遍布大半个中国，比如殷商时期的太行山、泰山等地都有犀牛的出没。春秋时期的长江流域仍然大量地存在犀牛；到了汉代，中原地区已经没有犀牛了；到了清朝，中国的犀牛已经几近消失。

犀牛之所以会大面积地消失，主要是因为被大量猎杀和自然气候的变化所致。人们大量地猎杀犀牛，是因为犀牛全身都是宝。犀牛的角是非常著名的中药材，犀牛的皮是古人制作盔甲盾牌的重要

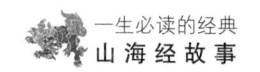

材料。自然气候的变化，则是由于黄河流域气候逐渐变冷，热带动物犀牛的栖息也逐渐萎缩，直至几乎灭绝。至于说犀牛吃人，应该是这种动物的庞大体形与暴躁个性给人们带来的错觉，以至于讹传成这样了。

山膏：骂人红猪

寻根求源：

《山海经·中山经》中有语："有兽焉，名曰山膏，其状如豚，赤若丹火，善詈。"

故事传说：

山膏是栖息于苦山上的兽类，苦山位于姑媱山东二十里。山上有种树，叫作黄棘，开黄花，叶子呈现圆形，果实像兰草的果实，如果误食了它，就会不孕不育。这种果实其实就是上古时期的避孕药。山上面还有一种草，叶子呈圆形且没有茎干，开红花却不结实，名字叫作无条，吃了它可以使人免长肉瘤。

山膏作为该山上的主要兽类，它的外形长得很像小猪，全身都呈现红色，特别喜欢骂人。实际上，山膏本是不会骂人的，它身为兽类，本身没有特异的本领，当其人身受到攻击的时候，只有靠谩骂来反抗。

有一次西王母出游，不知不觉间到了苦山，在游玩期间遇到了一头山膏。西王母看到这种怪兽外形像猪，却与普通的猪长得不同，整天在泥地里面打滚，浑身反而干干净净的，皮毛还呈火红色。于是，帝喾便想抓住它当宠物，结果这头小猪因为无力无抗，开口便骂，并且恶毒地诅咒西王母。西王母在天神中颇有地位，被如此恶毒地谩骂，她勃然大怒，便吩咐属下的异兽将山膏咬死了。

文文：分叉尾蜂

寻根求源：

《山海经·中山经》中有语："有兽焉，其状如蜂，枝尾而反舌，善呼，其名曰文文。"

注：这里的"枝尾"即指开叉的尾巴。

故事传说：

堵山往东五十二里左右，是放皋山。山中有一种树木，名字叫作蒙木，叶子与槐树叶极为相似，开黄色的花却不结果实，人吃了它就能够变得异常聪明。山中有一种野兽，外形像黄蜂，长着分叉的尾巴和反着生长的舌头，喜欢呼叫，它就是异兽文文。

根据描述，文文应该是一种蜂状的兽类，它的个头比较大，而且长得十分奇特，文文的名字由来，应该是根据它的叫声而来的。我们知道，平时的蜜蜂发出的声响便是"嗡嗡"，由此推测，它应该是一种蜂类异兽。

另外，文文所生活的放皋山比较有名，该山位于今河南省洛阳市伊川县境内。在放皋山脚下，曾经有一个著名的书院，叫作伊川书院，书院的校长叫程颐，世称伊川先生。程颐与其兄程颢，并称"二程"，共同创立了"洛学"，为理学奠定了基础。

"程门立雪"这个成语所说的就是程颐在这里讲学时发生的事情，比喻求学心切和对有学问长者的尊敬。北宋时，有个叫杨时的人，自幼聪颖，善写文章。年纪稍大一点后，专心研究经史书籍。熙宁九年进士及第，当时，河南人程颢和弟弟程颐在熙宁、元丰年

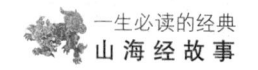

间讲授孔子和孟子的学术精要，很多学者都去拜他们为师。杨时被调去做官他都没有去，在颍昌以拜师礼节拜程颢为师，师生相处得很好。杨时回家的时候，程颢目送他说："我的学说将向南方传播了。"又过了四年程颢去世了，杨时听说以后，在卧室设了程颢的灵位哭祭，又用书信讣告同学的人。程颢死了以后，杨时又到洛阳拜见程颐，这时杨时大概四十岁了。一天杨时拜见程颐，程颐正在打瞌睡，杨时与同学游酢恭敬地站在一旁没有离开，等到程颐睡醒时，门外的雪已经一尺多深了。杨时的德行和威望一日比一日高，四方之人士不远千里与之相交游。

雍和：预示衰败之兽

寻根求源：

《山海经·中山经》中有语："有兽焉，其状如猿，赤目、赤喙、黄身，名曰雍和，见则国有大恐。神耕父处之，常游清泠之渊，出入有光，见则其国为败。"

故事传说：

前山再往东南三百里，有一座丰山。丰山里有一种野兽，名字叫雍和。形貌像猿猴，却长着红眼睛、红嘴巴、黄色的身子。据说，它在哪个国家出现，那个国家就会发生恐怖的事情。神仙耕父住在这座山中，他常常在清泠渊畅游，出入时都有闪光，他在哪个国家出现，那个国家就会衰败。

根据雍和的样貌进行分析，它应该是凶兽朱厌的近亲。朱厌不仅长相怪异，而且有十分强大的特异能力，能使一个国家陷入混战的状态中。雍和尽管无特异能力，但也可以祸害一个国家，而且很有可能雍和是大神耕父的爪牙。

根据《山海经》的记述，耕父是一个极为讲究排场的神，无论走到哪里，都将自己装扮得金光闪闪的，但可惜的是他是一个凶神，也是一个衰神，因为无论他走到哪里，那里就会衰败甚至衰亡。在西周时期，姜子牙在封神的时候，为了惩治他的前妻马氏有眼无珠离开了他，他就将其封为扫帚星，让她成为能给人带来灾难或者厄运的新神。因为有了新的不祥之神，于是人们就将耕父给淡忘了。

因为耕父太过凶残，所以便无人供奉他，无奈之下，耕父便网罗了一个自己的爪牙，即为雍和。每次耕父需要祭品的时候，就会先派雍和去恐吓那里的百姓，说如果那里的人胆敢不祭祀他，他就会亲自上门，为百姓带来灾厄。为此，人们在这样的恐吓下，不得不摆上祭品来祭祀他。

獜：全身长鳞的异兽

寻根求源：

《山海经·中山经》中有语："有兽焉，其状如犬，虎爪有甲，其名曰獜，善駚䋦，食者不风。"

注：这里的"駚䋦"指的是跃跳腾扑的意思。

故事传说：

据《山海经》记述，獜是依轱山上的异兽。依轱山位于堇理山的东南三十里左右。獜的形貌像普通的狗，却长着一双老虎一般的爪子，而且它的身上又有鳞甲，它的名字可能也由此而来。它擅长跳跃腾扑。

獜也是一种神兽的后裔，它的祖上就是大名鼎鼎的麒麟。麒麟

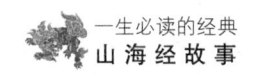

是中国传统神话中有名的祥瑞之兽。麒麟每出现一次，世间就会降临一个圣人。据说，孔子在出生与去世之时，都曾经出现过麒麟这种异兽。相传，孔子在出生前，有麒麟在他家的院落中"口吐玉书"，书上写道"水精之子，系衰周而素王"，孔子在《春秋》哀公十四年春天，提到"西狩获麟"，对此孔子为之落泪，并表示"吾道穷矣"。孔子曾写歌："唐虞世兮麟凤游，今非其时来何求？麟兮麟兮我心忧。"不久孔子去世，所以麒麟这种吉兽也被视为儒家的象征。

麒麟，是上古中国人最企望出现的吉祥动物，它们的出现表示一代的幸福。因此，那时的人们希望麒麟总是伴随着自己，给自己带来幸运和光明，而辟除不祥。当上古时代的这种信仰被传承下来的同时，麒麟所具有的吉祥意义也随之被广大民众公认且牢牢地存在于人们的意识之中，麒麟便成了某种意念的象征，某种意境的表现，某种力量的显示，并启发人们的想象，引导人们的精神去契合某种意念，进入一种特定的境界，给人们以希望、安慰和某种追求的力量，化入民俗生活之中，表现在民族文化的各个方面。

狙如：战争的预示者

寻根求源：

《山海经·中山经》中有语："有兽焉，状如䑕鼠，白耳白喙，名曰狙如，见则其国有大兵。"

《山海经·中山经》中亦有语："有兽焉，其状如狸，而白首虎爪，名曰梁渠，见则其国有大兵。"

注：但凡狙如出入的地方，便会发生战乱，所以将狙如定为凶

兽。其实，从科学的角度分析，这种说法欠妥，狙如只是战争的预示者，它本身不会带来战争。

故事传说：

狙如是倚帝山的异兽。根据《山海经》记述，倚帝山位于卑山东三十里左右，山上蕴藏着十分丰富的玉石，山下有十分丰富的金矿。狙如作为该山上的异兽，其外形长得像猷鼠，长着白耳朵白嘴巴。据悉，这种异兽在哪个国家出现，那个国家就会发生大的战争。距离倚帝山不远的地方，有一座历石山，这里的树木以牡荆和枸杞最多，山阳面盛产黄金，山阴面盛产细磨石。山中有一种野兽，名字叫作梁渠，形状如野猫般，却长着白色的脑袋、老虎一样的爪子。相传，它也是一种不祥的兽类，它在哪个国家出现，那个国家就会发生大的战争。

这两座山中所栖息的狙如和梁渠，其实是同一种动物，即狙如与梁渠是一种动物的不同的叫法。这种动物还有一个名字叫云豹。云豹虽然叫豹，但其体形不大，只比猫大一点，是体形比较小的一种豹亚科动物。云豹全身淡灰褐色，身体两侧约有六个云状的暗色斑纹，这也是它为何叫云豹的原因。云豹个头不大，但是其具有惊人而致命的咬合力。云豹有相对于它的体形来说比较大的脚掌，很像是虎爪。

这种神奇的动物很善于隐蔽，人们即使从树下面经过，也极难看见潜伏在树上面的云豹。因此人们每次看见神秘的云豹，就会担心这预示着什么。有人遇见云豹后，随即便暴发了战争，故认为云豹是战争的征兆，然后便以讹传讹，这种说法便流传开来。

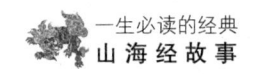

戾：疫病的传播者

寻根求源：

《山海经·中山经》中有语："有兽焉，其状如彙，赤如丹火，其名曰戾，见则其国大疫。"

注："彙"即指刺猬。

故事传说：

从毕山再往东南走二十里，便来到了乐马山。该山中有一种野兽，名字叫作戾。其外形长得像刺猬，全身赤红如丹火一般。这种异兽但凡在哪个国家出现，那个国家就会发生大的瘟疫。

黄帝的孙子颛顼的三个儿子，在死后都变成了凶恶的怪兽。其中一个死后变成了疫兽，又叫虐兽，专门给人间散布疟疾等传染性疾病。另一个叫魍魉鬼，居住在若水，长得像三岁的小孩子一样，红眼睛，长耳朵，专门喜欢搬弄是非，挑拨离间，闹得家庭不和。还有一个，谁家要有了小孩便去惊吓小孩，又被人们称作小儿鬼。

这三个怪兽肆虐危害人间，但众神碍于颛顼的面子，不愿意去管教，于是，他们更加猖狂。只有三个怪兽祸害人间太过严重的时候，人们才会请巫师作法来驱除它们，但也不敢将它们杀死。

其实，怪兽戾就是那三个凶兽的帮凶，它会帮助它们出来散播疫病。所以，它也是人们所痛恨的凶兽之一。

闻獜：黄身白头白尾猪

寻根求源：

《山海经·中山经》中有语："有兽焉，其状如彘，黄身、白头、白尾，名曰闻獜，见则天下大风。"

注：据传，闻獜是普通猪在变成猪精过程中的演化阶段，有一定的功力，所以，但凡它出现的地方，那里就会刮起大风来。

故事传说：

杏山再往东三百五十里左右，是座几山。这里的树木，以楢树、檀树、柤树最多，而草类主要是名贵的香草。山中有一种野兽，叫作闻獜。它的外形似普通的猪，而身子却呈黄色，脑袋呈白色，尾巴也呈白色。

自翼望山起到几山的荆山山系，一共有四十八座山，这些山的山神都是猪身人面。据传，这些山神都是野猪精变的，这也说明了这个地方野猪泛滥成灾的原因。根据中国神话传说，普通的猪修炼成野猪山神，是需要一个过程的，而闻獜就是两者之间的那个过渡阶段，代表普通的猪已经有了神的威力，但是还未达到山神那个程度。

在我国的神话传说中，有不少的猪形神兽，比如《西游记》中的猪八戒。猪八戒本身是天上的天蓬元帅，主管天河。后因喝醉酒调戏霓裳仙子并大声喧哗惹来纠察灵官，而后又拱倒斗牛宫并偷吃了灵芝仙草被玉皇大帝责令两千余锤后贬下凡间。到人间投胎，却错投猪胎，嘴脸与野猪相似，曾占福陵山云栈洞为妖。它咬杀母猪，打死群彘，又招赘到福陵山一户人家入赘。后来唐僧西去取经路过

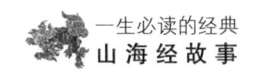

高老庄，在云栈洞与孙悟空大战，听说唐僧之名，前去拜见。被唐僧收为二徒弟后，为让其继续戒五荤三厌，唐僧给他起了个别名叫"八戒"。八戒从此成为孙悟空的好帮手，一同保护唐僧去西天取经。

蛫：可以御火的龟

寻根求源：

《山海经·中山经》中有语："有兽焉，其状如龟，而白身赤首，名曰蛫，是可以御火。"

注："蛫"在《山海经》中为龟类的异兽，但在后来的古书中，它其实是一种"蟹"。

故事传说：

暴山往东南二百里左右，有座山叫即公山。蛫便是该山上的野兽，它的外形像一般的乌龟，身子却呈白色的，脑袋是红色的。据说人们饲养它可以避火。蛫这种异兽，应该是龟的一种。

在我国的神话中，龟这种动物拥有极高的地位，人们将它与"龙、凤、麟"三类动物并称为"四灵"，因此有很多关于龟的神话传说。据说在渤海的东边有一个叫归墟的地方，是一个无底之海，在海上面漂浮着"五座神山"，即岱舆、员峤、方丈、瀛洲、蓬莱。每一座山都由三头巨型的鳌支撑着，这些巨鳌每六万年换一次班。

在远古时期，这五座仙山相互独立，他们漂浮在汪洋之上，"常随波潮上下往返"。

据先秦记载，有一天，居民对大环境的游移不定颇感厌烦，他们向"帝"集体投诉。帝唯恐东部的神山流移到"西极"，使神山居民失其所居，就派"人面鸟身"的北海之神禺强（禺强的鸟身表明他的东夷渊源，这与少昊神的东方要素是一致的）驱使十五头巨鳌分为五组，分别用头顶住山基，稳住了五座神山。它们受命六万年轮换一次。

正当这五座神山被稳住，远古居民安居之际，生长在"龙伯之国"的巨人种族开始蠢蠢而动，入侵归墟，他们举足几步就跨到了神山边，放下钓钩，一下子钓走了六只神鳌，致使"岱舆""员峤"失去了羁绊，各自漂流到北极，沉入了汪洋大海。不计其数的远古居民被迫"播迁"（即流亡）到其他地方。天帝十分震怒，他把龙伯国驱放到凶险危困的地方，并大大缩短了龙伯国人庞大的躯体。但据说到了伏羲、神农时代，龙伯国人的躯干还有数丈之高。

并封：双头猪

寻根求源：

《山海经·中山经》中有语："并封在巫咸东，其状如彘，前后皆有首，黑。"

注：《山海经》中记述的并封外形像猪，但并非所有的并封都似猪，有的像牛，有的像羊，有的像狗等。

故事传说：

根据《山海经》的记载，并封的形状类似于普通的猪，身体颜色呈黑色，前后皆有头。相传，它是巫咸国著名女巫师的坐骑。我们知道，巫咸国是由巫师组成的国家，在古代，巫师有着极高的地位，因为人们若遇到自然灾害或健康病疫等问题，都要仰仗巫师，可以说，他们是驱除邪恶之神的化身，同时他们也

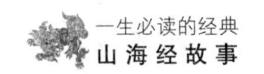

是与神灵打交道的唯一的使者。占卜、治病、祈福、祭祀等人类重要的社会活动，都需要巫师来主持。

在帝尧时期，人们受十个太阳的炙烤，著名的巫师女丑主动请缨，结果却被太阳活活给烤死了。她死后，人们并没有忘记她，而是经常到她死的地方去祭祀。再后来，这个国家又出现了一位著名的巫师叫作巫咸，因此这个国家又叫作巫咸国。这个国家的巫师们都认为是女丑的继承者，是天帝向人们传达旨意的通道，也是人们向上天表达个人意愿的途径。

因为女巫有极高的地位，所以，巫咸国的这些女巫们当然也有自己的坐骑——并封，据传，并封这种动物是女巫们用法力自己创造的。

夔：一条腿的牛

寻根求源：

《山海经·大荒东经》中有语："东海中有流波山，入海七千里。其上有兽，状如牛，苍身而无角，一足，出入水则必风雨，其光如日月，其声如雷，其名曰夔。黄帝得之，以其皮为鼓，橛以雷兽之骨，声闻五百里，以威天下。"

注：据传，夔与天地同生，世上只有三只，以上是第一只，第二只乃秦始皇所杀。但秦始皇没有黄帝的功业，所以这只夔的皮做成的鼓就没那么神奇了。

故事传说：

根据《山海经》的记述，夔是一种外形似牛的兽类，它最厉害的地方就在于用其皮制成的战鼓，具有极大的威力。相传在黄帝与蚩尤大战的时候，两军曾经交战了很长时间，都没能分出胜负来。黄帝虽然有诸神相助，还有强大的军队，而蚩尤的军队也极为顽强，表现得十分英勇。黄帝为此很是焦虑。后来，他终于想出了一个主意，就是制作一面威力强大的军鼓，以此来振作士气，威慑敌人。于是，他便将注意力转移到了夔的身上。

夔（牛）是生活在流波山上的一种神兽，形貌如牛，身子是苍灰色，头上没有角，只有一条腿，能够在水中自由自在地畅游。它每一次进出海水的时候，都伴随着大风大雨。夔（牛）的眼睛总是闪烁着太阳一般的光芒，每一次张开大嘴嘶叫，就像是打雷一般。

后来，黄帝派出风后和应龙一起，将夔（牛）捉住，用它的皮制成了一面鼓。但是这面鼓还需要不同寻常的鼓槌才能发挥出强大的威力来。于是，黄帝用雷神的一根骨头制成了一根鼓槌。于是，夔（牛）皮鼓与雷神骨头制成的槌结合在一起，便发出了惊天动地的响声，比打雷的声音还要大，可以传到五百里之外。

据传，当黄帝在指挥与蚩尤之间的战役正愈演愈烈之时，他站在山坡上，看见蚩尤的军队悉数进入包围圈，便命令擂鼓。他的铁胳膊奋臂猛击，雷神骨槌、夔皮做成的鼓皮果然不同凡响，三通鼓罢，三苗之民面无人色；六通鼓罢，魑魅魍魉魂飞魄散；九通鼓结束后，蚩尤兄弟手颤足麻，无法跳跃飞腾。黄帝的将士们在鼓声的激励之下士气大增，蜂拥而至，争先杀敌；黄帝将昆吾剑挥舞着似车轮一般顺溜，一会儿就将蚩尤斩杀于刀下，这才取得了最终的胜利。

下篇 鱼鸟篇

《山海经》中关于鸟和鱼的记载，也是描写得绘声绘色。在这些鱼与鸟里面，有着地位极高的神兽，比如披着五彩羽毛的凤凰，也有形貌奇特的，长得像一般的鹤，却只有一只脚的神兽。本篇同样以《山海经》为蓝本，为大家栩栩如生地描绘各种各样的鱼与鸟，在丰富你个人想象力的同时，给你带来不一样的愉悦体验。

比翼鸟：蛮蛮鸟

寻根求源：

《山海经·西山经》中有语："有鸟焉，其状如凫，而一翼一目，相得乃飞，名曰蛮蛮，见则天下大水。"

注：据传，比翼鸟仅一目一翼，雌雄须并翼飞行，故常比喻恩爱夫妻，亦比喻情深谊厚、形影不离的朋友。

故事传说：

在崇吾山有一种鸟，名叫蛮蛮，也就是比翼鸟，它的外形长得像野鸭,只有一只翅膀和一只眼睛,要两只鸟互相帮助才能飞起来,这种鸟的名字叫蛮蛮,如果出现这种鸟,天下就会有大洪水。根据《山海经》的记述,比翼鸟应该为凶兽才是,因为它出现的地方就会发生大的水灾,但是中国后来的文人,只将比翼鸟看成一种奇异的动物,在描述中它并不存在任何吉凶的象征。因为在后来的文人看来,它只是洪灾的预示者,而它本身不会带来什么水灾。

在崇吾山有一种鸟,名叫蛮蛮,也就是比翼鸟,它的外形长得像野鸭,只有一只翅膀和一只眼睛,要两只鸟互相帮助才能飞起来,这种鸟的名字叫蛮蛮,如果出现这种鸟,天下就会有大洪水。根据《山海经》的记述,比翼鸟应该为凶兽才是,因为它出现的地方就会发生大的水灾,但是在中国后来的文人,只将比翼鸟看成是一种奇异的动物,在描述中它并不存在任何吉凶的象征。因为在后来的文人看来,它只是洪灾的预示者,而它本身不会带来什么水灾。

据传,比翼鸟的羽毛呈现青红色,雌鸟与雄鸟的翅膀不合起来就无法飞翔,所以,后世才有了"在天愿做比翼鸟"的说法,用来比喻夫妻或情侣之间恩爱无比、感情深厚。

旋龟:驮息壤的神龟

寻根求源:

《山海经·南山经》中有语:"其中多玄鱼,其状如龟而鸟首虺尾,其名曰旋龟,其音如判木,佩之不聋,可以为底。"

《山海经·中山经》中有语:"豪水出焉,而南流注于洛,其中多旋龟，其状鸟首而鳖尾，其音如判木。"

注：旋龟的主要功劳便是驮着息壤跟随着大禹，以方便治水。这里所谓的息壤是远古传说中的一种能够自生自长、永不减耗的土壤。

故事传说：

据《山海经》记载，有两座山上都是有旋龟栖息的，一座是南山的杻阳山，那里的旋龟长着鸟的脑袋、蛇的尾巴，身上还长有鳞片，其形貌类似于今天的鳄鱼；另一座是在中山的密山中，其长着鸟的头和鳖的尾巴。从外形来看，这两处的旋龟并没有什么大的区别，应该是同一种生物。旋龟有一个特点，那就是叫声极其难听，就像剖木头的声音。古人将旋龟的龟壳做成小的饰品，佩戴在身上，可以治疗耳聋的病症，用它还可以治疗足底的老茧。

旋龟的种群中有一只在上古神话传说中极为有名，它曾帮助大禹治水，也是大禹的坐骑。相传在尧帝时期，大地上曾经洪水泛滥成灾。天上有个神叫作鲧，看到凡间的百姓苦于洪水侵害，就去偷天帝的宝贝息壤来治水，后来便被天帝给发现并且处死了。鲧的儿子大禹则继承了他的遗愿，坚持要治水。天帝看到事情不可违，而且凡间的百姓确实过得太过艰辛困苦，就同意让大禹去治水，而且还将息壤赐给他，为治水助一臂之力。

根据上古神话传说，大禹在治水的时候，有两个好帮手，一个是应龙，在前面用尾巴划大地，指引着大禹沿着它所划的地方开凿水道，将洪水引入大海；另一个便是旋龟，它的背上驮着息壤，跟在大禹的身后，方便大禹能将一小块一小块的息壤取出来投向大地。息壤落到地面后迅速地生长，很快就能将肆意的洪水填平了。据说

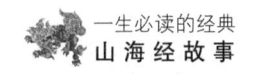

息壤是非常重的，而只有这力大无穷的神龟能够驮得动它。

鲑鱼：蛇尾型的鱼

寻根求源：

《山海经·南山经》中有语："有鱼焉，其状如牛，陵居，蛇尾有翼，其羽在魼下，其音如牛，其名曰鲑，冬死而夏生，食之无肿疾。"

注：这里的"魼下"即指腋下肋骨上面的部分。

故事传说：

从杻阳山往东三百里左右，便来到了柢山。柢山山间有很多条溪流，却没有花草树木。柢山中有一种鱼，形状像牛，栖息在山坡上，长着蛇一样的尾巴并且有翅膀，而翅膀长在肋骨上，鸣叫的声音像牦牛，名称是鲑，冬天蛰伏而夏天复苏，吃了它的肉就能使人不患痈肿疾病。

根据《山海经》所描述的，鲑鱼根本就不是鱼，而是穿山甲。穿山甲全身长满了鳞片，跟鲤鱼的鳞片很相似，又住在洞穴中，因此又被叫作陵鲤、石陵鲤，所以上古时期的人们将它归入鱼的种类之中。

根据穿山甲的外形分析，它的外形确实像牛，因为在远古时期，人们的表达能力有限，只会用一种形貌相似的动物来描述另一种动物。穿山甲有一条长满鳞片的细长的尾巴，像极了蛇的尾巴。穿山甲是一种极为低级的哺乳动物，与鸭嘴兽、食蚁兽颇接近，冬天休眠，夏天出来活动。穿山甲是位于我国南方山陵地区的动物，这也与《山海经》的记载密切相符；穿山甲鳞片可以入药，性微寒，味咸，有通经络、消痈肿之功效，与所记"食之无肿疾"的描述也是相符合的。由此看来，鲮鱼应该就是穿山甲。

鹠鸺：三头三翅鸟

寻根求源：

《山海经·南山经》中有语："有鸟焉，其状如鸡而三首六目、六足三翼，其名曰鹠鸺，食之无卧。"

注：据说吃了鹠鸺的肉便可以食之无卧，再加上其怪异的长相，鹠鸺应该为一种妖类物种。

故事传说：

基山上有一种怪鸟，它的长相与鸡极其相似，却有三个头，六只眼睛，六只脚，三只翅膀，它的名字叫鹠鸺。因为它有三个头，所以总会出现意见不统一的情况，所以常常会打架，以至于将身体都折磨得遍体鳞伤，有的时候甚至会杀死自己。因为只要有一个脑袋死了，鹠鸺便无法活下去了。据传，吃了它的肉，便能够吸纳其身上的灵气和威力，从此便精神抖擞，再也没有睡觉的欲望了。据说，在古时候，一些地方上的富人都会买这些鸟给自己的雇工吃，这样就可以使他们不知疲倦地干活，为自己创造更多的财富。

除了鹠鸺这种鸟，基山上面还有一种动物叫作猼𧕅。它的外形长得也很奇特，外表看起来像羊，却长着九条尾巴和四只耳朵，眼睛长在背上面，样子有点吓人。根据鹠鸺和猼𧕅这两种动物怪异的长相

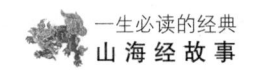

推测，该山应该是被某种核类的物质辐射过的样子。虽然鹒䳎和猼訑不是传说中神通广大的神兽，但长成这个样子，却毫无特异功能，似乎是变异的结果。

灌灌：叫声如谩骂声的鸟

寻根求源：

《山海经·南山经》中有语："有鸟焉，其状如鸠，其音若呵，名曰灌灌，佩之不惑。"

注："不惑"即指不会被迷惑。

故事传说：

灌灌与九尾狐同栖息于青丘山上，青丘在基山东边三百里左右。灌灌的样子如斑鸠鸟一般，啼叫的声音如同人在互相谩骂，据说它的肉特别好吃，尤其是烤熟之后的味道十分鲜美。还有一种说法是，将灌灌的羽毛插在身上就不会被迷惑。

我们知道，九尾狐是一种蛊惑人的奇兽。在《武王伐纣书》中，那只吸尽妲己魂魄元气骨髓而借其空皮囊化形为妲己的是只"九尾金毛狐子"。原本商纣王是位"才兼文武"的国君，当时的他外有忠臣良将辅佐，内有贤后淑妃照拂，本来江山稳固，而后来他却被千年九尾狐狸精带着九头雉鸡精和玉石琵琶精迷惑得失去了"真性"，最终导致殷商几千年的江山毁于一旦。而这位九尾狐精的结局便是在武王克殷后被姜太公用降妖镜逼住现出原形，然后把她装进袋子用木碓捣死。在她赴死期间，《武王伐纣书》中有一段关于她媚人的生动描述，小说极力地渲染她如何如何"娇滴滴"地将行刑军士迷得"软痴痴瘫作一堆"，也就是说，她的"千娇百媚妖眼"将那位行刑的刽子手撩拨得下不了手。最后还是姜子牙用宝贝葫芦取了她的首级。而到后来的《封神演义》中，作者将九尾狐狸精的娇媚形态推向了极致，可见，九尾狐的蛊惑之功的厉害。而灌灌是与九尾狐生活在同一座山上的，而它具有一种功能，便是能够解除或抵御九尾狐的蛊惑本领，由此也可以推测，灌灌是一种进化得比九尾狐更为高能的兽类。

另外，九尾狐的肉具有解毒驱邪的作用，因此人类才会冒险去杀它。而在这个过程中，灌灌羽毛能够对抗九尾狐蛊惑的功能，这对成功地捕获九尾狐起了极大的作用。

灌灌虽然能够克制九尾狐，但其实力是不能与九尾狐相匹敌的。九尾狐有吃人的本性，但它却是一种瑞兽，与玉兔、金蟾、三足乌等并列，并且还做过大禹的媒人，帮助大禹娶妻。但是九尾狐的邻居灌灌则是一种被人类吃的低能兽类。

赤鱬：人面鱼

寻根求源：

《山海经·南山经》中有语："英水出焉，南流注于即翼之泽。其中多赤鱬，其状如鱼而人面，其音如鸳鸯，食之不疥。"

注：赤，即指空净无物；赤鱬即属于人鱼类。

故事传说：

根据《山海经》的记载，青丘山还是英水的发源地，英水从这里向南方注入即翼泽。据说英水里有很多的赤鱬，它的外形像普通的鱼，却长着一副人的面孔，发出的声音如同鸳鸯在鸣叫，吃了它的肉则能够使人不生疥疮。

在我国的神话传说中，赤鱬之所以被称为灵兽，是因为它们的智商极高。曾有一个皇帝，想要吃赤鱬的肉，派了一支军队去捕杀赤鱬。平日里，赤鱬和普通的鱼类一样，丝毫没有反抗的能力。但是当这支军队来到沼泽边捕杀赤鱬的时候，却不想掉进了赤鱬布下的陷阱。

赤鱬为了保护自己使自己不受伤害，它们在一个深不见底的沼泽处编织了一个大网，将那深不见底的沼泽遮住。这支军队毫不知情，慢慢地深入沼泽，当他们来到正中央的时候，赤鱬将大网咬破。军士们便沉入了深渊之中，全军覆没！

瞿如：人面鸟

寻根求源：

《山海经·南山经》中有语："东五百里，曰祷过之山，其上多金玉，其下多犀、兕，多象。有鸟焉，其状如䴔，而白首、三足、人面，其名曰瞿如，其鸣自号也。"

故事传说：

天虞山向东五百里的地方，叫作祷过山。该山上遍布着黄金、美玉，山下则生长着很多犀、兕、象。山中生长着一种怪鸟，名叫瞿如，头部呈白色，有三只脚，长得人脸，它的鸣叫声如同呼唤自己的名字。

《山海经》中的每一座山所栖息的不同的野兽，都长有类似的样

貌。比如，祷过山上除了瞿如这种鸟兽，还有一种叫犀的野兽，它的外形像水牛，周身呈黑色，头像猪，脚似象，只长了三只蹄子，体态极为健壮，喜欢吃荆棘刺草，因此口唇经常鲜血直流。犀与瞿如长相有类似的地方。

根据瞿如的形象，我们可以想象出它是一种极为恐怖的人面鸟类，但是在希腊的神话传说中，却有一只叫作海妖塞壬的人面鸟，长得极为漂亮，面部妖艳美丽，歌声动听无比。塞壬用歌声诱惑路过的航海者使船触礁沉没，船员都成了它的腹中餐。人面鸟身的也可以是大神，比如黄帝之子禺京也是人面鸟身，是风神、北海之神，两耳朵上分别挂有一条青蛇，脚踏两条赤蛇，颛顼管理北方的天空；还有人面鸟身的木神句芒，是少昊的后裔、伏羲的大臣，管理着扶桑树；还有人面鸟身而九首的神鸟九凤等。据此推测，瞿如鸟的来历应该很不凡，很有可能是这些大神的后裔，只不过历经几代的演化，失去了特异功能，成了一种长相怪异的鸟类。

凤皇：德义礼仁信

寻根求源：

《山海经·南山经》中有语："有鸟焉，其状如鸡，五采而文，名曰凤皇，首文曰德，翼文曰义，背文曰礼，膺文曰仁，腹文曰信。是鸟也，饮食自然，歌舞自舞，见则天下安宁。"

注：凤皇背面的"德义礼仁信"五字，正是古人所崇尚的道德品质。

故事传说：

丹穴山中有一种神鸟，形状像普通的鸡，全身上下长满了五彩

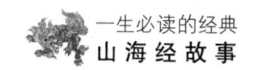

的羽毛，它的名字叫作凤皇，也叫作凤凰。凤凰头上的花纹是"德"字的形状，翅膀上的花纹是"义"字的形状，背部的花纹是"礼"字的形状，胸前的花纹是"仁"字的形状，腹部的花纹则是"信"字的形状。这种鸟是祥瑞之鸟，它吃喝极为从容，常常自己边唱边跳，它一出现天下便会太平。

在远古时期，凤凰与龙有着同样的地位。相传，黄帝在统一中原前，主要以"熊"作为图腾标志。在他战败蚩尤统一中原地区后，它的标志兼取并融合了被吞并的其他氏族、部落的标志性图案。比如马、鸟、蛇、鹿、牛等。最后，这些图案拼合、融合后就成为华夏民族崇拜的形象——龙，它是一种虚拟的综合性神灵。后来，"龙"的形象开始出现于各种图案中，并逐渐地成了帝王的符瑞。

当时与黄帝轩辕部落同时存在的另一个强大的部落，便是东夷部落，他们也有着极为灿烂的文明，是伏羲氏的后裔，他们的图腾就是凤凰。后来，东夷与华夏族逐渐地融合，于是凤凰便与龙并列。

关于凤凰，还有一种传说跟大禹治水有关。相传，大禹治水在努力了百载，无奈江凶河恶，进展缓慢。某年洪锋高逾千丈，势必覆盖万里淹没苍生，大禹叩天万向，哭出血泪，终于感动苍天，一只凤凰从天而降，洒下九片羽毛化成银甲，大禹于是将其制成治水的神器，并成巨斧，一劈之力竟然裂地千里，通河入海化解巨劫，故相传凤凰是为挽救人间危难而来之神兵。

神斧诀（共分六招：一斧斩破江河断、二合纵横天地分、三三不尽乾坤转、四分五裂风云变、五岳排山惊天势、六道无常穿苍灭）并非大禹所创。大禹死后，恐世人乱用凤凰起死回生的异能，遂将凤凰的第九片银甲拆下，后第九片银甲落入"玄网"之中，并与

"十方俱灭""惊邪"一同面世。凤凰银甲辗转流传多年，后转至南方苗族首领荆娘手中。荆娘凭借过人的才智创出了六招神斧诀，统一南方并意图染指中原。在进犯中原途中遇上另一天神兵"太虚"之主，落败，遂退回南蛮。荆娘认为落败乃是由于凤凰银甲不齐，深以为憾。

虎蛟：鱼身蛇尾

寻根求源：

《山海经·南山经》中有语："其中有虎蛟，其状鱼身而蛇尾，其音如鸳鸯，食者不肿，可以已痔。"

注：据传，龙与蛇交配出来的生有一只角的叫蛟，而生有两只角的叫龙。

故事传说：

泿水中有一种叫作虎蛟的动物，它的身子像普通的鱼，后面却拖着一条蛇一般的尾巴，其叫声和鸳鸯的声音极像，吃了它的肉就能使人不生痈肿病，还可以医治痔疮。

据传，虎蛟是龙跟蛇交配出来的物种。还有一种说法是蛟就是猪婆龙，即扬子鳄，它是一种古老的爬行动物，体形极小，行动迟钝，性情较为温顺的鳄类。现存数量极少，已经濒临灭绝，在古老的中生代，扬子鳄与恐龙一样，曾经称霸地球，后来，随着环境的变化，恐龙等许多爬行动物绝灭了，而扬子鳄和其他一些爬行动物却幸免于难。扬子鳄的故乡在中国的长江流域。它的祖先曾经是陆生动物，后来，随着生存环境的变化，扬子鳄学会了在水中生活的

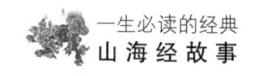

本领，所以，它具有水陆两栖动物的特点和广阔的活动天地。也许正因为如此，它才能在地球上生活了两亿年，成了生物进化史上的"老寿星"。在扬子鳄身上，至今还能找到早先恐龙等爬行动物的特征，因此，人们称扬子鳄为"活化石"。

颙：人面四目鸟

寻根求源：

《山海经·南山经》中有语："有鸟焉，其状如枭，人面四目而有耳，其名曰颙，其鸣自号也，见则天下大旱。"

注：有人说，明万历年间的那场大旱是颙造成的，可据现代科学分析，颙并没有给人类带来旱灾的特异能力，它只是有预示干旱的特异能力罢了。

故事传说：

颙是一种禽鸟，其样貌像猫头鹰，长着一副人的面孔，却有四只眼，也有耳，样貌极为恐怖，它发出的声音如自呼其名。根据远古时期人们的观念，它是一种灾兽，但凡它出现的地方便会发生大的旱灾。颙所栖息的山叫令丘山，该山上没花草树木，有较多的火山，这应该与颙有着极大的关系。

据史料记载，在明朝万历年间，曾有颙鸟群聚于豫章城永宁寺，有二尺多厚，且当时燕雀成群，叫声嘈杂，结果就在当年的五月至七月间，当地出现了极为酷暑的景象，土地干裂，一场雨都未曾下过，地里的庄稼和路边的草木全部都枯死了。可见颙果真是旱灾的

预示者。后来据传，这场灾难持续数年之久，致使当时的国内民不聊生，给国家带去了沉重的灾难。

据传，颙这种野兽如若两只在一个地方出现，则会出现酷暑难耐的气候现象。但是颙毕竟不是神仙、凶兽级别的生物，神仙和凶兽都是有特异能力的，能给人类造成极大的影响。而颙它本身不会害人，它只是有预示干旱的异常功能罢了。

肥遗：六足四翼蛇

寻根求源：

《山海经·西山经》中有语："有蛇焉，名曰肥遗，六足四翼，见则天下大旱。"

《山海经·北山经》中亦有语："有蛇一首两身，名曰肥遗，见则其国大旱。"

注：据史料记载，这种长着翅膀的蛇，在战国时代楚国的帛画中出现过，而且根据帛画的内容，这种怪蛇出现的时候，总是伴随着"大水"或"大旱"的自然灾害。

故事传说：

在浑夕山上栖息着一种怪蛇，它就是肥遗。它长着六只脚和四只翅膀，它一出现，天下就会大旱。肥遗的栖息地比较多，浑夕山、太华山、彭山，都生活着肥遗。

根据肥遗的"蛇身"样貌推测，它

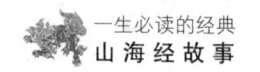

应该是女娲或伏羲的后人，但后人推测，它更倾向于女娲的后裔。女娲长得人首蛇身，这种神态是大神的标志，但是肥遗没长出人首。也许经过艰难的修炼，肥遗还是可以长出人首来的，但它却因为耐不住性子，不愿意孤独寂寞地修炼，而是想出去闯荡，于是便去找水神共工，要在水神手底下历练。

共工因为与颛顼相争，一头撞断了不周山，导致天地倾斜，洪水泛滥。后来女娲下凡，费了好大的周折，才补住了被共工撞坏的窟。女娲补天的时候，肥遗一直跟在其身后倾听教诲。后来，它对女娲说道，虽然天补好了，但是洪水依然泛滥成灾，自己愿意学习治水的本领。女娲说道："你的天赋比较适合做水神，可以推波助澜，呼风唤雨，假如学习控制洪水的方法，只会浪费你的天赋。"但是，肥遗决心已定，于是女娲无奈之下便教给它一个本领，让天地变干旱，以此方法来控制洪水泛滥。使天地干旱，确实可以在一定程度上控制洪水，但是在洪水消失后，肥遗的这个特异能力便会给人间带来灾害。到了哪里，那里就会大地干裂、草木枯死，从此，这位好心的肥遗，便成了灾兽，被人们所不齿。

肥遗：黄身红嘴鸟

寻根求源：

《山海经·西山经》中有语："有鸟焉，其状如鹑，黄身而赤喙，其名曰肥遗，食之已疠，可以杀虫。"

注："已疠"即指治愈疯癫病。

故事传说：

石脆山往西七十里，是英山，该山上长满了杻树和橿树，山北盛产铁，而山南盛产黄金。禺水便发源于该山上，向北流入招水，水中有多种多样的鱼类。该山的南面还长有许多箭竹，这里经常有各种各样的野兽出入。

英山上还有一种禽鸟，形状像一般的鹌鹑，却是黄身子、红嘴巴，名称是肥遗。肥遗是一种益鸟，人吃了它的肉就能治愈疯癫病，还能杀死体内的寄生虫。它与太华山的肥遗蛇，异物而同名。肥遗蛇一出现就天下大旱，而英山的肥遗是鸟，能治病杀虫，二者虽名同而美恶不同。考古学者认为，湖北荆门包山二号战国楚墓出土的内棺外所绘的凤纹即为肥遗鸟，其主要功能是驱虫，护卫墓主。

鲜鱼：会叫的河蚌

寻根求源：

《山海经·西山经》中有语："禺水出焉，北流注于招水，其中多鲜鱼，其状如鳖，其音如羊。"

注：鲜鱼便是河蚌。

故事传说：

禺水发源于英山，向北流入招水，水中有很多的鲜鱼，形状像鳖，叫声如同羊叫。据此推测，这里所说的鲜鱼应该为河蚌。

在自然环境中，河蚌一般生活在江河、湖泊、池沼、小溪等泥质、沙质或石砾之中。冬春寒冷时利用斧足挖掘泥汾，使蚌体部分潜埋在泥沙中，前腹缘向下，后背缘向上；仅露出壳后缘部分进行呼吸摄食。天热时则大部分露在泥外。

蚌的行动能力很弱，环境平静时，由韧带牵行，微微张开双壳，徐徐伸出斧足。一般斧足向壳的前方伸出，并固定在泥地上，再收

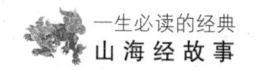

缩蚌体向前移动。这种爬行非常缓慢，通常一分钟只前进数厘米。凡蚌体经过之处均留有一条浅沟。当蚌遇到敌害时，斧足很快缩回，闭壳肌同时急剧收缩，双壳紧闭以御外敌。

关于河蚌有这样一个传说：古时候，有个渔翁农闲下河捉鱼，几次下网一无所有，后在树下休息，蚌精发现老人后欲戏弄老人，后在老翁和河蚌的几次周旋后，喜获河蚌。

渔翁捕得河蚌、田螺回家，看着十分稀奇，把河蚌田螺养入缸中，然后再出门捕鱼。蚌精、田螺精从水缸中出来，帮渔翁打扫厅堂，发现一个箱子里放满银两，开玩笑把箱子藏好。渔翁回家不见箱子，四处寻找，蚌精问明原因，归还箱子，知道渔翁为建学堂，千辛万苦积攒银两还是不够，蚌精为之感动，出手相助，拿出夜明珠，为渔翁建学堂了却了心愿，再为老人造了三间砖瓦房安度晚年。

学堂造好，这位老人便请到了一位教书先生。一日，这位教书先生发现草堂门口有一老妇昏倒在地，问明情况后，他便把孤苦伶仃的老妇留在草堂，并认作继娘。

此后，这位田螺精每天都会到草堂看先生教书，日久生情，对先生产生爱慕之心，在蚌精的从中撮合下，教书先生与田螺精喜结良缘，过上了幸福的生活。

数斯：人足鸟

寻根求源：

《山海经·西山经》中有语："有鸟焉，其状如鸱而人足，名曰数斯，食之已瘿。"

注："瘿"指肉瘤。

故事传说：

皋涂山，该山上有一种白色的带有剧毒的石头，可以毒死老鼠。山中还有一种草，形状像藁茇，叶子像葵菜的叶子而背面则是红色的，名称是无条，也可以毒死老鼠。如此看来，这座山并非老鼠的安居之所。另外，该山中还有一种禽鸟，形状像鹞鹰却长着人一样的脚，名称是数斯。

有人曾去过皋涂山，知道这里的数斯可以治疗大脖子病，也去过拘缨国，知道那里的人脖子上都长着一颗大如香瓜般的肉瘤，所以就将数斯这种鸟介绍给了拘缨国的人。此后，拘缨国人吃了数斯的肉后，病症果然好了，于是，该国的国民便开始大肆地屠杀数斯。到后来，数斯的数量已经极少了，而拘缨国的国民，大都将大脖子病治好了，成为正常的人，慢慢地便融入其他国家去了，拘缨国自此也消失了。

另外，数斯还长着一双类似于人类的脚。人的脚是为了奔跑才进化成这个样子的，数斯的脚长成人脚的样子，也应该是为了奔跑，所以，它应该是一种比较善于奔跑攀缘的鸟。因此也可以推断，它的翅膀不会很发达，但是力量应该不小，否则的话，很有可能被山中的其他野兽给吃掉。

鹦鸮：会说人话的鸟

寻根求源：

《山海经·西山经》中有语："有鸟焉，其状如鸮，青羽赤喙，人舌能言，名曰鹦鸮。"

注：这里的"鸮"，指的是猫头鹰一类的鸟。

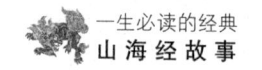

故事传说：

皋涂山再往西走一百八十里左右，就到了黄山。山上没有花草树木，而到处都是郁郁葱葱的竹林。黄山上生活着一种鸟，它的形状像一般的猫头鹰，却长着青色的羽毛和红色的嘴，还有像人一样的舌头，能学人说话，名字就叫鹦鹉。这里所说的鹦鹉，其实就是我们现在所熟知的鹦鹉，在很久之前，已经被人们所驯养了。

鹦鹉因为会说人话，所以它的传奇故事有很多，比如，《大唐奇事》中便记载了一个人前世是鹦鹉的奇事。

陇右（甘肃）人刘潜的家里很富有，家中有一位刚刚成年的女儿，长得很美。不断有人来向刘家求婚，她的父亲都没有答应。刘家养了一只鹦鹉，擅长说话，女孩每天都与鹦鹉说话。后来刘家得到一本佛经，鹦鹉念佛经，有时念错了，女孩一定纠正它。

每当念佛经时，女孩一定要烧香。忽然有一天，鹦鹉对女孩说："给我打开笼子，你自己来住，我应当飞走了。"女子奇怪地问它："为什么这么说呢？"鹦鹉说："你本来和我同是一类，偶然托生到刘潜的家里，现在却要回到原来的种族之中。不要怪我说这样的话，别人不认识你，我却认识你。"

那女子很吃惊，把这事告诉了父亲，父母就打开笼子，放鹦鹉飞走了。从此父母开始早晚都守着女儿。过了三天，女子无故死了。父母吃惊而又伤心地哭泣不止，正要埋葬女儿的时候，女儿的尸体忽然变成一只白鹦鹉飞走了。

鸾鸟：和平的使者

寻根求源：

《山海经·西山经》中有语："有鸟焉，其状如翟而五采文，名曰鸾鸟，见则天下安宁。"

《山海经·大荒西经》中亦有语："有五采鸟三名：一曰皇鸟，一曰鸾鸟，一曰凤鸟。"

《山海经·海内经》中亦有语："有鸾鸟自歌，凤鸟自舞。凤鸟首文曰"德"，翼文曰"顺"，膺文曰"仁"，背文曰"义"，见则天下和。"

注：鸾鸟与比翼鸟和凤凰鸟极为相似，但它们却是三种不同的鸟。

故事传说：

在高山西南三百里处，有一座山叫女床山。女床山上有诸多的野兽，其中以老虎、豹子、犀牛居多。山中还有一种禽鸟，形状像野鸡，却长着五彩斑斓的羽毛，它叫作鸾鸟，它是一种祥瑞之鸟，一出现，天下便会安宁和平。

鸾鸟因为生长在古时候的鸾州（现洛阳栾川），因此而得名。在最早的神话传说中，鸾鸟是一种与凤鸟相类似的神鸟，它象征着和平，所以古人经常将鸾、凤并称。鸾鸟不会轻易地现身，一般在政治清明、天下太平时期才会出现。也有人认为鸾鸟是一种有意思的鸟，它在不同的时期，有不同的称谓。刚开始，人们将鸾作为一种

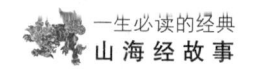

近似于凤的鸟，也是瑞鸟的一种，但地位却不及凤。后来人们又逐渐将"鸾"作为凤的别称，并称"鸾凤"。还有人认为，"凤"与"鸾"指的其实是同一种鸟，但是"凤"指的是成鸟，而"鸾"则指的是尚未成熟的鸟，"鸾"一旦成熟，就叫"凤"。

据传，一般鸾鸟害怕孤独，为此都是成双而飞。对此，还有这样一个传说：

鸾是一只不停地在空中飞的鸟，有一天鸾鸟累了，感觉到孤单了，它终于停下了飞翔的脚步，来到了神的面前问："为什么要我一直在天空飞翔，不停地飞翔？难道我不能停下来吗？"神听了它的话，说："你不是不能停下来，而是要找到另外一只的时候才能停下来……"神还没有把话说完，鸾就飞走了，开始在浩瀚的天空中寻找另外一只鸾。鸾鸟不停地飞，不停地找，不分日夜。就这样，时间一天天过去，鸾鸟也不知道自己飞了多久，终于，在一天夜里它看见了一只好像和自己颜色不一样的鸾，而它没有飞过去，因为它一路上碰到太多和自己有点像的鸟。就这样它们擦肩而过……

有一天鸾又回到了神的面前问："为什么我找了那么久，我飞了那么久，经历了那么多，还是没有找到你说的那只鸾？"神说："不是你没有找到，而是你错过了，错过了，假如你真的找到了你们也不可能会在一起……"

鸾问："为什么？"

神说："你错过了太多太多，当你想停留的时候不能停下来，这是你的宿命……"

鸾听了，流泪了，它的泪化成了雨洒落在大地。就这样，鸾含着泪一跃而起，从此再也没有人见过那只鸾……

鶹鸟：避火的神鸟

寻根求源：

《山海经·西山经》中有语："又西二百里，曰翠山，其上多棕枏，其下多竹箭，其阳多黄金、玉，其阴多旄牛、羚麝。其鸟多鶹，其状如鹊，赤黑而两首、四足，可以御火。"

注：鶹鸟与朱雀有着千丝万缕的联系，朱雀即为中国的"火鸟"，所以，鶹鸟也有避火的本领。

故事传说：

黄山再往西二百里，便来到了翠山，山上呈现茂密的棕树和楠木树，山下面到处都是竹林，山的南面则盛产玉石和黄金等，山的北面有许多牦牛、羚羊等。鶹鸟则是翠山上栖息的禽鸟，它的样子像是普通的喜鹊，却长着红黑色的羽毛和两个脑袋、四只脚，它可以避火。

《山海经》中记述了许多可以避火的神鸟，而鶹鸟则属于其中的一种。这些神鸟大都与朱雀鸟有着千丝万缕的联系，因为朱雀与青龙、白虎、玄武并称天之四大灵兽。朱雀位于南方，属火，它的子孙后代自然有一些避火的本事。

而在西方的神话中，也有一些鸟被定义为火神。在印度教的神话传说里，金翅鸟是大神毗湿奴的坐骑，体形庞大，羽毛鲜亮艳丽，因此常被误认为是火神。所以即使金翅鸟不是真正的神，也常常被奉若神明。迦楼罗在别国的神话里也曾被提及，在那里它是一种半

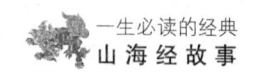

人半鹰的生物，有着不计其数的翅膀和手臂。而在印度，它则有着人类的身躯和四肢，鹰的头颅、羽翼和爪子，一身金色的羽毛明艳非凡。

在埃及的创世神话中，也有火鸟。在世界是一片混沌的时候，一只太阳鸟飞越了"混沌"的表面，落地后用它的尖叫声打破了这个世界最原始的寂静。据说正是这声尖叫决定了什么即将出现在这个世界上而什么不能。传说太阳鸟和鹭长得非常相似，但不同的是它拥有色如火焰的羽毛，有时甚至还长着人类的头颅。这种鸟和埃及太阳神有很大的关联，所以它的像常常被画得像太阳神本人一样戴着皇冠。

传说太阳鸟每天早上随着太阳的升起而飞起并在太阳的光芒里获得重生。它的重生同时也意味着它和奥利西斯（司阴府之神）、死亡以及复活的问题密切相关。这个最先创造了世界的神鸟据说出生于牛油果树顶端的一团火焰里，而那棵鳄梨树又生长在方尖塔的塔尖上。此后关于它的故事又变得和凤凰极为相似了。希罗多德（希腊历史学家）曾说太阳鸟在出生500年后飞入火焰中并在灰烬里涅槃，然后获得新生，灰烬则被安置在太阳神的祭坛里。

凫徯：人面雄鸡

寻根求源：

《山海经·西山经》中有语："有鸟焉，其状如雄鸡而人面，名曰凫徯，其鸣自叫也，见则有兵。"

注：其实，凫徯本身没有招致战争的本领，而是它具有预测战争的特异能力。所以，人们痛恨它，实际上反映了远古时期人类对

战争的反感和厌恶。

故事传说：

凫徯是栖息于鹿台山上的兽类，该山上出产白玉石，山下多产银金属，山中有𤝞羊、白豪等野兽，凫徯是该山中为数不多的禽鸟之一，它的面孔长得极为奇怪，身体像普通的雄鸡，却长着人一般的脸。它的叫声就是自身名字的读音，它是一种不祥之鸟，一出现天下便会爆发战争。

凫徯无论是公还是母，样子看起来都像是公鸡。如若看到这种鸟出入，则预示着要爆发战争。为此，人们就开始厌恶这种鸟，遇到它便会对其进行捕杀。

䳐鸟：红足直喙鸟

寻根求源：

《山海经·西山经》中有语："鼓亦化为䳐鸟，其状如鸱，赤足而直喙，黄文而白首，其音如鹄，见则其邑大旱。"

注：文中的"鼓"即指的是烛龙的儿子。

故事传说：

鼓是大神烛龙的儿子，他与父亲长得一样，都是人面龙身之神。但是鼓却是一个不知轻重的纨绔子弟，经常做一些愚蠢的事情。

有一次，鼓带着自己的一群狐朋狗

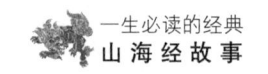

友去昆仑山游玩，遇到了一个叫作葆江的天神。葆江是天帝的亲信，与鼓向来不和，依仗着自己高超的本领，及天帝的宠信，从来不卖鼓的面子，鼓对此非常生气。这次双方一见面，自然是怒目相对，尤其是葆江又对鼓进行了一翻冷嘲热讽，而鼓则是笨嘴拙舌的，自然是骂不过葆江的。鼓一时气不过，便怂恿自己的小伙伴们一同将葆江杀死了。

死了一位大神，只一会儿的工夫，这事便被天帝知道了。天帝本来就不待见烛龙，因为烛龙较高的功绩，已经威胁到天帝的位置了。这次鼓的恶劣行为正好被天帝抓住了把柄，天帝便小题大做，杀鸡儆猴，故意在烛龙的老巢钟山附近一个叫作崤崖的地方，将肇事者鼓与参与杀害葆江的人一起就地正法了。

鼓死后，阴魂不散，其怨魂便转世为一种叫作"鵕"的怪鸟，形状像鹞鹰，却长着红色的脚和直直的嘴巴，身上是黄色的斑纹而头呈白色的，叫声如同大雁一般。它在哪个地方出现，哪里就会发生旱灾。鵕鸟虽然死了一次，但还未汲取教训，反而破罐子破摔，依仗着父亲的威名，一逮到机会就出来闹事，以此来发泄内心的憋屈之气，因此人们便开始对鵕鸟深恶痛绝。

大鹗：红嘴虎爪鸟

寻根求源：

《山海经·西山经》中有语："钦䲹化为大鹗，其状如雕而黑文白首，赤喙而虎爪，其音如晨鹄，见则有大兵。"

注：根据大鹗的外形即雕身，赤喙与虎爪判断，它应为一种凶狠的鸟。

故事传说：

鵕鸟是鼓的化身，实际上，钦䲹鸟是鼓的伙伴，它与鼓一同杀害了葆江。最终与鼓一同被天帝所斩杀。钦䲹死后，便化为大鹗，其形状像普通的雕，却长有黑色的斑纹和白色的脑袋，还有红色的嘴巴和老虎一样的爪子，叫声与晨鹄极为相似。所以，钦䲹是一种不祥之鸟，它一出现，便会爆发大的战争。

关于鼓与钦䲹共同杀死葆江，还有一种人间的说法。在上古时期，黄帝和炎帝曾进行过一场大的战争，当时的葆江站在黄帝的一方，为黄帝征伐炎帝立下了战功。而鼓则与钦䲹站在炎帝这边。最终，黄帝带领部族浴血奋战，打败了炎帝，黄帝上了位，自然要将反对他的人处死，而鼓与钦䲹自然也成了黄帝部族的刀下鬼。鼓死后，则变成了一只鵕鸟。钦䲹死后，则变成了大鹗鸟。

文鳐鱼：鱼身鸟翼

寻根求源：

《山海经·西山经》中有语："是多文鳐鱼，状如鲤鱼，鱼身而鸟翼，苍文而白首赤喙，常行西海，游于东海，以夜飞。其音如鸾鸡，其味酸甘，食之已狂，见则天下大穰。"

注：文鳐鱼是一种会飞的鱼，所以很多运动会将它作为吉祥物，以象征体育运动的飞跃，喻示更高、更快和更强。

故事传说：

钟山向西一百八十里是泰器山。泰器山中有一条大河，名为观水。观水从这里发源，向西注入流沙河。流沙河中生活着许多文鳐

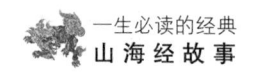

鱼。这种文鳐鱼很奇特，样子和鲤鱼很相似，拥有鱼的身躯，却长着飞鸟的翅膀，全身披满了苍色的斑纹，却长着白色的脑袋和红色的嘴。

传说文鳐鱼常常在西海行走，在东海遨游，喜欢在夜间飞行。文鳐鱼发出的声音犹如鸾鸟鸣叫一样好听。文鳐鱼的肉味有些酸甜，吃了可以治愈疯癫症，传说文鳐鱼出现的地方，就会天下太平，五谷丰登。

关于文鳐鱼，《歙州图经》也曾记载："歙州赤岭下有大溪。俗传昔有人造横溪鱼梁，鱼不得下，半夜飞，从此岭过。其人遂于岭上张网以捕之。鱼有越网而过者，有飞不过而变为石者。今每雨，其石即赤，故谓之赤岭；而浮梁县得名因此。"

《歙州图经》这段记载是说歙州赤岭下面有一条大溪，传说当年有人在这条大溪之上建造了一条横溪，因为鱼梁的缘故，文鳐鱼不能从下面游过去，所以文鳐鱼便半夜从这里飞过去。当地人便在岭下张开大网来捕捉文鳐鱼，也有一些越网而过的，有飞不过的就变为石者。如今每当下雨的时候，这里的石头都变成红色，所以称这里为赤岭，浮梁县也因此得名。

钦原：带毒的鸟

寻根求源：

《山海经·西山经》中有语："有鸟焉，其状如蜂，大如鸳鸯，名曰钦原，蠚鸟兽则死，蠚木则枯。"

注：昆仑山自古以来便是珍禽异兽聚集之处，异物钦原，尚不

知其究竟是飞禽还是巨虫,但它蜇中鸟兽便死,蜇中树木便枯的可怕毒性,给人留下的印象也极为深刻。

故事传说:

槐江山向西南走四百里,就是昆仑山。昆仑山是天帝在凡间的都邑,由大神陆吾负责管理和防卫,陆吾手下有一种叫作钦原的大鸟,负责守卫昆仑山。钦原的形状像蜜蜂,大小像鸳鸯,蜇中鸟兽,鸟兽就会死去,蜇中树木,树木便会枯掉。

昆仑山自古以来便是珍禽异兽聚集之处,异物钦原身为昆仑系神话中的一员,很可能是昆仑山哪位大神手下的小兵。根据钦原身带剧毒的特点,它应该为昆仑山的守门员之类的小将。钦原虽然个头不大,但是数量却不少,而且性情凶悍,毒性猛烈,一般的神并不是它们的对手,所以都不敢在昆仑山上面放肆。

昆仑系神话乃是中国上古神话的重要分支,就如古希腊神话中的奥林匹斯山上众神聚集一般,传说中国的昆仑山上也存在着无数神仙,甚至包括西王母这样重量级的人物。既然此地如此重要,有钦原这样的古怪生物守护圣域也就不足为奇了。

鹞鸟:极善斗的鸟

寻根求源:

《山海经·中山经》中有语:"济山之首,曰辉诸之山,其上多桑,其兽多闾麋,其鸟多鹞。"

注:鹞鸟即现在的褐马鸡。褐马鸡的生活很有规律,一般在春季3月份进行交配繁殖。每到这个时期,雄鸟之间常常为争夺配偶

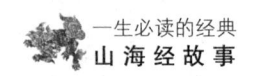

而进行殊死搏斗。其间，雄鸡为了显示它的威风，叫声特别粗重而洪亮，远在两公里之外亦隐约可闻。

故事传说：

辉诸山是济山山系的首座山，这座山上长有十分茂密的桑树，栖息着许多野驴、麋鹿和鹖鸟。鹖鸟就是现在的褐马鸡，是我国特有的珍稀鸟类。该鸟类全身呈浓褐色，头和颈为灰黑色，头顶有似冠状的黑绒短羽，脸和两颊裸露无羽，呈艳红色，尾巴高高竖起。翅短，不善飞行，两腿粗壮，善于奔跑。

褐马鸡最大的特点就是好斗。清朝训诂学家段玉裁《说文解字》注有"'鹖'者，勇雉也，其斗时，一死乃止"的说法，说的是褐马鸡是一种善斗的鸟类，一旦斗起来，会斗到死为止。这是因为褐马鸡的雄鸟在每年的繁殖期间，都要为夺雌鸟而发生激烈的争斗，据说有时达到斗死方休的地步。所以，从战国时赵武灵王起，历代帝王都用褐马鸡的尾羽装饰武将的帽盔，称为"冠"，用以激励将士，直往赴斗，虽死不置。这种制度一直延续到清朝末年。清朝时改为蓝翎和花翎，蓝翎纯为"鹖"羽，品级较低者戴之；花翎则外部为"鹖"羽，内部为孔雀羽，高级官员佩戴，并且以翎眼多少来区别官员的高低。

在远古时期，也有褐马鸡的诸多传说。相传黄帝和炎帝争夺天下的时候，在河北阪泉大战，就曾"帅熊罴狼，驱虎豹为前，驱雕鹖鹰鸢为旗帜"，其中鹖指的就是褐马鸡这种雉鸡。

鳎鱼：长着鸟翅的鱼

寻根求源：

《山海经·西山经》中有语："桃水出焉，西流注于稷泽，是多白玉。其中多鳎鱼，其状如蛇而四足，是食鱼。"

《山海经·东山经》中亦有语："其中多鳎鱼，其状如鱼而鸟翼，出入有光，其音如鸳鸯，见则天下大旱。"

故事传说：

乐游山位于昆仑山西边三百七十里的地方，山中有很多鳎鱼，形状如蛇，却长着四条腿，以吃别的鱼为生。在另外一个地方，也就是钦山东南二百里的子桐山，也有很多的鳎鱼，形状与一般的鱼相似却长着鸟的翅膀，出入水中时闪闪发光，叫声如同鸳鸯鸣叫一般，但凡它一出现，就会发生大的旱灾。

根据鳎鱼的外形推测，它应该与肺鱼是同一种。肺鱼是一种和腔棘鱼类相近的淡水鱼。古代时曾在地球上大量繁殖，现在仍有少数种群遗存下来，可以说是一种"活化石"。它的颌为自接式，平时用鳃呼吸，在干涸时可以用鳔当作肺呼吸，鳔在食道处有一开口，可以叫作内鼻孔，背鳍、臀鳍和尾鳍愈合在一起，颌上没有硬骨，有特殊的齿板。

肺鱼在幼鱼时期具有外鳃的生理特征，随着生长变化虽然还会保留下来，但已经逐渐变小、萎缩。它们的成长速度是很快的。

肺鱼的视力并不发达，但嗅觉灵敏，同时身体上会发出微弱的电流感应周围的生物，因此，在感知到饵时，它们会做出灵敏的反应。

肺鱼虽然喜欢以小鱼、小虾等活饵为食，习性并不凶猛，但在平时的喂饲以及换水的过程中，还是要小心地留意它们，它们坚利的牙齿和上下颚部的咬合力造成的伤害是非常惊人的。

除了可以直接呼吸水面上的空气之外，肺鱼还有一个很奇特的生理现象——夏眠，在原产地的自然环境中，酷热的夏季使河床干枯，使得肺鱼不得不钻进深深的泥土中，将身体团成球状，停止摄食并将身体各个器官的消耗量降到最低点，进入一种休眠的状态。直到雨季来临，当河床重新泛滥的时候，它们又会复苏过来，破土而出，进行正常的生活。这种独特而令人心酸的生活方式，使肺鱼得以在极为干旱的地区生存，为肺鱼平添了一份神秘的色彩，增加了一份对生命的敬意。

胜遇：全身呈红色的鸟

寻根求源：

《山海经·西山经》中有语："有鸟焉，其状如翟而赤，名曰胜遇，是食鱼，其音如录，见则其国大水。"

注："翟"即指野鸡。

故事传说：

玉山是西王母起居和游玩的后花园，这里的鸟兽，与这样一位大神生活在一起，大多都有特异功能。即便这些鸟兽外形长得不起眼，但多数都是吉兽。但其中有一种鸟却例外。这种鸟，形状像野鸡，浑身呈红色，名称叫胜遇，依靠吃鱼为生，发出的声音如同鹿在叫，这种鸟出现在哪里，哪里就会发生大的水灾。

据传，胜遇是舜在死后的化身。在中国历史上，舜是中国"德行"的化身。舜的童年很不幸，他很小的时候，母亲便过世了。舜的父亲瞽叟是个瞎子，和后妻生了儿子象。象深得父母宠爱，被骄纵坏了，对舜一点也不尊敬，平时总是欺侮眼前这个不受待见的哥哥。舜从不计较，依旧恪守长兄的职责，无微不至地关怀和爱护弟弟。

瞽叟偏爱后妻和象，对舜非常冷漠，动辄呵斥打骂，常常因为一点鸡毛蒜皮的小事惩罚舜。后母也不是个省油的灯，总想找机会除掉舜。舜并不记恨家人，依旧像往常那样侍奉他们，照顾他们。然而他的真心没有换来任何回报，在家里他没有任何地位，感受不到一点亲情。家人容不下他，他只好搬到山脚下独自生活。

他盖了一间简陋的茅草屋，在屋前开垦出一片田地，种上了庄稼。到了秋天，粮食大丰收，他自己吃不完，就把多余的粮食拿出来无偿地发放给穷人。赶上荒年，他听说有人断炊了，就趁夜把米放到人家门口，直到那户穷苦的人家把米搬回了屋，他才放心地离去。时间久了，人们都知道他的事迹了。他的美名传遍了乡里。在他的精神感召下，人们的思想观念和行为方式发生了很大变化，那些为地界争得头破血流的人，不再斤斤计较，忽然握手言和了。舜去雷池捕鱼，渔民不再为争夺鱼虾而大动干戈了，全都学会了礼让。舜走到哪里，就会把清正之风带到哪里，因此所有人都欢迎他的到来。但凡舜居住过的地方，在短短一年时间里就发展成了人口鼎盛的村落，两年后，就变成了熙熙攘攘的小镇。

舜20岁时，美名就传遍了天下。他30岁时，尧年老力衰，产生了退隐之意，在全国范围内寻找接班人。各路诸侯不约而同地推荐舜。尧为了考察舜的品行，把两个女儿都嫁给了他，送上粮食、牛羊、布匹、琴作贺礼。瞽叟财迷心窍，为了霸占财产，谋划着要

221

杀掉舜，于是哄骗舜回家修补粮仓。舜顺着梯子爬上了仓顶。瞽叟一把火把粮仓点着了。火势迅速蔓延，眼看要烧到仓顶了。关键时刻，舜急中生智，手持两个大斗笠纵身而下，一瞬间，他就变成了一只大鸟，鸣叫着，直朝天空飞去。而这只大鸟正是胜遇。

毕方：玩火的神鸟

寻根求源：

《山海经·西山经》中有语："有鸟焉，其状如鹤，一足，赤文青质而白喙，名曰毕方，其鸣自叫也，见则其邑有讹火。"

《山海经·海外南经》中亦有语："毕方鸟在其东，青水西，其为鸟一脚。"

注：相传，黄帝在泰山聚集鬼神之时，乘坐着蛟龙牵引的战车，而毕方则伺候在战车旁，由此处可以看出，毕方应为黄帝的随从。

故事传说：

毕方是中国古代神话传说中的火灾之兆，据《山海经》记载，它是栖息于章莪山上的鸟类，该山上没有花草树木，到处都是瑶、碧一类的美玉。毕方是该山中的鸟，它的外形像丹顶鹤，其只有一只脚，长着青色的身子、红色的斑纹，有一张白色的嘴巴。它鸣叫的声音就是自身名称的读音，在哪个地方出现那里就会发生怪火。

毕方的名字源自竹子和木头燃烧时发出的噼啪声响，它是火神，也是木神，居住在树木中。毕方的神奇之处就在于它不食谷物，而

专吞吃火焰，据说毕方的出现预示着大火。

在很久以前，大地还没有火，人类只能像野兽一样生吞活剥食物。这些还不算，更可怕的是寒冬。大雪封冻一切，一下子冻死了好多人。人类祷求天帝能够救他们，天帝却将能救人类的火种藏在自己的怀中，不肯施舍。毕方是天帝身边的童子，他不忍心人类就此而灭亡，在天帝睡觉的时候，毕方把火种偷了出来，悄悄地带下了大地。大地此刻正是隆冬，到处是白白的雪。毕方在一个野外的树下，救了一个快要冻死的年轻人，用火温暖他的心，让他恢复了生机与力气。因为救人花去了不少的时间，毕方担心天帝醒后会追来，他就将火种送给被他救活的年轻人，叮嘱他要把这火与热传遍大地，让天下所有的人不再害怕寒冷，不再有人被冻死。从此，有火的地方就有毕方的足迹，毕方为人类带来了火花，带来了温暖。

䳃：一首三身鸟

寻根求源：

《山海经·西山经》中有语："有鸟焉，一首而三身，其状如䴊，其名曰䳃。"

注：䳃又名䳃尾，因为它喜欢东张西望，所以在后来它的图像经常被安排在建筑物的屋脊上，做张口吞脊状，并有一剑以固定之。

故事传说：

䳃与三青鸟一样，都是栖息于三危山上的禽类，它长着一个脑袋三个身子。三青鸟是王母身边的使者，而䳃则没有什么具体的职务。据说，䳃在现代汉语中的意思是猫头鹰，但是在古代，䳃是鹩座一类的猛禽。还有一种传说，说䳃与三青鸟是有亲缘关系的。

另外还有一种说法，印度神话中也有相关鸦的记载，它是印度神话之鸟，原型是已经濒临灭绝的花冠皱盔犀鸟，该鸟体长约105厘米，尾白，雌鸟较小。雄雌两性的背、两翼及腹部均为黑色，但雄鸟头部奶白色，枕部具略红的丝状羽，裸出的喉囊上具明显的黑色条纹。雌鸟头颈黑。

该鸟常成3～5只的小群活动。叫声单调、沙哑，像狗叫，有时也能发出低沉的双音节声音。飞翔时显得较笨重，很远即能听见振翅声响。有时也进到村寨附近和果园中活动和觅食。

鸱鸺：三首六尾鸟

寻根求源：

《山海经·西山经》中有语："有鸟焉，其状如乌，三首六尾而善笑，名曰鸱鸺，服之使人不厌，又可以御凶。"

《山海经·北山经》中亦有语："有鸟焉，其状如乌，五采而赤文，名曰鹠䳋，是自为牝牡，食之不疽。"

注："使人不厌"即指使人不会做噩梦。

故事传说：

翼望山是西方第三系列山的尾山，该山上面很是凄凉，没有任何的花草树木，但蕴藏着十分丰富的金属矿物和玉石。山中有一种野兽，体形与一般的狸猫极为相似，却长了一只眼睛，身后长有三条尾巴，其名字叫作讙。发出的声音能压倒一百种动物一起叫的声音，饲养它可以驱邪避凶。

　　翼望山中还有一种禽类鸟，叫作鹧鸪，它的外形长得似乌鸦，却有三个脑袋、六条尾巴，经常发出像人笑声一般的声音。据说，吃了它的肉，人就不会做噩梦，还可以驱除凶邪之气。最为奇怪的是，鹧鸪鸟不分雌雄，它可以单个繁衍后代。鹧鸪不仅在翼望山上栖息，在北山的带山上也能经常看到它的身影。但带山上的鹧鸪，其羽毛是红色的，还带有五彩纹理，肉也与翼望山上的有区别，据说吃了它可以使人不患痛疽的病。

　　它的叫声像是在笑，这种鸟其实在现实中也是存在的。在新西兰有一种叫作笑鸮的猫头鹰，叫声听起来像是精神病患者的窃笑，让人毛骨悚然。笑鸮原本在新西兰岛上自由自在地生活着，数量极为庞大，但突然在20世纪便灭绝了。原因是笑鸮原本在新西兰是没有天敌的，所以它的巢筑在地面上，但是西方人带来的猫狗等外来物种将笑鸮孵在巢里的蛋给吃掉，于是笑鸮便灭绝了。而鹧鸪则是这种笑鸮。

当扈：山鸡鸟

寻根求源：

《山海经·西山经》中有语："其鸟多当扈，其状如雉，以其髯飞，食之不眴目。"

注：这里的"当"，即遮蔽的意思。"扈"，指一种候鸟。"雉"，

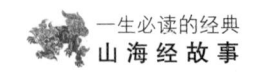

指鹑鸡类的鸟，雄者羽色美丽，尾长，可作装饰品；雌者羽黄褐色，尾较短。

故事传说：

鸟山再往北二十里左右，便到了上申山，该山上没有长花草树木，到处都是大石头，山下都是茂密的榛树和楛树，野兽以白鹿居多。山中最多的禽鸟则是候鸟，它的形状像普通的野鸡，却用它颈脖下的毛当翅膀飞，捕捉它时需要目不转睛地看准它的方位。

曾有人推测，当扈就是䳜鸟。为什么叫䳜鸟，还有一个传说：古时有一种鸟，它们成群生活在一起，每群的数量总是七十只，形成一个小家族，给它起什么名字呢？于是乎把它的集群个数联系在一起，在鸟字左边加上一个"七十"，就构成了"䳜"。

在上古时期，䳜是一种野鸟，那时候在人们的观念中，䳜这种野鸟，只有雌鸟，没有雄鸟，它们要繁衍后代，可以与其他任何品种的鸟类交配，所以它们是万鸟之妻。

实际上，䳜鸟虽然是鸟，却不善于飞行。其实也是可以想象得到的，它用胡子来飞行，能飞得又高又远吗？因此，䳜鸟很容易被抓住，它是古人改善伙食的一个重要的对象。尤其是驻扎在野外的军队，经常去捕捉一些䳜鸟来作军粮用。在汉朝时期，䳜鸟是极为重要的军粮。事实上，䳜鸟是有雄鸟的，只是这种鸟常被人们误认为是另一种鸟。

冉遗鱼：鱼身蛇首六足

寻根求源：

《山海经·西山经》中有语："是多冉遗之鱼，鱼身蛇首六足，其目如马耳，食之使人不眯，可以御凶。"

注："眯"在这里的意思是"做噩梦"。

故事传说：

英鞮山位于刚山西三百五十里左右，该山上面长着十分茂盛的漆树，山下蕴藏着十分丰富的金属矿物和玉石，山中栖息着的野兽和禽类都呈白色。涴水便发源于这座山，然后向北流入陵羊泽。水里有很多冉遗鱼，这种鱼长着鱼身、蛇头，还有六只脚，它的眼睛形状如同马的眼睛，吃了这种鱼可以使人不患梦魇症，还可以防御凶灾。

冉遗鱼的外表长得极为吓人，从它的外形分析，它与墨西哥的钝口螈该是同一类品种。它是一种两栖动物，因为"呜帕鲁帕"的奇特叫声而名声大噪。它的幼体通常都生活在水里，也在水中产卵。成体之后则居于陆地上，只有在繁殖期返回水中。

通常情况下，钝口螈看起来都十分凶狠，但是墨西哥的钝口螈则看起来十分可爱：它脑袋硕大，眼睛又大又圆，嘴巴只有一条缝，跟它的亲戚们很不一样。它跟青蛙差不多，都用鳃呼吸，像鱼一般生活在水里；长大后则用肺呼吸，大多数生活在陆地上面。

墨西哥钝口螈还有一个称谓，那就是"六角恐龙"，但与这个恐怖的外号不相符的是，它是一种非常受欢迎的宠物，尤其是在北美。

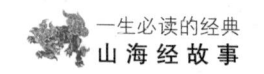

墨西哥钝口螈的脑袋周围长着六只角，看起来就像是生活在远古时期的恐龙，这也是它成名的主要原因。不过，其实那些角都是它的鳃，每只鳃上面还有细细的绒毛，是用来在水下面呼吸的。

鳐鱼：战争的预示者

寻根求源：

《山海经·西山经》中有语："其中多鳐鱼，其状如鳣鱼，动则其邑有大兵。"

注：这里的"大兵"即指发动大的兵变。

故事传说：

根据《山海经》的记载，鸟鼠同穴山位于邽山西边二百二十里左右，这座山的山名极有意思，即鸟鼠同穴。这种现象在树木稀疏的西北荒漠以及青藏高原极为常见。比如生活在青藏高原的褐背地鸦，就常与老鼠或者兔子等啮齿类动物居住在同一个洞穴里，老鼠或兔子为地鸦打洞筑巢，地鸦则为老鼠或者兔子站岗放哨，有时地鸦还站在老鼠或者兔子背上面，啄食它们身上的寄生虫。

鸟鼠同穴山上有许多白色的老虎以及洁白的玉石。渭水便发源于这座山，然后向东流入黄河，水中生长着许多鳐鱼，它的形状像是普通的鳣鱼，它在哪个地方出没，那里就会发生大的战争。所谓的鳣鱼，就是现在的肥王鱼，也叫作鮰鲯。

肥王鱼现在只生存在淮河中的其中一段，因此又被叫作"淮王鱼"，是极为少见的鱼种。肥王鱼外形奇特，身体扁圆，形如纺锤，肥壮、光滑、无鳞，肉质细嫩，历来被当作鱼中上品，居淮河鱼类之冠。食其肉如豆腐一般细嫩，饮其汤和香菇鸡汤一般鲜美，闻其味如雅舍幽兰一般清香。

至于这种鱼为何会导致战争的发生，是一件极为费解的事情。可能是因为这种鱼的味道太过鲜美，所以古人为了抢到它，而爆发战争。最大的可能就是因为淮河自古即战乱之地，常年少不了战争，所以人们就将这种现象与当地出现的肥王鱼联系在一起。

人面鸮：人面狗尾猫头鹰

寻根求源：

《山海经·西山经》中有语："有鸟焉，其状如鸮而人面，蜼身犬尾，其名自号也，见则其邑大旱。"

注："蜼"指猴子。

故事传说：

鸟鼠同穴山西南方向三百六十里处，是一座崦嵫山，该山中有诸多的野兽，不但有喜欢亲近人的孰湖，也有让人毛骨悚然的人面鸮。它长着像一般的猫头鹰，却有着人的面孔、猴子一般的身子，拖着一条狗尾巴，传说它在哪个地方出现，那个地方就会发生大的旱灾。

有人曾指出，人面鸮其实就是猫头鹰。在古代，猫头鹰被人称为报丧鸟、追魂鸟等，因其头部跟猫很像，故俗称"猫头鹰"。鸮大多习惯在黄昏或者夜间活动，其听觉和视觉都异常地发达，所以，又被人称为"夜猫子"。鸮白天多躲藏在密林中栖息，缩颈闭目栖于树上面，一动不动，稍有声响，立即伸颈睁眼，转动身体，观察四周的动静，如果发现有人便会立即飞走。它们在飞行时慢而无声，

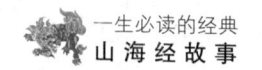

通常贴地低空而飞。

自古，人们都认为猫头鹰长相凶狠，叫声凄厉，夜间活动，所以被叫作"恶声鸟"，被视为"不祥之鸟"。民间便有了"夜猫子进宅，无事不来""不怕夜猫子叫，就怕夜猫子笑"等俗语。而在西方的希腊神话中，猫头鹰则是智慧女神雅典娜的爱鸟，它常落在主人的肩上，因此也象征着睿智。

在西方的传说中，猫头鹰则可以自由地穿梭于阴阳界，还十分聪明，西方的现代影视作品中，猫头鹰是暗夜的精灵，具有一定的魔法。

何罗鱼：一首而十身鱼

寻根求源：

《山海经·北山经》中有语："其中多何罗之鱼，一首而十身，其音如吠犬，食之已痈。"

注："已"，即治愈，结束，过去。"痈"，痈肿。"食之已痈"，即指吃了它可以治愈痈肿的疾病。

故事传说：

自带山往北走四百里左右，便到了谯明山。而谯水便发源于这座山，它向西流入黄河。其水中生长着许多何罗鱼，这种鱼长着一个脑袋却有十个身子，发出的声音如狗叫一般，人吃了它的肉便可以治愈痈肿病。还有一种说法是，此鱼可以用来预防火灾。也有人说何罗鱼并不是真的有十个身子，而是它们平时喜欢将头与头扎堆在一起，一眼看上去像是长着十个身子而已。相传何

罗鱼可以化作鸟,其名休旧。这种鸟喜欢在春槽中偷吃粮食,结果受了伤,从此之后,休旧鸟就很怕听到春米春粮的声音,一听到马上就躲开了。也有人认为何罗鱼属于头足类的章鱼或者乌贼,然而此处淡水河里在古代是否有海水鱼类,还需要找到考古学上的证据。

鳛鳛鱼:长有十个翅膀的鱼

寻根求源:

《山海经·北山经》中有语:"其中多鳛鳛之鱼,其状如鹊而十翼,鳞皆在羽端,其音如鹊,可以御火,食之不瘅。"

注:"瘅"在这里指的是黄疸病。

故事传说:

谯明山再往北三百五十里左右,是涿光山。山上到处都是松树和柏树,而山下则到处都是棕树和榈树,山中的野兽以羚羊最多,禽鸟则以蕃鸟居多。器水便是发源于这座山,然后向西流入黄河。水中生长着很多鳛鳛鱼,这种鱼形状像是一般的喜鹊,却长着十只翅膀,鳞甲全长在羽毛的尖端,叫声与喜鹊的鸣叫极为相似,人饲养它可以避火,而吃了它的肉则可以治疗黄疸病。

鳛鳛鱼因为产生于鳛国而得名。鳛国之前也叫"鳛部",因此,鳛部境内的一条河被叫作鳛部水,这条河里生长着一种鳛鱼,也叫作鳛鳛鱼。鳛部原本就是古代巴国的一个部落,后来从巴国分离出去,大约定居在今天贵州省的遵义市。鳛部水也是现在的遵义市的习水河。

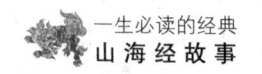

后来鳛部逐渐地成了一个诸侯国，大约存在于公元前 770 年至公元前 308 年之间。西周灭商之后，开始实行分封制，分给功臣或者食邑，称为"国"。鳛国正是在这时期产生的，所以其国君很可能就是周王封赐的"习"姓侯。

鳛鳛鱼是鳛国极为有名的一种特产，是当地最有代表性的动物。它的样子长得十分奇怪，很像喜鹊，长着十只翅膀，但它却没有飞翔的能力。

寓：长着鼠身子的鸟

寻根求源：

《山海经·北山经》中有语："其鸟多寓，状如鼠而鸟翼，其音如羊，可以御兵。"

注："御兵"，即指防御兵祸。

故事传说：

从涿光山再往北走三百八十里左右，便到了虢山。虢山上是茂密的漆树，山下面是茂密的梧桐树和椐树，山的南面盛产玉石，山的北面则盛产铁。山上的野兽大多都是骆驼，鸟大多都是寓鸟。寓鸟的样子长得像老鼠一般，却长着鸟翼，叫声像羊，据说养它可以防御兵祸。

这种鸟长得极为奇形怪状，看起来并不像是鸟类，很有可能是一种鼯猴。鼯猴的体侧自颈部到尾部都具有大而薄的滑翔膜，看上去像是鼠，但面部却长得像猴子，因此被叫作鼯猴。据传，鼯猴既不是猴子，也不是蝙蝠，而是在鼩和蝙蝠之间的一种过渡生物。鼯猴从脖子直到尾端有一层皮膜，连着它的前臂、前趾以及后腿和后趾。当四肢完全伸开时，它看上去像一只风筝。它不会飞行，但是可以滑翔。

鼯猴通常在地上面生活，极少冒险到河流中去活动。它通过滑行从一棵树到达另一棵树。幼年的鼯猴贴着母亲的皮毛吃奶，无论到什么地方，甚至在母亲滑行时，它也与母亲在一起。鼯猴也是夜间活动的动物，白天休息，夜间以吃树叶、花苞和花朵为主。夜间它们的大眼睛看东西极为清楚。

䳤：解毒的奇鸟

寻根求源：

《山海经·北山经》中有语："有鸟焉，群居而朋飞，其毛如雌雉，名曰䳤，其鸣自呼，食之已风。"

注：这里的"风"指的是痹病。

故事传说：

从春山往北走二百里左右，便到了蔓联山。蔓联山上面没有花草树木，但有一种叫作足訾的野兽。此外，这里还有一种禽鸟，喜欢成群地栖息、结队飞行，尾巴与雌野鸡很相似，它就是䳤。它的叫声就是它自身的名称的读音，人吃了它的肉就能够治好痹病。

与《山海经》中其他的鸟类比起来，䳤显得很普通，并没有什么特别的本领，只是它的肉可以治疗中风的病疾而已。关于䳤，史

书上曾有这样的记载。首先说它是一种群居的动物，成千上万只聚集在一起飞翔，飞在天上的时候可以将太阳挡住，落在地上的时候可以将田野遮住。其次说它们具有"厌火"的特性，顾名思义就是讨厌火，就像非洲大草原上的犀牛一般，只要看见火，在火还未发展成为火灾的时候，就会将其弄灭。这其实就是动物的一种本性。因为大自然里的野火，可以将一切都烧成灰烬，动物们于是逐渐地进化出看到火就踩灭的本能。

也有一种说法，认为鸩其实就是池鹭。池鹭是一种生活在水边的涉禽，头和颈都是栗红色的，喉部呈白色，胸前长着厚厚的体羽，背上的羽毛呈紫色的，它生活在我国东南部的湖边，数量巨大。

白鵺：文首白翼黄足鸟

寻根求源：

《山海经·北山经》中有语："有鸟焉，其状如雉，而文首、白翼、黄足，名曰白鵺，食之已嗌痛，可以已痸。"

注：这里的"嗌痛"指咽喉痛；痸，指痴呆病。

故事传说：

蔓联山向北行一百八十里左右，便是单张山。该山上生长着一种鸟，像是野鸡，长着花脑袋，翅膀上面的羽毛呈白色，脚是黄色的，名字就叫白鵺。吃了它的肉可以治疗咽喉痛的疾病，还可以治疗痴呆病。

在《山海经》中，白鹞算得上是一种极为普通的鸟，但在其他的记载里却是极厉害的角色。据说白鹞有一种特异功能，能够识别出人的善与恶，被它视为"善"的人会得到它的保护；而如若不幸被判为"恶人"，白鹞便会用一种极为残忍的办法将其杀掉。神话故事中有这种能力的都是大名鼎鼎的神兽，比如龙生九子之一的獬豸。

獬豸又称法兽，它是古代传说中的瑞兽，形似羊，黑毛，四足，头上有独角，善辨曲直，见有人争斗便用角顶理亏的一方，因而獬豸也被称为"直辨兽"。当人们发生冲突的时候，这只兽便会顶向无理的一方，甚至还会用角将罪该万死之人顶死。后来，它便成为了"法律"的代言者。

一次，齐宣王问艾子道："听说古时候有一种动物叫獬豸，你熟悉吗？"艾子答道："尧做皇帝时，是有一种猛兽叫獬豸，饲养在宫廷里，它能分辨好坏，发现奸邪的官员，就用角把他触倒，然后吃下肚子。"艾子停了停接着感慨地说："如果今天朝廷里还有这种猛兽的话，我想它不用再寻找其他的食物了！"这就将獬豸的能辨是非引申到了官场，以官员为审视监督的对象。发现奸邪的官员，就用角把他触倒，然后吃下肚子，不用再寻找其他的食物，讽刺当时的官场奸臣和贪官太多了。由此也可以看出，獬豸这种神兽在古人心中的分量。而白鹞这种禽鸟却没能像獬豸一样扬名立万，这样实在有愧于它的天赋。

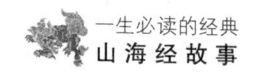

竦斯：人面雉

寻根求源：

《山海经·北山经》中有语："有鸟焉，其状如雌雉而人面，见人则跃，名曰竦斯，其鸣自呼也。"

注："雌雉"即雌性的野鸡。

故事传说：

单张山上栖息着白鵺，从此山出发往北三百二十里左右，便来到了灌题山。山上生活着一种鸟，样子像雌野鸡，却长着人的面孔，一看见人便跳跃起来，它的名字叫作竦斯，它叫起来就像是在呼唤自己的名字一样。

人面鸟身在古代神话中是一个极常见的物种。知名的如黄帝的儿子禺虢，又比如他的儿子禺强（又名禺京），再如东方的大神句芒等。它们的样子想想都令人可怕，但是竦斯却是人类最早饲养的物种之一，足訾亦是。这两种动物有一个共同的特点，就是特别喜欢与人亲近。竦斯只要看到人类便会跳跃不止，兴奋异常，甚至还会大声地呼叫。当然了，只有长时间地被人饲养，才会有这种表现，就像是向它的主人撒娇一般。

鰊鱼：半龙半鱼

寻根求源：

《山海经·北山经》中有语："其中多鰊鱼，其状如鲤而鸡足，食之已疣。"

注：这里的"疣"指赘瘤病。

故事传说：

少咸山再往北二百里左右，便是狱法山。该山中生活着一种叫作狪的野兽，它的形状像普通的狗，却长着人的面孔。擅长投掷，一看见人就嬉笑，它走起路来就像刮风，一出现天下就会起大风。另外，瀼河也发源于狱法山，然后一直向东北流入泰泽之中。水中生长着诸多的鲤鱼，形状像是一般的鲤鱼却长着鸡的爪子，人吃了它的肉就能够治疗赘瘤病。

在上古时期，中原地区的气候比较温暖潮湿，降雨量也比现在多得多，河流湖泊也较多。因此，鱼是当时人们极为重要的食物之一。同时，古人也是十分青睐"鱼"的。因为一方面，"鱼"之谐音为"余"，大家期盼着来年能丰收，年年有余；另一方面，"鱼"在古人心中还包含着极为丰富的文化内涵。比如古代药铺招幌要挂鱼，寓意"愈"；古人钥匙要制成鱼，取鱼"不瞑目"的习性来辟邪镇宅；古代房屋山墙"悬鱼"，取义"如鱼得水"进而"以水克火"祈盼防火消灾……此外，古人还将鱼和雁作为情感传递的载体，使"鱼雁传书"成了"情书"的代称。秦汉时期，鲤鱼被神化成了"仙"；唐代，大赤鲤更被神化成了"龙"；而古代民间喜欢鲤鱼，则缘于鱼字音同"余"，鲤通"利"……古人之所以如此崇拜鱼，早期

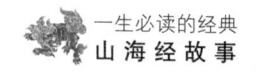

主要原因在于鱼的超强繁殖能力，鱼崇拜背后的秘密实乃生殖崇拜。

而鳡鱼作为鱼类中的一种，也是深受古人推崇的。但是鳡鱼身为鱼类，已经长出了两只爪子。快要变成龙的鲤鱼，半龙半鱼，等闲之人定是没办法抓到了。

鲐鱼：鱼身犬首

寻根求源：

《山海经·北山经》中有语："其中多鲐鱼，鱼身而犬首，其音如婴儿，食之已狂。"

注："已狂"指可以治愈癫狂之症。

故事传说：

在北岳山上有一条河叫诸怀河，该河一直向西流入嚣水。水中有诸多的鲐鱼，长着鱼的身子和狗的脑袋，叫声犹如婴儿在啼哭一般。人吃了这种鱼的肉，可以治疗癫狂之症。有人根据鲐鱼的样貌进行推测，它应该就是古代的海狗。

海狗又名"毛皮海狮""毛皮海豹"或"突耳海豹"，它的身子长得如鱼，长着两双鳍肢，脑袋像狗脑袋，叫声也像婴儿的啼哭一般。

相传，人吃了鲐鱼的肉可以治疗癫狂之病，这是否有科学依据，我们不得而知。但是海狗的生殖能力倒是堪称世界之最，因此它们常常被当作补品来食用。

海狗白天在近海游弋猎食，夜晚上岸休息。听觉和嗅觉灵敏。除繁殖期外，无固定栖息场所，捕猎一次需走 1000 千米的路程。一般在傍晚时捕食，这在一定程度上使它们避开了它们的天敌（鲨鱼、鲸、北极熊等）。后者很少在这一时间段内出没；且此时光线昏暗，海狗不易被发现。在每年的春末夏初，海狗们都会到岸上进行繁殖活动。雄海狗会先上岸，抢占地盘，划分势力范围。大约在一周后，雌海狗也紧跟着上岸，与雄海狗进行交配。一般情况下，一只雄海狗要与几十只雌海狗进行交配。在长达七十天的交配期内，雄海狗不吃不喝，完全靠一年积累下来的脂肪来维持生命。

鲨鱼：赤鳞

寻根求源：

《山海经·南山经》中有语："苕水出于其阴，北流注于具区。其中多鲨鱼。"

《山海经·北山经》中亦有语："其中多鲨鱼，其状如鲦而赤鳞，其音如叱，食之不骄。"

注：这里的"叱"是指大声地呵斥；"骄"，即指狐臭。

故事传说：

县雍山位于少阳山北边五十里左右，晋水便发源于这座山，然后向东南流入汾水。水中生长着很多的鲨鱼，它的样子有点像鲦鱼，红色的鳞片，发出的声音就像是人在大声地呵斥，吃了这种鱼的肉，就不会有狐臭！

据传，鲨鱼就是人们在餐桌上面的极品美味刀鱼。据传，鲨鱼其实就是现在产于长江里的刀鱼，也是人们餐桌上的美味佳肴。现在的刀鱼只在长江中出现，但在远古时期，很多河里都有刀鱼的踪迹。刀鱼本来是生活在海中的，每年的2～3月份它们便成群结队地由海入江，并溯江而上进行生殖洄游。产卵群体沿长江进入湖泊、支流或就在长江干流进行产卵活动。刀鱼体形狭长侧薄，颇似尖刀，银白色，肉质细嫩，但多细毛状骨刺。肉味鲜美，肥而不腻，兼有微香。清明后，刀鱼肉质变老，俗称老刀。

长江的刀鱼是十分有名的美味，但如今数量却锐减。其主要原因，一是由于长江口网具太多太密，人们捕捞太过频繁；二是由于长江的水质受到现代工业严重污染，已经严重地破坏了刀鱼产卵地的生态。

嚣鸟：四翼一目鸟

寻根求源：

《山海经·北山经》中有语："有鸟焉，其状如夸父，四翼、一目、犬尾，名曰嚣，其音如鹊，食之已腹痛，可以止衕。"

注："夸父"原是上古神话传说中的巨人族，这里的"夸父"指猿猴模样的夸父。"衕"指肚子痛。

故事传说：

北嚣山往北再走三百五十里，便到了梁渠山上。该山与《山海经》记述的玉山、蔓联山等一样，不长花草树木，但有十分丰富的金属矿物和玉石。修水便也发源于该山，然后向东流入雁门水。山中的野兽大多都是居暨，形状像极了刺猬，但是浑身长着红色的毛，发出的声音如同小猪叫一般。山中还有一种禽鸟，形状像猿猴模样的夸父，长着四只翅膀、一只眼睛、狗一般的尾巴，名称是嚣鸟，它的叫声如同喜鹊一般。

在西山的渝次山上面,也有一种野兽叫作嚣,形状像猿猴而双臂极长,而梁渠山的嚣却是一种鸟。只是这种鸟长得很像渝次山的嚣,因此也叫这个名字。但它们其实是两种不相同的动物。嚣鸟的形状极为奇特,长着四只翅膀,因此可以推测其有着极强的飞行力量。但它仅有一只眼睛,视力应该不是很好;它的尾巴跟狗的尾巴一样,可能还会卷起来,这又十分不利于飞行;至于它的叫声,如喜鹊一般,是"喳喳"一样的声音。这种鸟类,应该是现在的猴面鹰。

猴面鹰又叫作草鸮,也是猫头鹰的一种,外形长得像极了猴子。白天,猴面鹰躲在树林中养精蓄锐,夜间却非常活跃。猴面鹰的身体结构与功能都方便在夜间捕老鼠,它飞行的时候毫无声息,又有钩子般的趾爪和利喙,捕杀老鼠时往往百发百中。

人鱼:四足美人鱼

寻根求源:

《山海经·北山经》中有语:"其中多人鱼,其状如䱱鱼,四足,其音如婴儿,食之无痴疾。"

《山海经·西山经》中亦有语:"丹水出焉,东南流注于洛水,其中多水玉,多人鱼。"

《山海经·中山经》中也有语:"厌染之水出于其阳,而南流注于洛,其中多人鱼。"

注:据古生物学家分析,真正的"半人半鱼"的物种根本不存在,而是人们凭空幻想出来的大海物种。

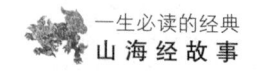

故事传说：

在上古时期，与人鱼相关的传说有很多。关于美人鱼，普通人的概念就是，上身是漂亮的人的面孔，而下身则呈鱼形。根据《山海经》的说法，人鱼是栖息于丹水中的物种，它的相貌如鲇鱼一般，长有四只腿。据此推断，中国传统神话中的人鱼应该是类似于现在的娃娃鱼一样的水生动物。

关于人鱼是海洋种族的传说，有相关研究表明，美人鱼可能是在古猿进化早期人类的过程中，在水中生活的一个分支。在进化过程中人类已将它们遗忘，而它们则只以神话的形式存留了下来。

不仅在中国的神话中，在《史记·秦始皇本纪》中也提及了人鱼的相关记载：秦始皇一继位就为自己建造陵墓。在骊山开凿，等到了吞并天下之后，从天下各地送来七十万人开凿骊山，（地宫）深得穿过了三层泉水，在下面用铜汁浇成棺椁，宫殿文武百官奇珍异宝都放满了地宫，命令工匠做成用机关发射的弓箭弩箭，有靠近的就射他。地宫里还用水银做成江河湖海，靠机械的力量循环往复，上有天文下有地理。用人鱼的油膏做成蜡烛照明，可以很久都不熄灭。这里的"人鱼"应该指的是鲵鱼。因为在《本草纲目》中有这样的记载，说鲵鱼，其膏燃之不消耗，以此推断，秦始皇骊山冢中所用鱼膏是也。秦始皇陵的人鱼膏应该就是鲵鱼膏。

而《山海经》中的人鱼应该指的是鲛人，其外表是人头鱼身，长着四只脚，常年生活在水中，但是上岸之后也能生存，而且还可以在岸上待好几天。所以鲛人已经不是兽类，而是有语言可以与人交流的人类。据传，鲛人心灵手巧，虽然生活在水里，却可以纺织极为精美的布，叫作绡，它洁白如雪，很受岸上的人类欢迎。

鸺鹠：身青足黄鸟

寻根求源：

《山海经·北山经》中有语："有鸟焉，其状如乌，首白而身青、足黄，是名曰鸺鹠，其鸣自詨，食之不饥，可以已寓。"

注：这里的"寓"指老年健忘症。

故事传说：

马成山属于北方第三列山系，位于龙侯山东北二百里处。山上盛产各种石头和矿物。山里有一种野兽叫天马，像白色的狗却长着黑脑袋，一看见人就腾空飞起。山里还有一种叫鸺鹠的鸟，像乌鸦，却长着白色的脑袋和青色的身子、黄色的爪子。

根据《山海经》的记述，鸺鹠应该是乌鸦的一种。在上古神话传说中，乌鸦有着举足轻重的地位。传说帝俊的十个太阳儿子，就是三足金乌，它们一起飞到天上肆虐，让地上的人苦不堪言，后来这十个太阳中的九个被后羿射死，而死去的三足金乌便落在了马成山上面，被这里的乌鸦所吸纳，便成了鸺鹠鸟。

提及乌鸦这种鸟，它在中国文化中也有着举足轻重的地位。乌鸦常结群营巢，并在秋冬季节混群游荡。行为复杂，表现有较强的智力和社会性活动。鸣声简单粗粝。杂食性，很多种类喜食腐肉，并对秧苗和谷物有一定害处。它们一般性格凶悍，富于侵略习性，常掠食水禽、涉禽巢内的卵和雏鸟。乌鸦终生一夫一妻。

在唐代以前，乌鸦在中国民俗文化中是有吉祥和预言作用的神鸟，有"乌鸦报喜，始有周兴"的历史常识传说，汉董仲舒在《春秋繁露·同类相动》中引《尚书传》："周将兴时，有大赤乌衔谷之

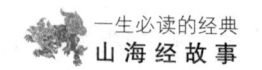

种而集王屋之上，武王喜，诸大夫皆喜。"

唐代以后，方有乌鸦主凶兆的学说出现，唐段成式《酉阳杂俎》："乌鸣地上无好音。人临行，乌鸣而前行，多喜。此旧占所不载。"

其实，无论是凶是吉，"乌鸦反哺，羔羊跪乳"是儒家以自然界的动物形象来教化人们"孝"和"礼"的一贯说法，因此乌鸦的"孝鸟"形象是几千年来一脉相传的。

象蛇：五彩鸟

寻根求源：

《山海经·北山经》中有语："有鸟焉，其状如雌雉，而五采以文，是自为牝牡，名曰象蛇，其鸣自詨。"

注：此处的"牝牡"指鸟兽的雌性和雄性，"自为牝牡"即指该鸟是雌雄同体禽类。

故事传说：

天池山往东三百里就是阳山。山上有很多玉石，山下有很多金矿和铜矿。山上有一种叫"领胡"的怪兽，身形似牛，却长着红尾巴，颈上又长着一个大肉瘤。吃了它的肉，能治疗癫狂病。留水从山涧流出，再向南流入黄河。在该山上还有一种鸟禽，形状像雌性的野鸡，浑身长着五彩斑斓的羽毛，能够自我繁殖而不需要交配，名称是象蛇，它的叫声就是自身名字的读音。

象蛇这个名字乍一听上去，像一种蛇的名字，实际上它是一种鸟。之所以这样，是因为古人给动物起名字的时候，大都是以动物的叫声来定名。象蛇身着五彩纹羽，据此判断，它应该是一种来历不凡的鸟。

《山海经》中有许多五彩斑斓的鸟类，比如鸾鸟、凤凰等，都有着极高的地位。据此判断，该鸟应该是以上两种鸟的后裔。但是象蛇这种鸟，本身却毫无任何的特异功能，只是一种平凡的鸟。

鮨父鱼：鱼头猪身

寻根求源：

《山海经·北山经》中有语："其中有鮨父之鱼，其状如鲋鱼，鱼首而彘身，食之已呕。"

注：据现代医学表明，鮨父鱼即杜父鱼，是可以入药的，其味甘、性温，主入目及大肠，具有暖胃、补虚劳的功效，与《山海经》中所记载的"已呕"的功效不谋而合。

故事传说：

阳山不但有叫"领胡"的怪兽，五彩鸟象蛇，还有一种鱼叫作鮨父鱼。留水发源于阳山，向西南流入黄河。而鮨父鱼就是留水中的鱼类之一。该鱼形貌长得极为奇特，它的形貌像是一般的鲫鱼，长着鱼的脑袋，猪的身子。

其实，根据外貌形特进行判断，鮨父鱼就是杜父鱼，又叫大头鱼。该鱼体侧扁，头极肥大。口大，端位，下颌稍向上倾斜。鳃耙细密呈页状，但不联合。口咽腔上部有螺形的鳃上器官，眼小，位置偏低，无须，下咽齿勺形，齿面平滑。鳞小，腹面仅腹鳍甚至肛门具皮质腹棱。大头鱼性格温驯，不爱跳跃，行动较迟缓。生活在水体的中上层，具有河湖洄游习性，平时多生活在有一定流速的江湖中。

245

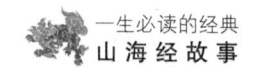

杜父鱼主要生活在北半球的寒冷地区，喜欢生活在水深而水质较清澄的水体中上层，对恶劣环境耐受力差，若水质混浊或离开水体则易死亡。杜父鱼有很多种类，欧洲和北美常见的是棘鳍杜父鱼。大西洋中常见的是短角杜父鱼和长角杜父鱼。太平洋中比较常见的是若鲉杜父鱼，它的肉呈奇特的蓝色和绿色，味道却十分鲜美。

酸与：四翼六目三足蛇状鸟

寻根求源：

《山海经·北山经》中有语："有鸟焉，其状如蛇，而四翼、六目、三足，名曰酸与，其鸣自佼，见则其邑有恐。"

注：这里的"恐"指的是恐怖的事情。

故事传说：

在教山南边三百里处，便到了景山，在该山中有一种禽鸟，形状如一般的蛇，却长有四只翅膀、六只眼睛、三只脚，名称是酸与，它的叫声便是自身名称的读音，它一旦出现在哪里，哪里就会有恐怖的事情发生。

根据酸与的外形进行判断，它很可能就是秃鹫鸟。因为酸与外形像蛇，而秃鹫裸露着光秃秃的脑袋，也有点像蛇。可以说，秃鹫的外形长得极丑，而且它们还主要以动物的腐尸为食，所以让人感到厌恶。

秃鹫体形大，是高原上体格最大的猛禽，它张开两只翅膀后翼展大约有2米多长，0.6米宽（大者可达3米以上）。成年秃鹫额至后枕被有暗褐色绒羽，但头却是光秃秃的。秃鹫的脑袋之所以不长毛，据说是因为它主要以动物的腐尸为食，进食时难免要将头颈深入死尸的腹中。如果头上有羽毛，便会粘附上污血与细菌，不易清洁。所以为了防止细菌感染，它的脑袋上索性不长毛了。秃鹫脖子的基部长了一圈比较长的羽毛，它像人的餐巾一样，可以防止食尸时弄脏身上的羽毛。

在猛禽中，秃鹫的飞翔能力是比较弱的，它会一种节省能量的飞行方式——滑翔。这些大翅膀的鸟儿，在荒山野岭的上空悠闲地漫游着，用它们特有的感觉，捕捉着肉眼看不见的上升暖气流。它们依靠上升暖气流，舒舒服服地继续升高，以便向更远的地方飞去。飞翔时，两翅伸成一条直线，翅很少鼓动，而是可以利用气流长时间翱翔于空中，当发现地面上有食物时，便会停下来去取食。

蛰鼠：鸡状鼠尾鸟

寻根求源：

《山海经·东山经》中有语："有鸟焉，其状如鸡而鼠毛，其名曰蛰鼠，见则其邑大旱。"

注："蛰鼠"看似是一种鼠类，实际上它是一种鸟。

故事传说：

藟山往南走三百里，就来到了枸状山，山中有一种禽鸟，形状像普通的鸡，却长着老鼠的毛，它就是蛰鼠。它但凡在哪里出现，哪里就会发生大的旱灾。根据蛰鼠的外形进行推测，它应该就是现生活在新西兰的几维鸟。在远古的中国，也应是有几维鸟的存在的。

几维鸟在全世界一共只有 3 种，几维鸟的名字是因为它们的鸣叫声非常尖锐，听起来特别像"kiwi"（几——维——），所以被当地土著的毛利族人叫作几维鸟，有的书中也翻译成希维鸟、凯维鸟

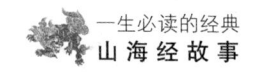

或奇异鸟。

几维鸟的身材小而粗短，嘴长而尖，腿部强壮，羽毛细如发丝，由于翅膀退化，因此无法飞行。几维鸟很容易受到惊吓，大部分的活动都在夜间进行，以躲避袭击。几维鸟与其他鸟类最大的不同就是不会飞翔，只能在地面上行走。它们的腿位于身体的后方，短而粗壮，腿强健，肌肉发达，善于奔跑。它们在觅食时用尖嘴灵活地刺探，长嘴末端的鼻孔可以嗅出虫的位置，进而捕食。主要食物包括泥土中的蚯蚓、昆虫、蜘蛛和其他无脊椎动物，它们的寿命可达三十年。

几维鸟是严格的一夫一妻制鸟类，至少在一起生活2或3个繁殖季节。据对动物配偶稳定性研究发现，孵育幼仔的时间越长夫妻架构越稳固，几维鸟的一夫一妻夫妇制与培育雏鸟需要很长时间有关（约4年）。

箴鱼：针头鱼

寻根求源：

《山海经·东山经》中有语："其中多箴鱼，其状如鯈，其喙如箴，食之无疫疾。"

注：这里的"箴"通"针"，所以"箴鱼"亦可叫作"针鱼"。

故事传说：

箴鱼是汜水中的物种，该河发源于枸状山，向北流入湖水中。这条河中有诸多的箴鱼，又叫作针鱼，是一种身体细长的淡蓝色的鱼，它的下颌向外突出，就像一根针一般，它因此而得名。箴鱼主要栖息于浅海、河口，有时候也在淡水中生活。

鲅鱼生活于江河、湖泊的上层，常成群游于水面觅食，以浮游动物为主食，兼食昆虫等。它有着极强的跳跃功能，它在捕食的时候，经常会先跳出水面，然后从上往下发动攻击。针鱼遇到海豚等捕食者的时候，也是跃出水面躲避追杀。在跃出水面后，它们便可以用尾巴来行走，对于水下的鱼类来说，针鱼这段时间就变成隐身的了。

珠鳖鱼：鳖类的后裔

寻根求源：

《山海经·东山经》中有语："其中多珠鳖鱼，其状如肺而四目，六足有珠，其味酸甘，食之无疠。"

注：这里的"疠"指瘟疫。

故事传说：

珠鳖鱼是栖息于澧水中的动物，澧水发源于葛山的首端，向东流入余泽。珠鳖鱼有着极为奇特的外形，形状像一叶肺器官，却有四只眼睛、六只脚，而且还能够吐珠子，这种珠鳖鱼的腹部带甜味，人吃了能够有效地预防瘟疫疾病。

珠鳖鱼其实就是鳖龟的一种。关于鳖龟，有较多的神话传说。据传，在黄帝大战蚩尤中，交战的双方都是用鳖龟作标徽用来指明方向。据说轩辕黄帝的旗徽上面的"图腾"就是由"轩辕星"组成的"天鼋龟"。在双方战斗异常激烈时，蚩尤曾将黄帝军团团围在大雾之中。黄帝的将士也走失了方向，黄帝的臣子风后献计说，让天鼋龟的头部对准天山西北，尾向东南，用四足定方位来进行指南。

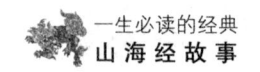

黄帝军队这才冲出大雾的包围。而蚩尤头上有椎形五联冠，冠上为篦形日历轮。上方有两个"龟形人"，下方有两个菱形符号，配合两臂动作，右指太阳，左为月亮，与天鼋图一致，是指明方向与时间的法宝。

关于鳌龟的传说，《搜神记》中也有相关的记载，它说的是一个叫孔愉的人，在晋元帝时期，他在讨伐华轶的战争中立下战功被封为侯。

孔愉年少时，有事路过余不亭，看见有人把乌龟装在笼子里在路上叫卖，孔愉买下乌龟，然后将乌龟放生到余不溪水中，乌龟游到溪水中心后，从左边回头向孔愉站着的岸边看了好几次。后来，孔愉因战功显赫被封为余不亭侯，铸官印时，龟形的印纽总是出现从左边回头看的姿势，经过三次改铸，龟形印纽还是保持着最初的样子。铸印的工匠将这事向孔愉作了汇报，此时，孔愉才明白，这是乌龟对他的报恩，于是，孔愉就将龟形印纽带在身上。

后来，孔愉的官职不断升迁，一直升到尚书左仆射。孔愉死后，被追封为车骑将军。

以上两例，说明龟鳌是中华民族的神兽之一，它是吉祥与好运的代表。

鯈蟠：会发光的鱼

寻根求源：

《山海经·东山经》中有语："末涂之水出焉，而东南流注于沔，其中多鯈蟠，其状如黄蛇，鱼翼，出入有光，见则其邑大旱。"

注：上述记载的"见则其邑大旱"只说明鯈蟠是不祥之物，其

本身能否引起大旱，则毫无科学依据。

故事传说：

儵䱙是末涂河里的鱼类品种，该河发源于犲山南三百里左右的独山，向东南流入汋水。水上有许多儵䱙，形状与黄蛇相似，长着鱼一般的鳍，出入水中时闪闪发光，它在哪个地方出现，哪个地方便会发生旱灾。

儵䱙除了相貌奇特，最大的特点就是会发光。实际上，在万米深渊的海底都生活着形形色色、光怪陆离的发光生物，它们使得整个海底世界宛如一座奇妙的"海底龙官"，整夜鱼灯虾火通明。在这些物种中，具备自身发光本领的鱼类占有极大的比例。它们身体发光，是为了能在长夜中看见其他的物体，方便捕食，寻找同伴和配偶。

鱼类发光是由一种特殊酶的催化作用而引起的生化反应。发光的荧光素受到荧光酶的催化作用，荧光素吸收能量，变成氧化荧光素，释放出光子而发出光来。这是化学发光的特殊例子，即只发光不发热。有的鱼能发射白光和蓝光，另一些鱼能发射红、黄、绿和鬼火般的微光，还有些鱼能同时发出几种不同颜色的光，例如，深海的一种鱼具有大的发光颊器官，能发出蓝光和淡红光，而遍布全身的其他微小发光点则发出黄光。

鱼类发光的生物学意义有四点：一是诱捕食物，二是吸引异性，三是种群联系，四是迷惑敌人等。

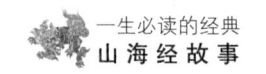

絜钩：鼠尾鸭

寻根求源：

《山海经·东山经》中有语："有鸟焉，其状如凫而鼠尾，善登木，其名曰絜钩，见则其国多疫。"

注：絜钩即针水鸭，它身为野鸭的一种，其肉本身具有补阴益血，清虚热，利水的功效。对于《山海经》中记述的"见则其国多疫"则毫无科学依据。

故事传说：

凫丽山往南走五百里，有一座山叫砺山，从该山上便可以望见湖泽，其上面还栖息着一种禽鸟，名叫絜钩。它的外形像鸭子，身后却长着老鼠一般的尾巴，极为擅长攀缘树木。絜钩是一种凶鸟，它只要在哪个国家出现，那里就多次发生瘟疫。

絜钩其实就是针尾鸭，是野鸭的一种。雄鸭背部满杂以淡褐色与白色相间的波状横斑，头暗褐色，颈侧有白色纵带与下体白色相连，翼镜铜绿色，正中一对尾羽特别延长。雌鸭体形较小，上体大都是黑褐色，杂以黄白色斑纹，无翼镜，尾较雄鸟短，但较其他鸭尖长。飞行迅速。在各种内陆河流、湖泊、低洼湿地都可以见到它们的身影，在开阔的沿海地带，如空旷的海湾、海港等地常能见到数百只的集群。

针尾鸭作为鸭的一种，是中国极为古老的禽类。鸭在中华民族的文化中有着极深的寓意，在古代，人们常描绘鸭子游弋水上，旁配芦苇或蟹钳芦苇，寓意中举。民俗也有对出远门的行人赠送鸭子或螃蟹者，祈祷前程远大也。关于鸭子，有这样一种传说：

很早以前，公鸡的头上有一颗美丽的明珠，鲜红鲜红，晶亮晶亮的，可爱极了！每天黎明之前，明珠会闪闪发光，公鸡就伸长脖子高叫着，呼唤人们早起。鸭子很嫉妒，每天都在打那颗明珠的主意。它无中生有地说，那颗明珠早些年是它的，被公鸡借去不还，强行霸占了。邻居们嘲讽鸭：真不自量，凭它那摇摇摆摆，装腔作势的样子，自私自利，好嫉妒的德行，也不配有那颗美丽的明珠。

那天，鸭子又在邻居面前说鸡的坏话，邻居们早就听厌烦了。正在这时，从墙外爬进来一只黄鼠狼，鸭一见吓得狂呼乱叫："怕——怕——"边叫边跑，邻居们都不去理睬。黄鼠狼尽快地扑过来，鸭慌忙往晾衣杆上飞，飞上去没站稳，一个跟头栽了下去。被黄鼠狼捉住就跑。鸡从外面回来，奋不顾身扑上去拦住黄鼠狼，高喊："捉——捉——"邻居们才一齐动手，团团围住黄鼠狼。黄鼠狼寡不敌众，放开鸭，冷不防在鸡腿上咬了一口，瞅个空子钻出重围跑了。鸡负了重伤，还痛苦地劝告鸭说："鸭哟，不为人（团结人）不行啊……"

但鸭那致命的自私嫉妒心驱使它仍在打着鸡头上那颗明珠的主意。

那天，鸭对鸡说："你救了我的命，我该怎样感谢你呢？我教你浮水吧。一生难免有个三灾六难的，学会浮水以防万一。"鸡觉有理，便答应了。谁知刚一下水，鸭就迫不及待地把鸡往水里按，鸡拼命挣扎，好不容易才爬上岸，喘口气，定了神，才发觉头上的明珠不见了。鸡忍无可忍，一把抓住鸭找人评理，老好的小羊从来不得罪谁，把双方劝说几句罢了；狡猾的小狗不等说完，便叫着"忙！——忙！"借口走了；聪明的小猫，断定是鸭有错，但顾虑自已难以主持公道，便建议它们去找德高望重的老黄牛。老黄牛是正直的，它清楚鸭的许多丑恶行径，便把邻居们召集到河边，宣布了鸭的罪状，并让鱼儿做证。鸭开始大惊失色，接着便极力狡辩，撒泼吵闹。老黄牛气愤极了，坚实的蹄子一下踩在鸭脚上，鸭痛得"嘎——嘎"惨叫，可是晚了，一双灵活的脚已被踩成了扁形，脚趾连在一起了，老黄牛还叫大家把鸭头按在石头上说，说："鸭子一贯好说是非，谗言诬陷，再砸扁它的嘴，以儆后人。今后，鸡要明珠，鸭到河里去寻找，找到为止！"

从此，公鸡每天早晨就高叫着："还给我——还给我——"鸭无可奈何，只好在河里扎一个猛子又一个猛子，找寻失去的明珠。哪怕是见到一股小小的流水或一个小水坑，也要把扁嘴伸进去探一探，摸一摸。

鸰鹕：长有人脚的鸳鸯

寻根求源：

《山海经·东山经》中有语："其中多鸰鹕，其状如鸳鸯而人足，其鸣自讹，见则其国多土功。"

注：上述记载中的"见则其国多土功"，毫无科学依据。

故事传说：

耿山往南再走三百里，便来到了卢其山。这里不生长花草树木，到处都是沙子石头。沙水从这座山中发源，向南流入涔水，水中有很多的鸰鹕，形状如一般的鸳鸯一般，却长着人的脚，叫声是它自身名字的读音。相传，它只要在哪个国家出现，那个国家就会有水土工程等类的劳役出现。

在古代，民众对大兴土木的事件是极为反感的。比如秦始皇就喜欢大兴土木，他很喜欢六国华丽的宫殿，所以，每当灭掉一个国家，他都要让人将宫殿的图画下来，然后在咸阳照样仿造。后来，他还修阿房宫、骊山墓、修建长城，修驰道等工程，常年的兵役征发，致使秦朝每年服役的人达三万之多，男子征发不足使用，有时还要征发女子。正是他的这种做法，致使民怨沸腾，最终也将秦国慢慢地推向了灭亡的深渊。据传，在秦始皇当皇帝期间，民众经常能看到鸳鹕的身影。于是，人们就以为是这些禽兽给他们带来了繁重的劳役，只要一见到，便开始不停地驱赶甚至捕杀它们。就这样，鸳鹕渐渐地灭绝了。

鲐鲐鱼：六足鸟尾鱼

寻根求源：

《山海经·东山经》中有语："有鱼焉，其状如鲤，而六足鸟尾，名曰鲐鲐之鱼，其名自叫。"

注：这里的"六足"指的应该是鱼鳍，而不是真正的脚。

故事传说：

孟子山往南行五百里水路，经过流沙五百里，有一座山叫作跂踵山。该山是一座极为奇怪的山，依道理说，这里气候湿润，水分充足，但是整座山方圆二百里却寸草不生，只有一种大蛇在这里栖息。据说，跂踵山之所以如此荒凉，就是因为这里有一种叫作跂踵的灾鸟造成的。据说，曾经有大群的跂踵灾鸟在这里长久停留，肆意地破坏草木，虽然最终被青耕鸟赶走了，但是跂踵山已经被糟蹋得不像样子，

255

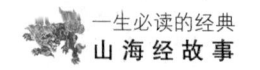

再也无法恢复原样了。

跂踵山上这里有一水潭，方圆四十里都在喷涌泉水，名称是深泽，水中有很多蠵龟。水中还生长着一种鱼，形状像一般的鲤鱼，却有六只脚和鸟一样的尾巴，名称是鮯鮯鱼，发出的叫声便是它自身名称的读音。

鮯鮯鱼，实际上就是今天的绿翅鱼，这种鱼类长着鲜艳蓝绿的背，雪白的肚皮，红褐色的腰身，美丽而多姿，尤其是其鳃部下方一对色彩斑斓、闪着绿色荧光的大"蝶翅"更令人惊艳，还有"蝶翅"下3对芭蕾舞演员般纤细婀娜的脚。它的绿"蝶翅"是由胸鳍变形而来的，绿翅鱼的名字也因此绿"翅"而得名。

軨雀：吃人的怪鸟

寻根求源：

《山海经·东山经》中有语："有鸟焉，其状如鸡而白首，鼠足而虎爪，其名曰軨雀，亦食人。"

注：《山海经》中所记载的能食人的兽类，一般都有特异功能，而軨雀却没有，只是一种普通的凶鸟罢了。

故事传说：

在东方第四列山系之首座山，叫作北号山。山中有一种禽鸟，形状如普通的鸡一般人，却长着白色的脑袋、老鼠一般的脚足和老虎一样的爪子，它的名字叫軨雀，是一种会吃人的鸟。因为它有这种特性，因此曾遭到人的大量捕杀。

根据《山海经》对軨雀的描述，它虽然长着极凶的样子，但是若捕食人类，似乎有些不大可能。那现实中，是否真的有能捕食人的鸟呢？据生物学家调查发现，在新西兰有一种食人的鸟类，它的身体十分宠大，体重达 40 磅，科学家推测它们可能是食腐性动物，而不是神话故事里的掠食性动物，这种鹰叫作哈斯特鹰。它是一种可怕的掠食性动物，它们会俯冲猛扑向不会飞行的鸟类，甚至会捕捉高山地区生活的儿童。同时，这种巨型鸟能够基于体形非常小的远古祖先实现快速进化，它们身体发育生长的速度远超过大脑。生物学家认为其体形是 70 万～180 万年前更新世早期至中期鸟类的 10 倍以上。

鳡鱼：大头的鲤鱼

寻根求源：

《山海经·东山经》中有语："其中多鳡鱼，其状如鲤而大首，食者不疣。"

注：这里的"疣"指由人类乳头瘤病毒引起的一种皮肤表面赘生物。

故事传说：

北号山往南三百里左右，便是旄山，该山极为奇特，上面寸草不生。苍体便发源于这这座山，然后向西流入展水，水中生长着诸多的鳡鱼，形状像鲤鱼，头长得极大，吃了它的肉能使人皮肤上不生疣子，这种鳡鱼其实是鲤鱼的一种。鳡鱼是中国人非常喜欢的一种鱼，它在中国有着极为重要的文化意义。

据史料查证，远在纪元前十二世纪的殷商时代，便开始在池塘中养鲤鱼。到两千多年前的春秋战国时代，越国大夫范蠡便写了世界上第一部《养鲤经》。至汉代，在池塘里养鲤鱼则显得十分盛行，

257

上至皇室，下至地主，均将养鲤作为商品生产的主业。再到唐代，鲤鱼因与唐李天下的"李"字谐音，鲤鱼亦成了皇族的象征，皇室之中皆以鲤为佩，兵符也改用鲤符，皇帝将"佩鲤"赏给大臣，用以显示其身份的尊重。

再者，在中国几千年的"吃"文化中，鲤鱼也占有十分重要的地位。周宣王征战敌国的庆功宴中，特以"烹鳖脍鲤"来宴请诸侯；《诗经》中亦称"岂其食鱼，必河之鲤"。孟子说："鱼我所欲也，熊掌亦我所欲也，二者不可兼得"，说明了鲤鱼与熊掌一样，都是美味佳肴。再到后来，民间亦有"无鲤不成席"的说法，鲤鱼在宴席上一直充当着压轴的角色。

除了美味，鲤鱼也算得上是我国流传最广的吉祥物之一了。中国人爱鲤和崇鲤的习俗，涵盖了诸多生活领域。鲤鱼象征着勤劳、善良、坚贞、吉祥。人们之间赠鲤以示尊敬和祝贺。孔子生子时鲁昭公赐之鲤鱼，为此，孔子为子取名"鲤"，它"伯鱼"，可见鲤鱼的吉祥含义。

有些地方在举办婚礼时，还有个"鲤鱼洒子"的仪式，即在新娘走出轿子时，男方的人把铜钱往四下抛撒，于是鲤鱼成了祝殖祈育的祥瑞。古人用鱼形木板做信封（藏书之函），用于传递书信，因此在古诗文中，鲤鱼又是友情、爱情的象征。

"鲤鱼跃龙门"的美好传说还使人们在鲤鱼身上寄托望子成龙的期盼，这种观念甚至远传东邻。在日本，每逢男孩节这天，有儿子的人家须悬挂漂亮的鲤鱼旗；商肆店铺开张之日，特意将蓄养鲤鱼的鱼缸放在门前以求"利市""大吉"；而旧历新年迎财神时，一对"元宝鱼"更是不可或缺之物，因知鲤鱼在人们心目中还有财神爷的意义。至于民间吉祥纹图中的鲤鱼，则无所不在，窗花剪纸、建筑雕塑、织品花绣和器皿描绘，到处可见鲤鱼的形象："连年有余"

"吉庆有余""娃娃抱鱼""富贵有余"等。均表达了人们对美好生活的向往。其他如用于佩饰的鱼袋,用于墓葬的玉鲤,用于宴饮的木鲤,用于赠礼的锦鲤,等等,不胜枚举。

茈鱼:一头十身鱼

寻根求源:

《山海经·东山经》中有语:"泚水出焉,而东北流注于海,其中多美贝,多茈鱼,其状如鲋,一首而十身,其臭如蘪芜,食之不糠。"

注:这里的"蘪芜",指一种小草。

故事传说:

旄山再往南走三百二十里,便到了东始山,山上盛产苍玉,山中有一种树木,形状像一般的杨树,却有红色的纹理,流出的汁液,不结果实,名称是芑,它具有能驯服烈马的功效。泚水便发源于这座山,然后向东北流入大海。水中有许多美丽的贝,还有许多的茈鱼,它长着一个脑袋,十个身子,气味与藤芜草十分地相似,人若吃了它可以不放屁。

根据《山海经》的描述,茈鱼应该就是乌贼。乌贼本名乌鲗,又称花枝、墨斗鱼或墨鱼。它最大的特点就是遇到敌对会以"喷墨"作为逃生的方法并且伺机离开。乌贼的皮肤中含有色素小囊,会随"情绪"的变化而改变颜色和大小。乌贼会跃出海面,具有惊人的空中飞行能力。与鱿鱼和章鱼一样属海洋软体动物,三者均不属于鱼类。

乌贼平时做波浪式的缓慢运动，可一遇到险情，就会以极快的速度将强敌抛在身后。有些乌贼移动的速度极高，不但逃走快，捕食更快。它还是水中的变色能手，其体内聚集着数百万个红、黄、蓝、黑等色素细胞，可以在一两秒钟内做出反应，调整体内色素囊的大小来改变自身的颜色，以便适应环境，逃避敌害。乌贼的体内有一个墨囊，里面有浓黑的墨汁，在遇到敌害时迅速喷出，将周围的海水染黑，掩护自己逃生。

乌贼的头位体前端，呈球形，外围有5对腕。当它浮出水面的时候，有些水手会误将它的身体当作一座小岛，甚至会登上这座"小岛"，在上面安营扎寨，结果在它沉下去的时候葬身海底。据传，在北海有一种巨妖长着巨大的触角，可以将巨舰抓入海底，因此有人认为它的原型实际上就是体形巨大的乌贼。

薄鱼：一目鳡鱼

寻根求源：

《山海经·东山经》中有语："又东南三百里，曰女烝之山，其上无草木。石膏水出焉，而西注于鬲水，其中多薄鱼，其状如鳡鱼而一目，其音如欧，见则天下大旱。"

注：这里的"欧"通"呕"，即呕吐的意思。

故事传说：

东始山再往东南行三百里，便到了女烝山，该山亦是不生草木。该山上有一条河叫石膏河，然后向西流入鬲水。石膏水中有许多的薄鱼，形状像一般的鳡鱼，却长着一只眼睛，叫声如同人在呕吐，它一出现天下就会发生大的旱灾。还有人说它是谋反事件的征兆，但凡它出现的地方，便会发生谋反之大事件。

关于薄鱼，有这样一种传说：相传在许久许久之前，一位渔民带着他的儿子在海中捕鱼，突然捕到了一种长相极为奇特的薄鱼，更为奇怪的是，这条鱼还会说话。就在那时，海中突然掀起了大风暴，渔船沉没。这条神奇的鱼变成美人的模样，使尽全身的法术将渔民的儿子救起。此后，两人在船上漂浮了好多年，并坠入爱河，立誓永远相爱。最终在离别时，那位渔民的儿子答应有朝一日乘船来迎娶这位姑娘。自那之后，痴心的姑娘每天都坐在海边的岩石上等候那个人的归来。岁月流逝，好梦难圆，渔民的儿子最终没有归来，可怜的姑娘就像长江边上的望夫石那样，变成了一尊石像。

鸰：青身赤尾鸟

寻根求源：

《山海经·中山经》中有语："其中有鸟焉，名曰鸰，其状如凫，青身而朱目赤尾，食之宜子。"

注：如果说鸰是鸬鹚的话，但鸬鹚肉却没有"食之多子"的功效。

故事传说：

从敖岸山再往东走十里，便到了青要山，据传，这座山是天帝在人间的住所之一。山中生长着一种草，形状像兰草，却长着四方形的茎、干黄色的花朵、红色的果实，根部就像藁本的根，它就是荀草，服用它能够使皮肤洁白漂亮。神女武罗是青要山的山神，他长着人的面孔、豹子的斑纹，腰身细小，牙齿洁白，耳朵上面穿挂着金银环，像玉石碰击一样叮叮地作响。据说青要山非常适合女子居住。

畛水向北流入黄河，其中生活着一种禽鸟鴢，形状像野鸭子，青色的身子、浅红色的眼睛、深红色的尾巴，吃了它的肉能够多生孩子。根据鴢的外形进行判断，它应该是一种鸬鹚鸟。鸬鹚极其擅长游泳和潜水，游泳时脖颈向上，头微微地向上倾斜，潜水时首先身体半跃出水面，再翻身潜入水下面。鸬鹚鸟在潜水后羽毛湿透，需张开双翅在阳光下晒干后才能飞翔。但是鴢则与一般的鸬鹚鸟有所不同的是，它毫无飞翔的能力。

在很多地方，渔民都以训练鸬鹚来捕鱼。在渔民的渔船上面，鸬鹚都会整齐划一地站在上面，等船开到有鱼的地方时，渔人会站起来，拿竹篙向船舷上一抹，这些水鸟都扑扑地钻进水里去了。紧接着，一只只鸬鹚钻出水面，拍着翅膀跳上渔船，喉囊鼓鼓的。渔人一把抓住它们的脖子，把吞进喉囊的鱼挤出来，再把它们甩进水里。

鸬鹚不断地跳上跳下，一会儿就能捕许多鱼。在傍晚时分，渔人便不再赶鸬鹚下水了，让它们停在船舷上，然后从舱里拣些小鱼，一条条地抛给鸬鹚吃。鸬鹚张开长长的嘴巴，接住抛来的鱼，一口吞了下去。

鸰鹉：长尾巴鸟

寻根求源：

《山海经·中山经》中有语："其中有鸟焉，状如山鸡而长尾，赤如丹火而青喙，名曰鸰鹉，其鸣自呼，服之不眯。"

注：眯，通"迷"，迷乱。"不眯"，即指不做噩梦。

故事传说：

缟羝山再往西走十里，便到了廆山。该山中有一种禽鸟，外形像极了野鸡，却拖着一条长条的尾巴，身子通红如火一般，嘴壳却呈青色，它就是鸰鹉，它的叫声是自身名字的读音，吃了它的肉能使人不做噩梦。

根据《山海经》记载，鸰鹉这种禽鸟应该是咬鹃。咬鹃是一种非常古老的鸟类，没有现存的近亲。它们的皮肤非常脆弱，而且羽毛也很容易被破坏，即使是用手轻轻地触碰也可能会导致羽毛脱落。咬鹃是森林和林地最原始的鸟类。它们主要的食物是昆虫和其他小型动物。这种生活在新大陆的物种还会吃大量的果实。而亚洲的咬鹃，雄鸟不具光泽，但头、胸、腰和尾带红色或粉红色。

𩿨鸟：三目鸟

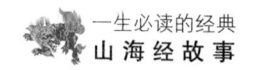

寻根求源：

《山海经·中山经》中有语："其阴有谷，曰机谷，多𩿨鸟，其状如枭而三目，有耳，其音如录，食之已垫。"

注：这里的"垫"指湿气病。

故事传说：

𩿨鸟是栖息于首山上的禽鸟，首山位于苟林山东边三百里左右。在远古时期，总共有八座名山，而首山便是其中之一。相传，首山是黄帝经常光顾的地方。黄帝曾经在首山上开采过铜，并到荆山下去铸鼎。鼎铸造好后，有条龙垂下它的髯须伏在地上迎接黄帝。黄帝就爬上去骑在龙身上，群臣和后宫跟从他又爬上去了70多个人，龙这才飞上天离开了。其余的小臣没有上去的，都抓着龙的髯须。

首山上有一个峡谷，叫作机谷，其中有许多𩿨鸟，它的形状像猫头鹰却长着三只眼睛，有耳朵，发出的声音如同鹿鸣叫，人吃了它的肉就会治好湿气病。根据《山海经》中对𩿨鸟的描述，它应该是一种体形比较大的猫头鹰雕鸮。雕鸮的眼睛上方有一块大型的黑斑，看起来像第三只眼睛。

雕鸮属于夜行性动物，它白天多躲藏在密林中栖息，缩颈闭目栖于树上，一动不动。但它的听觉甚为敏锐，稍有声响，立即伸颈睁眼，转动身体，观察四周动静，如发现人立即飞走。飞行慢而无声，通常贴地低空飞行。听觉和视觉在夜间异常敏锐。白天隐蔽在茂密的树丛中休息。不能消化的鼠毛和动物骨头会被雕鸮吐出，丢弃在休息处周围，称为食团。雕鸮在夜间常发出"哼、呼，哼、呼"

的叫声互相联络，感到不安时会发出响亮的"嗒、嗒"声威胁对方。可以说，它是在夜间出没的凶悍猛禽。

脩辟鱼：白嘴娃

寻根求源：

《山海经·中山经》中有语："又西五十里，曰橐山，其木多樗，多楠木，其阳多金玉，其阴多铁，多萧。橐水出焉，而北流注于河，其中多脩辟之鱼，状如黾而白喙，其音如鸥，食之已白癣。"

注：这里的"黾"，指的是一种蛙类动物。

故事传说：

傅山再向西五十里有座山，名叫橐山，山中树木多为椿春树和楠树，山的南面有很多金和玉，北面有很多铁，还长着很多艾蒿，橐水发源于这座山，向北流入黄河，水中有许多脩辟鱼，这种鱼形状像蛙，长着白色的嘴，发出的叫声像鸥鹰的鸣叫之声。

根据脩辟鱼的外形判断，它应该是一种蛙类。人类学家弗雷泽说："青蛙和蟾蜍跟水的密切联系使它们获得了雨水保管者的广泛声誉，并经常在要求天下大雨的巫术中扮演部分角色。"有一些地区，在祈雨仪式中要捉两只青蛙，将它们系在木桩上面，并且请巫师念咒祷告。还有一些地区，人们认为当地具有神力的巫婆都是通过吞食蛤蟆来增加她们的能力。而脩辟鱼作为蛙类的一种，在古人心中，应该算得上是一种吉兽。

鲐鱼：黑纹鱼

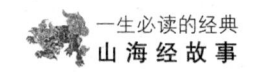

寻根求源：

《山海经·中山经》中有语："其中多鲐鱼，黑文，其状如鲋，食者不睡。"

注：这里的"鲋"指鲫鱼。

故事传说：

鲐鱼是来需水中的鱼类之一，而来需水就发源于半石山，该山上还有一种奇异的草，叫作嘉荣草，刚出土发芽的时候就开始结果实，据说吃了它就不怕打雷了。相传，这种嘉荣草与雷神有着密切的关系。

相传，在黄帝与蚩尤大战时，为了鼓士气，取得战争的胜利，黄帝杀死了异兽夔牛，用它的皮来做了一面威力强大的战鼓。随后，黄帝又用雷神的骨头做成一根槌。当时的雷神就住在雷泽，他长得异常高大，人头龙身，拍打一下自己的肚皮，便能发出震耳欲聋的雷声。黄帝为了得到鼓槌，征用了大量的人马，费尽力气捉住了雷神，然后从他身上取了一根骨头做鼓槌。此时受伤的雷神功力全无，被扔在半石山上，这里的草便被雷神的血所浸染，便变成了嘉荣草。

来需水也发源于半石山，并向西流入伊水。此水中有很多的鲐鱼，浑身长着黑色的斑纹，形状像普通的鲫鱼。因为半石山与雷神有着渊源，所以，鲐鱼的长相与雷神极为相似，都是人首龙身，身上长有许多的鳞片。

䲒鱼：红尾鱼

寻根求源：

《山海经·中山经》中有语："合水出于其阴，而北流注于洛，多䲒鱼，状如鳜，居逯，苍文赤尾，食者不痈，可以为瘘。"

注："逯"即指水底的洞穴；"瘘"即指瘘疮。

故事传说：

半石山上除了来需水外，还有一条河流——合水。合水向北流入洛河。该河流中有很多的䲒鱼，它的形状像鳜鱼，栖息在水底的洞穴之中，身上带有青色的斑纹，长着一条红色的尾巴。

相传，䲒鱼也并非原本就生活在合水中的，据传，它与鳌有着极深的渊源。在上古时期，火神祝融和水神共工之间发生了一场大战，最终输掉战争的共工内心充满了愤怒，就将天地之间的支柱不周山给撞倒了。后来幸亏女娲用五彩石将天给补好了。天是补好了，但是天地之间的支撑还未曾有着落。女娲听说东海住着一种巨型的鳌，体格极为庞大，身体也是异常地结实，它们一直驮着五座大山，从未出现过任何的差错，于是就想用它们来做支撑天的柱子。女娲飞到东海里面，便将这只巨型的大鳌给逮住了，并将它的四条腿给折下来，充当支撑天的柱子。可怜的巨型鳌，先是被天帝派去支撑五座大山，现又莫名其妙地被女娲捉起来折下了四条腿，命运实在是不济。幸好女娲心地善良，知道巨型鳌太过无辜，便费尽心思去保住它的性命，用补天剩下的五彩石给他做了一条尾巴，并又将它放养在半石山中。而后来，这只巨鳌的子孙便是䲒鱼，它们一直生活在半石山下的合水之中，这也是䲒鱼的尾巴为什么呈红色的主要原因。

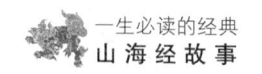

窃脂：白首红身鸟

寻根求源：

《山海经·中山经》中有语："有鸟焉，状如鹗而赤身白首，其名曰窃脂，可以御火。"

注：这里的"御火"指防御火灾。

故事传说：

根据《山海经》的记述，崃山往东一百五十里，便是崌山。该山中有一只禽鸟，名字就叫窃脂。该鸟白首红身，外形很像猫头鹰，浑身的羽毛呈黑色，爪子呈现红色，它很擅长预示火灾的发生。

在《山海经》中，除了窃脂，还有许多其他的鸟都与鹞有着千丝万缕的联系。在古希腊的神话中，也有诸多关于鹞鸟的传说。关于鹗鸟最早的故事讲的是因吃人遭到惩罚变为野兽的两兄弟。其中一位就被变成了林鹗。每当夜晚来临时人们总能听到它绝望地哀号。

跂踵：一足猪尾鸟

寻根求源：

《山海经·中山经》中有语："有鸟焉，其状如鹗，而一足彘尾，其名曰跂踵，见则其国大疫。"

注："大疫"，即指发生大的瘟疫。

故事传说：

勇石山往西二十里，有一座复州山。复州山上生长着郁郁葱葱的檀树林，山的南面还有许多的黄金矿。在檀树林中栖息着一种奇异的怪鸟，它的形状像是一般的猫头鹰，却长着一只爪子和猪一般的尾巴，它的名字叫作跂踵。它只有一条腿，是一种凶兽，但凡它出没的地方，就会发生瘟疫。

相传，跂踵就是后羿射杀的大风鸟的后代。大风鸟就是上古时期的一种鸷鸟，经常来祸害人间。大神后羿在射杀天上九个太阳，为民除害之后，又想一一除掉祸害人间的恶禽猛兽。而大风鸟则成了他的目标之一。大风鸟的样子很像孔雀，是风鸟的一种，虽然来历不凡，却不干好事，到哪里都会刮起大的风暴，吹倒人们的房屋居所，而且它飞行的速度极快，又喜欢到处地游荡，因此所到之处都遭到了大的风灾，百姓对此也是苦不堪言。

后羿知晓这种鸟善于飞翔，怕一箭射不死它，便想了一招，在箭尾系上一根用青丝做成的绳子，然后埋伏在林子之中。等大风鸟飞来之时，便一箭射上去，正中当胸。大风鸟也是忍痛想飞走，却被力大无穷的后羿拖住箭尾上的绳子拉到地面之上，砍成几段。大风鸟的这些后裔便是跂踵鸟。

鸩：剧毒之鸟

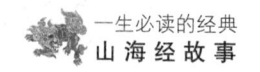

寻根求源：

《山海经·中山经》中有语："女几之山，其上多玉，其下多黄金，其兽多豹、虎，多闾、麋、麖、麂，其鸟多白鷮，多翟，多鸩。"

注："麖"，即指马鹿。

故事传说：

女几山上面盛产玉石，山下则盛产黄金，山中的野兽以豹子和老虎最多，还有许许多多的山驴、麋鹿、马鹿、麂子，这里的禽鸟以白鷮鸟为最多，还有很多长尾巴的野鸡以及鸩鸟。在传说中，鸩是一种猛禽，比鹰大，鸣叫声大而凄厉，其羽毛有剧毒。

据说，鸩黑身赤目，身披紫绿色羽毛，喜以蛇为食。若将它的羽毛入酒中浸一下，酒就成了鸩酒，毒性很大，几乎无解药。久而久之鸩酒就成了毒酒的统称。鸩平时喜欢把巢筑在毒栗子树下面。鸩的羽屑以及污垢若落下来，在毒栗子树下数十步内寸草不生，唯有毒栗子不怕鸩身上的剧毒。人畜若吃了毒栗子，必死无疑，而鸩则将它视为美食。

鸩有剧毒的传说，在后世的许多作品中都有提及，比如据《汉书》中记载，汉惠帝二年时期，齐王刘肥入朝，惠帝对其礼遇有加，结果遭到吕后的不满，便令人赠鸩酒意图谋害。

青耕：青身白喙鸟

寻根求源：

《山海经·中山经》中有语："有鸟焉，其状如鹊，青身白喙，白目白尾，名曰青耕，可以御疫，其鸣自叫。"

注：此处的"御疫"即指抵御瘟疫。

故事传说：

青耕是堇理山上栖息的一种鸟，它的外形像喜鹊，长着青色的身子，嘴壳、眼睛、尾巴都呈白色的，它的名字叫作青耕，它的叫声便是自身名字的读音。人若饲养它可以躲避瘟疫。青耕鸟其实就是喜鹊，现中国民间视为报喜的祥鸟，当由青耕"可以御疫"引申而来的。

喜鹊是自古以来深受人们喜爱的鸟类，是好运与福气的象征，农村喜庆婚礼时最乐于用剪贴"喜鹊登枝头"来装饰新房。民间将喜鹊作为"吉祥"的象征。关于它有很多优美的神话传说。

有这样一个故事：贞观末期有个叫黎景逸的人，家门前的树上有个鹊巢，他常喂食巢里的鹊儿，长期以来，人鸟有了感情。一次黎景逸被冤枉入狱，令他倍感痛苦。突然一天他喂食的那只鸟停在狱窗前欢叫不停。他暗自想大约有好消息要来了。果然，三天后他被无罪释放。原来是喜鹊变成人，假传圣旨救了他。有这些故事印证，画鹊兆喜的风俗大为流行，品种也有多样：如两只鹊儿面对面叫"喜相逢"；双鹊中加一枚古钱叫"喜在眼前"；一只獾和一只鹊在树上树下对望叫"欢天喜地"。流传最广的，则是鹊登梅枝报喜图，又叫"喜上眉梢"。

䴅鵌：赤足鸟

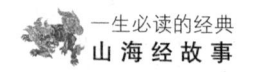

寻根求源：

《山海经·中山经》中有语："有鸟焉，其状如乌而赤足，名曰䴅鵌，可以御火。"

注：这里的"御火"即指预防大的火灾。

故事传说：

丑阳山上面长有茂密的树木，林中的树木大多都是楢树和椐树。山林中栖息着一种禽鸟，名字是䴅鵌，其形状和一般的乌鸦极为相似，却长着火红色的爪子。它是一种吉鸟，人饲养它可以预防大的火灾。

根据其外形判断，这种鸟应该就是上古时期的神鸟商。在上古时期流传着一种传说，每一次天下大旱过后，在卜雨之前，天上都会出现一群美丽的鸟儿，这种鸟便是商羊鸟。多次之后，人们但凡看能商羊鸟的出现，就知道天上要下雨了，于是家家户户就会挖沟开渠、疏通水路，为灌溉良田做好准备。

据传，在春秋时期，鲁国经常受到自然灾害的侵袭。在鲁哀公时期，曾发生过一次严重的旱灾。一次鲁哀公正召集大臣在商议救治灾民的事宜。而此时一位大臣站出来说，主公不必担忧，几天后天必降大雨。对于这位大臣的鲁莽失礼行为，鲁哀公与其他的几位大臣都很惊讶。另一位大臣站起来说："天已经旱了这么久，我们应该好好地商议如何救灾，而不是在这里信口开河。"就这样，这两位大臣便争吵了起来。鲁哀公正打算将那位信口开河的重臣赶出议事厅，那位大臣立即说道："主公，如若在三天之内再不下雨，到时候你再削我官职,将我赶出朝堂也不迟。"鲁哀公见他如此自信,便应允等三日后再处置他。

果真在第三日,天降大雨。而那位预测能力极准的大臣,就是因为曾经看到了䴅䳜鸟。

翳鸟:能遮天蔽日的彩鸟

寻根求源:

《山海经·海内经》中有语:"有五采之鸟,飞蔽一乡,名曰翳鸟。"

注:"飞蔽一乡"即指遮蔽一方的天空。

故事传说:

在北海的南岸,有座山叫蛇山,蛇水便发源于该山,向东流入大海。蛇山中有一种鸟,长着五彩的羽毛,成群地飞起,能够遮蔽很大的一片天空,名字就叫翳鸟。

相传,翳鸟之所以能够遮天蔽日,并不在于它成群结队地飞翔,而是该鸟的体形十分宠大。一只翳鸟的翅膀张开就可以遮盖方圆五里左右的天空。据传,翳鸟的眼睛是一种著名的珠宝,叫作翳珀。其实,翳珀是一种琥珀,也是诸多琥珀中最为贵重的一种,其最大的特点就是在正常的光线上能呈黑色,在强光照射下呈现出一种醉人的红色。后世,它成为定情的信物。

其实,在中国文化中,还有一种巨型的大鸟,便是大鹏鸟。据传,它专食龙族,在华夏民间传统信仰中被称为大鹏金翅鸟。

一般来说,大鹏鸟是以人面鸟身、鸟面人身或全鸟身形象出现。类似于火凤凰。其身肚脐以上如天王形,只有嘴如鹰喙,绿色,面呈愤怒形，露牙齿。肚脐以下是鹰的形象。头戴尖顶宝冠，双发披肩，身披璎珞天衣，手戴环钏，通身金色。身后两翅红色，向外展开，其尾下垂，散开。

这种大鸟，翅膀上有种庄严的五彩色，头上有一个大的瘤子，是如意珠，此鸟鸣声悲苦，以龙为食。它每天要吃一条龙及五百条小龙。到它命终时，诸龙吐毒，无法再吃，于是上下翻飞七次，飞到金刚轮山顶上命终。因为它一生以龙和毒蛇为食物，体内积蓄毒气极多，最终毒发身亡。

龙鱼：黄帝的坐骑

寻根求源：

《山海经·海外西经》中有语："龙鱼陵居在其北，状如狸。"

注：这里的"陵居"指既可水居亦可陆居，即水陆两栖动物。"狸"通"鲤"，指鲤鱼。

故事传说：

黄帝曾在轩辕之丘建立了国家，据说这个轩辕丘呈方形，被四条大蛇相互环绕着，轩辕丘的北面，就是传说中的沃野。沃野就像传说中的仙境，鸾鸟在这里自由自在地歌唱，凤鸟在这里无拘无束地舞蹈。凤凰生下的蛋，那里的居民食用；苍天降下的甘露，那里的居民饮用；凡是居民们想要的，都能够随心所欲。那里的各种野兽与人一起居住，主要有熊、罴、貔、貅、䝙、虎这六种野兽。

在沃野的北边，有一条龙鱼，曾经是黄帝的坐骑。在黄帝大战蚩尤时，龙鱼是黄帝的坐骑，它可以在水中盘踞，亦可在山陵居住，黄帝曾骑着它遨游九州。有人说，龙鱼其实就是龙生九子之一的螭吻。螭吻平生好吞，其性情好望，于是，人们就常将它的头像用作建筑物的装饰，以用来镇火神，避火灾。鱼龙的形象种类很多，有的龙的特征多一些，有的鱼的特征多一些。"鲤鱼跃龙门""登者化龙"，即渊源于此。